GÜTERS DIE
LOHER VISION
VERLAGS EINER
HAUS NEUEN WELT

Claudia Mönius

Feuer der Sehnsucht

Spiritualität einfach leben

GÜTERSDIE
LOHERVISION
VERLAGSEINER
HAUSNEUENWELT

INHALT

Bei unserem ersten Kontakt fragte mich Claudia Mönius, ob sie den Titel meines Büchleins »Dann denkt mit dem Herzen« für eine gleichnamige Kampagne verwenden dürfe. Sie wolle damit, so schrieb sie mir, einen Beitrag leisten zur Revolution des Bewusstseins, zu der ich auf der Bühne immer wieder aufrufe. Ich antwortete ihr, dass ich diese Worte von Petra Kelly habe und sie diese wiederum meines Wissens aus dem »Kleinen Prinzen«. An solchen Worten habe niemand irgendwelche Rechte bzw. wir alle hätten sie, so ermunterte und ermutigte ich zu der Aktion, die dann im Frühjahr 2017 tatsächlich stattfand.

»Revolution des Bewusstseins«, was meint das eigentlich und was können wir, was kann jede Einzelne und jeder Einzelne tun, um ihr näher zu kommen? Die Art von Revolution, die ich meine, kommt nicht mit Waffengewalt daher, im Gegenteil. Sie ist friedlich und getragen von gegenseitigem Respekt und der bewussten Entscheidung für einen würdevollen Umgang miteinander. Sie lässt uns die Verbundenheit mit allem und allen wieder spüren, eine Schneeflocke wieder als Wunder wahrnehmen, Dankbarkeit empfinden für unsere Wurzeln und die uns daraus erwachsenden Möglichkeiten. Revolution des Bewusstseins bringt mir die Erkenntnis, dass die Armut des anderen mit meinem Reichtum zu tun hat und dass die Fähigkeit zu bewusstem Verzicht eine der edelsten menschlichen Qualitäten ist und probater Gegenspieler zur allseits herrschenden Gier.

Die Revolution des Bewusstseins versetzt mich in eine innere Haltung, die Althergebrachtes nicht mehr ablehnt um des Ablehnens willen. Zugleich lässt sie mir die geistige Freiheit, aus einem geweiteten Blickwinkel heraus das Tradierte sich ins Neue hinein entfalten zu lassen. Solch (r-)evolutionäre Gedanken finden sich auch bei großen spirituellen Lehrern und Philosophen unserer Zeit, wie

Willigis Jäger, David Steindl-Rast und Ken Wilber. Doch wie bringen wir ihre kluge Erkenntnis ins Hier und Jetzt, in unsere von Profitgier, Konsumwahn und angstgetriebener Menschenfeindlichkeit dominierte Gesellschaft? Klein, konkret und konsequent sind die Vorschläge und Ideen, die Claudia Mönius dazu entwickelt. Wie wäre es, wenn wir alle mittags um 12 Uhr die Hand aufs Herz legten, dabei für ein paar Atemzüge innehielten und einander einen Moment lang bewusst als menschliche Wesen wahrnähmen? Würde sich etwas verändern in dieser Welt? Ich meine ja. Es mag illusionär klingen, ganz sicher visionär, doch beginnt nicht jede Revolution mit einer Vision von einer anderen, einer besseren Welt? In diesem Sinne rufe ich auch Dir, liebe Leserin, lieber Leser, zu: »Auf geht's – zur Revolution des Bewusstseins!«

Konstantin Wecker

Mit diesem Buch wende ich mich an alle Suchenden und Sehnsüchtigen, die ebenso wie ich unter der derzeitigen Vorherrschaft von Wissenschaft, Wirtschaft und Materialismus leiden. Es richtet sich an alle, die sich nach Tiefe, nach den Dingen hinter den Dingen sehnen. An alle, die zu den Lernenden gehören, oder, um es mit Rainer Maria Rilke zu sagen, an alle, die es reizvoll finden, »die Fragen selbst liebzuhaben«. Es will dazu ermutigen, Wege des Fragens und Suchens fortzusetzen und geduldig und ausdauernd auch an großen, ungelösten Themen und Knoten »dranzubleiben«. Manchmal geht einem vielleicht erst ein Licht auf, wenn man längst nicht mehr daran glaubt.

Das Buch wendet sich besonders an diejenigen, die spüren, dass ein einsames Hinterfragen – gepaart mit dem Credo, man könne sich in allem ausschließlich auf das eigene Bauchgefühl verlassen – leicht zur persönlichen Nabelschau verkommt. Ich wende mich an die vielen Menschen, die ein tiefes Bedürfnis haben nach spiritueller Gemeinschaft, nach einem Leben in einer gemeinsamen Ausrichtung, die weder an der Oberfläche bleibt, noch sich in standardisierten, zu Floskeln verkommenen Ritualen erschöpft. Vor allem aber schreibe ich für Frauen und Männer, die als Christinnen und Christen[1] innerhalb der Gemeinschaft Kirche, welcher Konfession auch immer, aufgewachsen sind, sich aber trotz ihrer spirituellen Wurzeln dort nicht mehr beheimatet fühlen, sei es, weil sie unerträgliche persönliche Erfahrungen machen mussten oder weil sie starre, lebensfeindliche Normen und Regularien nicht mehr mittragen können und wollen. Ich möchte einen Beitrag leisten zur Aufrechterhaltung christlich-spiritueller Traditionen, die in unserem Zeitalter Gefahr laufen unterzugehen, weil sie erstarrt sind und an ihrer lebendigen Weiterentwicklung gehindert werden. Ich möchte etwas weitergeben von dem Feuer, das in mir brennt und das sich immer wieder an sich selbst entzündet. Es ist das unauslöschliche Feuer meiner Liebe zum Urgrund des Seins, der sich uns im immerwährenden Christusbewusstsein offenbart hat, um uns unsere eigene Göttlichkeit vor Augen zu führen. Dabei zeige ich auch manche Schönheit der mir über meine Vorfahren und über die Institution Kirche überlieferten Gebets- und Ritualschätze katholischer Tradition auf.

Dieses Buch entstand auch aus dem Leiden an der Tatsache, dass es heute schon fast peinlich ist, katholisch zu sein. Machtmissbrauch, Gier und Erstarrung in Überkommenem haben zumindest in unseren Breitengraden und bei Frauen und Männern meiner Generation, also bei den in den 60er Jahren und später Geborenen, Kirche nahezu zur Bedeutungslosigkeit verkommen lassen. Als ich einen Ordensmann einmal fragte, ob es im Sinne eines Neuanfangs nicht besser wäre, das System katholische Kirche bräche zusammen, meinte er ernst und keineswegs polemisch: »Ich denke, es ist schon zusammengebrochen, man will es nur nicht wahrhaben.«

Es ist Zeit, höchste Zeit für einen Neuanfang. Für den Auftakt zu einer Spiritualität, die das Althergebrachte, uns Überlieferte dankbar annimmt und in der Verbindung mit Neuem in eine geistige und geistliche Weite führt, die uns alle beschenkt und befreit aufatmen lässt. Auf diesem Fundament können wir stehen, ohne fundamentalistisch zu sein. Im Gegenteil: Auf diesem Boden können wir Herz, Hirn und Hände weit öffnen für Menschen mit anderem kulturellem, religiösem und biografischem Hintergrund.

Schließlich wurde dieses Buch »sunder warumbe« (ohne Warum) geschrieben.[2] Es wollte geschrieben werden, ohne einen bestimmten Zweck zu verfolgen. »Feuer der Sehnsucht« verlangt beim Lesen kein Durchhaltevermögen von der ersten bis zur letzten Seite. In dieses Buch kann man getrost hineinblättern und sich zu den Kapiteln führen lassen, die einen ansprechen und berühren. Apropos ansprechen: An einigen Stellen wende ich mich mit einem familiären »Du« direkt an die Leserinnen und Leser. Ich möchte damit weder Grenzen verletzen noch eine künstliche Pseudovertraulichkeit herstellen. Nach meinem Empfinden passt das distanziert wirkende »Sie« nicht zu den sehr persönlichen spirituellen Erfahrungen, über die ich schreibe.

So leichtgängig das Schreiben war, so steinig war der Weg bis zur Veröffentlichung dieses Buches. Ich danke meinen mich in diesem Projekt geduldig ermutigenden und bestärkenden Weggefährt*innen: Barbara Schaefer, Bettina Schlembach, Christel Kirchner, Eva Garnerus, Pater Karl Kern SJ und Dr. Wolfgang Bürner. Ohne Euch hätte ich nie den Langmut bewiesen, der nötig war, um mit meinem Manuskript beim fabelhaften Thomas Schmitz, Programmleiter im Gütersloher Verlagshaus, auf offene Ohren und ein ebenso offenes Herz zu treffen. Wie so oft das Beste zum Schluss: Nur dank der inneren und äußeren Sicherheit, die mein Mann Thomas mir gibt, konnte ich dieses Buch schreiben. Danke, dass ich bei Dir die bedingungslose Liebe erfahren darf, die ich mein Leben lang schmerzlich vermisste!

Claudia Mönius

SEHNSUCHT NACH DEM »MEHR« **1**

....

»Denn ein Schiff erschaffen heißt nicht die Segel
hissen, die Nägel schmieden, die Sterne lesen,
sondern die Freude am Meer wachrufen.«

Antoine de Saint-Exupéry

Gehörst Du auch zu den Menschen, die in sich eine tiefe
Sehnsucht spüren, eine Sehnsucht nach einem »Mehr«, die
sich nicht mit Kommerz und Konsum, Party und Events, er-
lesenen Kunst- und Kulturveranstaltungen, ja, nicht einmal
mit Leistung, Karriere und Erfolg stillen lässt? Oft begegne
ich im Gespräch und in meinen Seminaren Jugendlichen
und jungen Erwachsenen, Frauen und Männern, die mir
von diesem unbestimmten Gefühl berichten, das sich immer wieder und immer deutlicher zu Wort meldet, bis es
sich beim besten Willen nicht mehr überhören beziehungsweise »überspüren« lässt. Die Sehnsucht wird drängender
und schreit förmlich nach Erfüllung, doch viele Menschen
wissen nicht, wohin dieser Ruf sie führen will. Mir scheint,
er möchte oft in eine Richtung weisen, die derzeit nicht »en
vogue« ist. Es ist die Sehnsucht nach einer gemeinsamen
Wurzel, nach einem Ursprung, einer Quelle, aus der alles
entspringt und in die alles wieder mündet. Diese Sehnsucht
führt uns an einen Punkt außerhalb unseres kleinen Egos.
Dort spüren wir, dass alles mit allem verbunden ist, und
wir erkennen das Gefühl des Voneinander-Getrenntseins
als Illusion. Zugleich liegt dieser Punkt in unserem Inneren –
und das ist kein Widerspruch, wie wir noch sehen werden –
und wartet nur darauf, wahrgenommen zu werden. Diesen
Punkt, an dem alles zusammenfließt, und der zugleich ist
und doch nicht ist, nenne ich persönlich Gott. Nun ist dies
ein Begriff, der bei vielen Menschen so negativ besetzt ist,
dass sie sofort die innere Jalousie herunterlassen, wenn man

13

ihn ausspricht. Gott, Religion, Christentum, Kirche – alles wird in einen Topf geworfen: »Damit kann ich nichts anfangen!« Eine der Folgen ist, dass wir kaum noch über unsere Gotteserfahrungen und -begegnungen sprechen. Wer will schon gern als rückständig und konservativ gelten und sich belächeln lassen ob seiner spirituellen Ausrichtung? Dabei sind diese Erfahrungen so intensiv, so lebendig und von solcher Schönheit, dass es schade ist, wenn wir sie für uns behalten und nicht den Mut haben, sie mit anderen zu teilen.

Schlichte Erfahrungen von erhabener Größe

Es ist stets etwas Unmittelbares, das aus unserem tiefsten Inneren kommt und sich nach außen ergießen will. Es sind ungefilterte Gedanken; Worte, die sich gleichsam von selbst formieren, um Unbeschreibliches auszudrücken. Das ist das Seltsame an dem, woran ich Dich teilhaben lassen will: Wie kann ich etwas weitergeben, wenn es doch so unaussprechlich und unbeschreiblich ist? Der Maler gießt es in Farben, der Bildhauer meißelt es aus einem Stück Holz oder Stein heraus, der Töpfer lässt es sich drehend zwischen seinen Händen selbst erschaffen. Was aber macht der Schriftsteller? Wie beschreibt derjenige das Unbeschreibliche, der nichts hat außer den 26 Buchstaben, die er unterschiedlich anordnen und miteinander kombinieren kann? Niemand kann in dieser Welt die eigentliche Erfahrung abbilden, gleich mit welchem Material und welcher Technik er es versucht. Die Darstellung wird immer beschreibend bleiben, ein Bild, das dem, das es abbilden will, nie auch nur annähernd gerecht werden kann. Vielleicht ist es die Musik, die hier den meisten Spielraum hat, die größte Reichweite, um einzufangen, was sich immer entziehen wird. In der mystischen Ergriffenheit, im Berührtsein, im Fluss der Tränen mag vielleicht die größte Nähe zur Wirklichkeit, zu dem »immer ganz Anderen«, dem sich stets Entziehenden liegen. Ich jedoch muss mich begnügen mit dem ungenügenden Vokabular, das mir zur Verfügung steht, und mit dem Beschreiben eigener teils schöner, teils schmerzhafter Erlebnisse und Erfahrungen. Ihnen allen gemeinsam ist, dass sie mich auf die eine nicht wegzudiskutierende und von da an auch nicht mehr anzuzweifelnde letzte und tiefste Wahrheit verwiesen haben. Eine weitere Gemeinsamkeit weisen sie auf: Alles waren schlichte Erfahrungen, einfach und ergreifend, unmittelbar. Sie setzten keine in Seminaren erworbenen Kenntnisse voraus, keine langjährigen Studien, keine Lektüre von Fachbüchern. Es waren Geschenke, die ich völlig unvorbereitet, vielleicht auch unverdient, zumindest aber ohne Zutun meines Egos erhielt. »Gnade« wäre vielleicht ein aus der Mode gekommenes Wort dafür.

Lassen

Mein Beitrag dazu war eher ein Lassen denn ein Tun. Ich habe die Kanäle gereinigt, die Zugänge, durch die GEIST[3] in uns einfließen kann. Das geschah wirklich mehr durch Weglassen oder zumindest Reduzieren: Fernsehen, Dauerberieselung durch Musik oder Wortbeiträge, Fachbücher, Lebensratgeber, oberflächliche Kontakte ... Tatsächlich scheint mir in unserem modernen Zeitalter »Lassen« das probateste Mittel zu sein, wenn wir die sukzessive Zerstörung unserer Welt mit allem, was auf ihr noch lebendig und unverbraucht ist, aufhalten wollen. Mir kommt eine Fotokarte in den Sinn mit dem Bild einer im Liegestuhl dösenden Frau, die mit dem Spruch untertitelt ist: »Wie viel Unheil allein durch Nichtstun vermieden werden kann!« Mit einem Gesprächspartner überlegte ich im Gedankenspiel, was wohl passierte, wenn alle Menschen auf der Welt gleichzeitig eine Viertelstunde lang nichts täten, einfach nichts. Gut, in dieser Zeit würden keine Menschenleben gerettet, aber sicher würde insgesamt bei weitem weniger Leben vernichtet werden, als es derzeit überall der Fall ist. Wenn ich oft nicht recht weiß, wo es weitergeht, und alles stockt und voller Hindernisse zu sein scheint, frage ich »Was kann ich lassen?« statt »Was kann ich tun?«. Die Frage nach dem »Weniger« bringt mich dem »Mehr« näher.

Dranbleiben

So lade ich Dich nun ein, mir zu folgen auf meiner Reise zu ganz unterschiedlichen, immer aber unmittelbaren Gotteserfahrungen. Es sind *meine* ganz persönlichen Erfahrungen, und sie wollen Dir vermitteln: Um Gott zu begegnen, musst Du nichts wissen oder können, Du brauchst kein Seminar dafür zu buchen und auch nicht den Jakobsweg zu pilgern. Sei einfach nur offen, mische Dich möglichst wenig ein und lasse geschehen – im Vertrauen auf Deine eigene Wahrnehmung und darauf, dass Dein Leben sich weiter gut entfaltet, wenn Du Deine Sehnsucht nach dem »Mehr« als Wegweiser begreifst, dem Du zielsicher folgen darfst. Dieses »Zielsicher-Folgen« ist das Einzige, worauf es ankommt. Das gilt es wirklich zu *tun*, nicht zu lassen: dem Wegweiser unermüdlich folgen. Wie die Magier aus dem Morgenland unerschütterlich dem Stern vertrauten und ihren Weg an ihm ausrichteten. Mag es auch nur ein Mythos sein, ein heiliges Bild, so vermittelt es doch: Es geht ums Dranbleiben, ums Am-Ball-Bleiben, ums Weitergehen, Schritt für Schritt. Das verlangt Ausdauer, Kontinuität, Geduld. Man kann sich gut vorstellen, dass der Weg, den diese Weisen gingen, beschwerlich war. Aber sie haben durchgehalten, im festen Vertrauen darauf, dass dieser Stern, dem sie folgten, kein ihrer eigenen Phantasie entsprungenes Hirngespinst war, sondern ein Zeichen, dem es zu folgen galt, unbeirrt vom Geschwätz irgendwelcher Bedenkenträger, die sich über ihren festen Glauben und den damit verbundenen Weg lustig machten. Nicht nur um den Aufbruch ging es dabei, nicht nur darum, sich rufen zu lassen und loszugehen, sondern darum, durchzuhalten, den Weg fortzusetzen und am verheißenen Ziel zu vollenden. Auf unsere Zeit übertragen meint das: Irgendetwas muss ich schon *tun*, um diese Beziehung zu Gott, wie auch immer ich ihn für mich begreife, zu pflegen. Und damit meine ich keine von außen vorgegebenen Normen und Regeln, alles andere als das. Gott geht – und natürlich ist auch dies ein unvollkommenes Sprachbild – mit jeder und jedem einen eigenen Weg, und so wenig, wie ein Mensch dem anderen gleicht, so wenig gleichen sich diese Wege. Als ich mich im Jahr 2004 nach langer »Abstinenz« trotz aller Zweifel und Bedenken gegenüber der Institution zum Wiedereintritt in die katholische Kirche entschloss, besiegelte ich meine Unterschrift in einem feierlichen Gottesdienst. Im Anschluss daran rief mir der Jesuitenpater, der mich dabei begleitet hatte, zu: »Also, fangen wir an!« In dem Moment war ich perplex und dachte: Was soll das bedeuten? Ich bin doch jetzt wieder *drin*, was soll ich denn *noch* tun? Womit soll ich *anfangen*? Erst später begriff ich, dass Gotteserfahrungen eben keine Zufallsprodukte sind, die vom Himmel fallen, wann es ihnen gerade einfällt, sondern dass die Begegnung mit Gott einen bewussten Weg voraussetzt, einen Entschluss, einen Aufbruch, ein Weitergehen, eben ein »Dranbleiben«.

Erschrick jetzt bitte nicht und denke, ich will Dich »missionieren«, mitnichten. Ich selbst finde in den Ritualen dieser Kirche, egal welcher Konfession, nur noch selten etwas, was mich in meiner spirituellen Tiefe anspricht. Die Kirchenlandschaft erscheint mir eher wie eine Wüste, in der man ab und an einen wohltuenden Brunnen entdeckt und sich für die nächste einsame Wegetappe an seinem Wasser labt. Auch der Ruf dieses Priesters bezog sich damals nicht auf sonntägliche Gottesdienstbesuche. Vielmehr führte er mich zu einem Kollegen, der mich über Jahre hinweg auf meinem geistlichen Weg begleitete, mir das Meditieren beibrachte, mir zeigte, was die Kraft der Stille bedeutet, der an meiner Seite war, wenn es dunkel wurde und ich von jeder Gottesbindung gefühlt meilenweit entfernt war. Er nahm mir manch kindliche Illusion und so manches überkommene

Gottesbild und schlug mir einen lebbaren Ersatz vor, der sich mit einem erwachsenen, vernunftgeprägten Bewusstsein vertrug. »Geistliche Begleitung« nennt sich diese Art der Weggefährtenschaft, die einem helfen kann, auf dem spirituellen Weg die Orientierung zu behalten. Willigis Jäger, ein großer spiritueller Lehrer unserer Zeit, wurde von einem Seminarteilnehmer einmal gefragt, ob man unbedingt geistliche Begleitung bräuchte. Verschmitzt lächelnd meinte der damals schon betagte Herr: »Nun, man kann auch versuchen, ohne Lehrer Geige spielen zu lernen. Es fragt sich nur, was dabei herauskommt.« Allerdings ist es heute nicht so leicht, einen geistlichen Begleiter zu finden, bei dem man gut aufgehoben ist. In einer Zeit, in der Spiritualität ein schier zur Bedeutungslosigkeit verkommenes Dasein im Schatten von Wirtschaftswachstum, Konsumwahn und Fortschrittsgläubigkeit fristet, sucht man die berühmte Stecknadel im Heuhaufen, wenn man nach einem qualifizierten geistlichen Begleiter sucht, der einem auf dem spirituellen Weg zumindest ein paar Schritte voraus ist und entsprechend nicht nur Lehrbuchwissen vermittelt, sondern Impulse aus seinem eigenen Erfahrungsschatz geben kann.

Eine lebendige Beziehung zum Göttlichen aufbauen

Auf dem geistlich-spirituellen Weg geht es nicht um eine Jagd nach Gotteserfahrungen, nicht um ein Sammeln außerordentlicher Events, die als positive Unterbrecher in einem rastlosen, getriebenen und von innerer Unruhe geprägten Alltag dienen. Vielmehr geht es um Aufbau und Pflege einer stabilen, tragfähigen Beziehung und genau wie im zwischenmenschlichen Bereich ist es dabei wohltuend, wenn von dem geliebten, sehnsüchtig erwarteten Du ab und an etwas zurückkommt. Ich glaube, wir sind dann auf dem richtigen Weg, wenn wir auf die Verbundenheit – und damit meine ich eine ganz persönliche, tiefe innere Verbundenheit – vertrauen und an ihr festhalten, auch wenn wir sie manchmal nicht spüren können. Wenn wir hingegen *nie* etwas davon spüren und nur stur an einem einmal eingeschlagenen Weg oder einer vorgegebenen Norm festhalten, lohnt es sich, genauer hinzuschauen, ob Gottes persönliche Beziehung zu uns nicht vielleicht eine ganz andere sein könnte, so wie dieser göttliche Grund eben immer »der ganz andere« ist, der sich unserem letzten Begreifen und Festschreibenwollen entzieht. Die zuvor beschriebene spirituelle Wüste ist die eine Seite der Medaille. Wenn wir sie umdrehen, sehen wir: Im Gegensatz zu den Generationen vor uns leben wir in einer Zeit ungeheurer Freiheit, die uns Raum lässt für eigene Erfahrungen. Ist es Fluch oder Segen, dass wir aus einer Fülle verschiedenster »Vorläufer« und Angebote diejenigen aussuchen dürfen, die uns am meisten ansprechen? War es Fluch oder Segen, dass es für die Generation unserer Eltern und Großeltern keine Alternative gab zu einem von der Kirche bis ins Detail vorgeschriebenen religiösen Leben? Ich glaube, die Antwort auf beide Fragen lautet: sowohl als auch. Es kann sich anfühlen wie ein Fluch und kann zu einem werden, dass wir keine klare Orientierung mehr vorgegeben bekommen und uns in unserer immer pluralistischer werdenden Gesellschaft unseren Weg mühsam selbst suchen müssen. Und doch ist es ein Segen, dass wir in dieser inneren Freiheit leben, unsere eigenen Gotteserfahrungen machen und selbst die Entscheidungen für unseren individuellen Weg treffen dürfen. Zugleich war es in den Zeiten, in denen unsere Eltern und Großeltern lebten und in zwei Weltkriegen so ungeheuer leidvolle Erfahrungen durchmachten, ein Segen, einen nicht anzuzweifelnden und in Frage zu stellenden religiösen Anker zu haben, dem man sich in vorgegebenen starren Ritualen zu nähern hatte. (Mit »Segen« in diesen Kriegen meine ich nicht die Rolle der Kirche, sondern den inneren Halt, den gläubige Menschen in ihrem oft recht einfachen, dafür aber klaren Gottesbild hatten.) Andererseits erwies sich das allzu enge Korsett, in das unsere Vorfahren gepresst waren, oftmals als Fluch. Wie viel Leid resultierte aus der Unfreiheit, aus der Leibfeindlichkeit, aus einer falsch verstandenen Opfer- und Selbstkasteiungshaltung, aus dem Verschieben von Lebensfreude und All-Einheitserfahrung ins sehnsüchtig erwartete und gebetsmühlenartig herbeigebetete Jenseits? Fromme Theologen prangern individuelle Wege heute gern als »Synkretismus« oder »selbstgebastelte Privatreligion« an. Die dahinterstehenden Ängste sind deutlich zu sehen: Eine von den Mitgliederzahlen und vom Ansehen her in unserer westlichen Gesellschaft mehr und mehr schwindende Kirche bangt um Macht, Einfluss und nicht zuletzt um Geld. Wo kommen wir denn hin, wenn sich jeder seinen eigenen Weg sucht und sich nicht mehr unterordnet?

Religion als Ideallinie

Eine andere Sorge teile ich: Wenn uns das Leitbild abhandenkommt und mit ihm klare Antworten auf die Frage nach Gut und Böse, nach Recht und Unrecht, wenn uns Anstand und Moral verlassen, weil wir den falschen Vorbildern nachjagen, dann wird es für unsere Gesellschaft und in ihr reichlich ungemütlich. Deshalb bin ich froh, dass es die christlichen Kirchen noch gibt, weil sie als Mahner unbequem sind in dieser von Kapitalismus und Gier geprägten Welt. Ich bin dankbar für einen Papst Franziskus, der zur Umkehr und Bewahrung der Schöpfung aufruft und altmodisch gewordene Begriffe wie »Barmherzigkeit« mit neuem Leben füllt. Genauso bin ich dankbar für einen evangelischen Landesbischof und EKD-Ratsvorsitzenden Bedford-Strohm, der im CSU-regierten Bayern für eine Flüchtlingspolitik der Nächstenliebe und des Miteinanders kämpft. Ich bin dankbar für die vielen kirchlichen Einrichtungen im Sozialwesen, seien es Krankenhäuser, Seniorenheime oder Kindertagesstätten. Mir ist sehr wohl bewusst, auch aus eigener leidvoller Erfahrung, dass die Zustände in diesen Institutionen oft schlimm sind. Doch das sind sie in anderen Einrichtungen auch, man werfe nur einen Blick in das ein oder andere Pflegeheim in privater oder kommunaler Trägerschaft. Überall sind Menschen am Werk, und damit ist Fehlbarkeit vorprogrammiert. Oft scheint mir, dass nicht der Einzelne selbst schuld an den Missständen ist, sondern dass ganze Systeme abdriften und die Beteiligten nicht mehr Herr ihrer Sinne sind, wenn sie innerhalb des Systems agieren. Umgekehrt aber habe ich selbst erfahren: Wenn der GEIST stimmt, aus dem heraus in einem Haus gehandelt wird, wenn die Ausrichtung passt und alles Tun davon bestimmt ist, dann können diese Institutionen wahre Perlen sein in einer Zeit, in der es genau an dieser Ausrichtung oft mangelt. »Die Ausrichtung kann auch bei Menschen stimmen, die nicht an Gott oder sonst eine allumfassende Macht glauben, sondern sich auf ethische Werte besinnen«, höre ich den Einwand. Das stimmt. Ich habe mit manch erklärtem Atheisten oder Nihilisten zu tun, dessen Verhalten bei weitem sozialer und barmherziger ist als das vieler Christ*innen. Dennoch glaube ich, dass gesamtgesellschaftlich der Verlust religiöser Überzeugungen auf Dauer gesehen ins Unheil führt. Wenn wir uns nur auf unsere eigenen moralischen Vorstellungen verlassen, besteht die Gefahr, dass diese dem Zeitgeist unterliegen und allmählich von uns unbemerkt verwässern und aufweichen. Ganz zu schweigen von unseren eigenen Schatten, die unbewusst unsere zwischenmenschlichen Beziehungen beeinflussen und unser Handeln und die Art, wie wir miteinander umgehen, maßgeblich mitbestimmen. So unvollkommen gelebte Religion aufgrund menschlicher Schwäche und menschlichen Versagens oft sein mag, das Verdienst von Religion ist, dass sie uns eine Ideallinie vorgibt, an der wir uns orientieren können.

Den eigenen Schatten integrieren und sich dem Ideal annähern

Schon wieder höre ich wütenden Einspruch: »Wie kann es dann sein, dass im Namen von Religion oder im Namen eines wie auch immer kulturell tradierten Gottes seit Jahrtausen-

den gemordet wird? Wie kann es sein, dass Menschen ver-
folgt, gefoltert, in die Luft gesprengt werden um ihres Glau-
bens willen oder auf der Grundlage des Glaubens der Täter?«
Immer öfter und lauter wird die Überzeugung geäußert,
Religionen trügen Gewaltpotenzial in sich. Deshalb müsse
die Menschheit sich künftig wieder auf ethische Werte wie
Mitgefühl, Güte, Dankbarkeit etc. konzentrieren. Meiner
Meinung nach ist das ein Trugschluss, der von einer falschen
Annahme ausgeht. Nicht Religion an sich birgt Gewalt- und
Konfliktpotenzial, sondern jede und jeder Einzelne von uns.
Wir sehen es überall auf der Welt: bei Amokläufen, Raub-
überfällen oder Cyberattacken, ja, selbst in den industriel-
len Schlachthöfen und auf den Vorstandsetagen manches
Großkonzerns. Und wenn wir ganz ehrlich zu uns selbst sind
und aufmerksam in uns hineinlauschen, dann nehmen wir
ihn auch dort wahr: den fiesen kleinen Terroristen, der anderen ihren Erfolg nicht gönnt oder sich selbst als zu kurz
gekommen und vom Leben benachteiligt fühlt. Würde man
ihn aus seinem dunklen Verlies befreien, wo er vielleicht seit
Kinder- oder Jugendtagen eingekerkert sitzt, wer weiß, ob
er nicht wahllos um sich schlagen, morden und ein elendes
Gemetzel anrichten würde. Nein, nicht die Religionen tragen
Hass, Wut und jede Menge anderer negativ besetzter Gefühle in sich. Jeder, der den Koran oder das Alte Testament
als Aufforderung zum Töten versteht, irrt und übersieht die
historische Einordnung dieser althergebrachten Bücher. Wir
selbst sind es, die wir dieses Gewaltpotenzial in uns tragen
und nur zu gern bereit sind, uns aus eigener Frustration
und Unzufriedenheit heraus vor irgendeinen gewalttätigen
Karren spannen zu lassen, sei es der eines Kriegstreibers –
und das kann auch das deutsche Verteidigungsministerium
oder die NATO sein –, eines verirrten Glaubensanführers
oder eines gnadenlos auf Gewinnmaximierung ausgerichte-
ten Wirtschaftssystems, dessen Vertreter mit Lug und Trug
und ohne Rücksicht auf Verluste über Leichen gehen. Auch
in einer allzu kritiklosen Annahme all der Bilder und oft

verzerrten Ausschnitte, die uns die Massenmedien Tag für Tag in die Wohnzimmer und Büros, auf die Smartphones und Tablets schwemmen, drückt sich unsere Bereitschaft zu Hass und Gewalt aus. Wie verlockend ist es, alle angestaute eigene Unzufriedenheit, allen latent vorhandenen Kummer über erlittenes Unrecht oder eigenes Versagen auf ein allmählich und subtil aufgebautes Feindbild zu projizieren! Das erspart die Auseinandersetzung mit den eigenen Schwächen, die Annahme erreichter Grenzen, das »Ja« zu dem, was einem selbst versagt geblieben ist. Das biblische Bild vom »Sündenbock« rührt daher: Einmal im Jahr, vor dem Paschafest, warf das jüdische Volk all seine Sünden auf einen Bock, der dann unter Schimpf und Schande in die Wüste gejagt wurde. Nur allzu leicht lassen wir uns verleiten, andere zu unseren persönlichen Sündenböcken zu machen, und sei es nur, indem wir schlecht über sie reden und ihnen dadurch verbal Gewalt antun. Keiner kann sich ausnehmen aus diesem menschlichen Hang zu Gewalt, Angriff und Aggression. Wir alle haben ihn in uns, den potenziellen Vergewaltiger, den Massenmörder, die Terroristin. Mal mehr, mal weniger, und vor allem in Extremsituationen wird sich zeigen, ob wir gelernt haben, mit dieser dunklen Seite in uns umzugehen und sie durch »Selbst-Verständnis« (im Wortsinn) und Annahme der eigenen Schatten im Zaum zu halten und zu bändigen. Der zeitgenössische amerikanische Philosoph Ken Wilber schreibt: »Und jede Entdeckung, obwohl manchmal schmerzlich, ist schließlich eine Freude, denn durch jede Entdeckung, dass ein Objekt da draußen in Wirklichkeit ein Aspekt des eigenen Selbst ist, werden Feinde in Freunde, Kriege in Tänze, Kämpfe in Spiele verwandelt.«[4] Wenn wir anerkennen, dass Gewalt, die wir im Außen erleben, eine Entsprechung in unserem Inneren hat, die es anzuschauen und in etwas Friedvolles zu wandeln gilt, brauchen wir nicht mehr mit dem Finger auf andere zu zeigen und uns vor deren Gewaltpotenzial zu fürchten. Das meine ich keineswegs in dem Sinn, dass jeder selbst schuld daran ist, wenn er Ge-

23

walt erfährt. Im Gegenteil: Täter-Opfer-Umkehrungen im Sinne von »Die ist selber schuld, wenn sie vergewaltigt wird. Was muss sie auch einen so kurzen Rock tragen?« sind mir zutiefst zuwider. Es geht nicht um eine Eins-zu-eins-Entsprechung, nach der jeder Mensch im Außen das erlebt, was sein Inneres widerspiegelt, das wäre zynisch und angesichts so vieler unverschuldet in Not geratener Menschen überall auf der Welt haltlos und absurd. Was wir brauchen, ist ein tieferes Verständnis der Zusammenhänge, und da stoßen wir allein oft an unsere Grenzen.

Deshalb brauchen wir gute Begleiter, die uns helfen können, das ans Licht zu holen, was unserem eigenen Bewusstsein nicht unmittelbar zugänglich ist. Wir brauchen einen liebevoll-distanzierten Blick von außen, der mutig, beherzt und dennoch mit Fingerspitzengefühl das ausleuchtet, was für unsere eigenen Augen im Schatten liegt. Nur wenn wir nach und nach unser Bewusstsein weiten und es uns gelingt, auch unsere dunklen Anteile anzunehmen und liebevoll zu umarmen, werden wir Mitgefühl und Verständnis für unsere Mitmenschen entwickeln können und für all das, was in ihnen noch unheil und erlösungsbedürftig ist. Je mehr wir unsere eigenen Schatten beleuchten und annehmen, desto weniger brauchen wir kollektive Schattenträger im Außen. Zugespitzt formuliert: Mit jedem inneren kleinen Terroristen, den ich durch liebevolles Umarmen dazu bringe, seine Wut in den dahinterliegenden Schmerz zu verwandeln und diesen in einem leider meist leidvollen Prozess abfließen zu lassen, trage ich dazu bei, dass die Welt friedvoller und sanfter wird, tatsächlich auch im Außen. Wir wollen es nicht wahrhaben und der Aufschrei und der Protest ist bei denen am größten, die ihre Wut am meisten verdrängen und sich selbst gern als Unschuldslamm oder als Opfer sehen: Ein Stück Hitler wohnt in jeder und jedem von uns, auch wenn wir uns für noch so sanftmütig, fromm oder moralisch unangreifbar halten. Genau deshalb brauchen wir mehr als selbstgesetzte ethische Prinzipien, die wir je nach Zeitgeist abwandeln oder unterschiedlich streng oder lax auslegen und handhaben können.

Rückbindung in individueller, zeitgemäßer Form

Wir brauchen *re-ligio* als Rückbindung im wahrsten Sinne des Wortes. Religion als Rückbindung an eine Ideallinie, von der wir uns mehr oder weniger entfernen können, die uns mal näherliegt und mal sehr fern und abstrakt erscheint, von der jedoch immer klar ist, dass sie das Ideal darstellt, an dem wir uns orientieren. Eine Messlatte, anhand derer ich selbst überprüfen und ablesen kann, wo ich stehe. So eine Messlatte kann ich nicht alle paar Jahre neu erfinden, sie ist in gewisser Weise statisch, sonst kann ich an ihr nichts mehr ablesen. Vom Inhalt her ist sie unveränderlich. Was jedoch flexibel sein muss, ist die Art der Darstellung. Was nutzt eine in Hieroglyphen dargestellte Skalierung, die heute kein Mensch mehr entziffern kann? Wir brauchen eine Anpassung in der Darstellung unserer Ideallinien, sonst erreichen sie niemanden mehr und verkommen zur Bedeutungslosigkeit. Religion, richtig verstanden und ent-rümpelt um Machtanspruch und Manipulation, kann eine solche Ideallinie sein, die uns wie ein Geländer durch unser Leben begleitet. Sie bleibt nicht stehen an der Begrenztheit zwischenmenschlicher Erfahrungen, sondern weist darüber hinaus auf etwas Reines, Vollkommenes, nach dem wir uns ausstrecken und auf das wir uns ausrichten können. Dabei geht es nicht um ein Vertagen von Glück und Erfüllung auf ein Leben nach diesem Dasein, eventuell sogar mit diffu-sen Ängsten vor einem wie auch immer gearteten Jüngs-ten Gericht, in dem uns die Leviten gelesen werden. Das alles sind überkommene Vorstellungen aus Zeiten, in denen die Menschen noch in höherem Maße als heute klein und abhängig gehalten werden sollten. Diesen entscheidenden Wandel haben viele Menschen geistig nicht realisiert oder nicht nachvollzogen. Viele sind steckengeblieben in ihrer kindlichen Vorstellung von einem strafenden Gott, der Tag und Nacht darüber wacht, dass sie auch ja keine Verfehlung begehen, und der jede kleinste Nachlässigkeit unbarmherzig in sein großes Sündenregister einträgt, begierig auf den Tag der großen Abrechnung, den er auch noch selbst festlegt. Wie traurig, dass bei so vielen Menschen dieses und ähnliche Schreckensbilder von Religion so tief eingebrannt sind! Wie schade, dass so oft die eigentliche Messlatte, die Ideallinie, mit dem verwechselt wird, was fehlbare Menschen daraus gemacht haben und leider oft auch heute noch daraus machen! Wir haben eine so wunderbare Religion – und da spreche ich vom Christentum, weil ich mich nur in dieser meiner spirituellen Heimat auskenne; es wird in anderen Religionen ähnlich sein – und sie ist aufgrund menschlichen Versagens und aufgrund vieler Missverständnisse auf dem Weg zur Bedeutungslosigkeit, zumindest in unseren westlichen »Zivilisationsgesellschaften«. Viele Menschen wurden tief verletzt durch unsinnige Normen und lebensfeindliche Vorschriften, durch Unverständnis und Unbarmherzigkeit. Durch allzu große Verletztheit und, wie ich glaube, aufgrund mangelnder Vorbilder, die einen überzeugenden Weg vorausgegangen sind, sind sie nicht mehr in der Lage zu differenzieren zwischen der lebensbejahenden Ideallinie und dem Horrorszenario, das für sie durch Menschenhand daraus geworden ist. Wie viel entgeht einem dadurch, was für wohltuende Erfahrungen von Sinnhaftigkeit und »Kosmos« im Sinne einer guten Ordnung, in der jedes Element genau am richtigen Platz ist, bleiben einem durch dieses Abgetrenntsein verwehrt? Wieder höre ich Einwände: »Es reicht, wenn ich meinem Gefühl vertraue. Das Göttliche ist in mir, und mein Bauchgefühl ist mein Wegweiser, der mich immerzu entlang der Ideallinie führt.« Aus meiner Sicht ist genau das ein großer Irrtum und mindestens ebenso schwerwiegend wie die andere extreme Haltung, nach der es überhaupt keine vollkommene Logik gibt, sondern alles ausschließlich auf Zufall beruht, ohne jeglichen Schöpfungsplan.

Glauben mit Herz und Verstand

Bleiben wir zunächst beim »Bauchgefühl« als dem göttlichen Ratschluss, nach dem es sich zu leben lohnt, wie heute viele meinen. Unsere Gefühle sind höchst wankelmütige Kameraden, die sich von verschiedenen Meinungen, Strömungen und innerpsychischen Prozessen beeinflussen lassen. Wehe dem, der eine Partnerschaft oder Ehe ausschließlich auf der Grundlage seiner Gefühle eingeht und nicht zusätzlich zur flüchtigen Verliebtheit eine glasklare Entscheidung mit seinem Verstand trifft! Zu meinen, man dürfe nicht auf den Kopf hören und nur der Bauch zähle, ist eine Verunglimpfung unserer Ratio, die sich dank der vielen Vorkämpfer spätestens seit der Zeit der Aufklärung mehr und mehr entfalten durfte. Aufklärung, Reformation, Modernisierung, Technisierung und schließlich Digitalisierung unserer Welt ließen das Pendel allerdings bald in die andere Richtung ausschlagen: Was nicht rational erklärt und empirisch belegt werden kann, wird kurzerhand negiert, selbst wenn unzählige Erfahrungen die Existenz bestimmter Zusammenhänge zweifelsfrei belegen. Genau die Verbindung aber ist es, die wir brauchen: Gefühl *und* Verstand, Intuition *und* Theorie, Wissen *und* Erfahrung. Wir brauchen eine Rückbesinnung auf Tradiertes bei gleichzeitiger Weitung unseres Bewusstseins und unter Einbezug neuer, uns erst durch die Segnungen des modernen Zeitalters zugänglicher Erkenntnisse. Das gilt für die Medizin genauso wie für Bildung, für Politik ebenso wie für das Wirtschaftssystem. Und es gilt in besonderem Maße für Religion als uns über Generationen und Erdteile hinweg verbindende Ideallinie.

Begegnung mit dem Göttlichen

Religion, wie ich sie verstehe, meint schlicht: Begegnung mit Gott. Vielleicht denkst Du an dieser Stelle: »O je, jetzt wird es endgültig fromm!« Ich bitte Dich: Lies weiter! Wenn

es für Dich einfacher ist, kannst Du für das Wort »Gott«
auch einen anderen Begriff verwenden. Ersetze »Gott«
getrost durch einen Namen oder ein Bild, das Dir mehr
liegt. Manche tun sich leichter, wenn sie vom »Göttlichen«
sprechen, weil ihnen »Gott« zu personalisiert erscheint.
Frauen legen oft Wert auf die weibliche Form »Göttin«,
um endlich das Bild vom im Himmel thronenden Patriar-
chen mit Rauschebart loszuwerden. Auch hier gilt: Jedes
Entweder-oder ist nur eine Teilwahrheit; Gott ist immer ein
Sowohl-als-auch und letztlich ein *Alles-und-nichts*. Um aus
dieser Mann-Frau-Vorstellung herauszukommen, könnten
wir auch einen neuen Begriff erfinden. Wie wäre es mit
»*Gottin*«? Das ist zumindest ein Stolperstein, der uns vor
Augen führt, dass diese unbegreifliche Vollkommenheit,
über die wir sprechen, mit keinem uns geläufigen Wort zu
beschreiben ist. Es kann auch eine Wortneuschöpfung sein,
Hauptsache, sie rührt nicht an alte Verletzungen, Zwänge
und Ängste. Ich selbst bleibe bei dem Begriff »Gott«, weil
ich keine schlechten Erfahrungen und Erinnerungen damit verbinde und es mir glücklicherweise in mühevoller
Kleinarbeit gelungen ist, Verletzendes und Schlimmes, das
mir im kirchlichen Umfeld widerfahren ist, losgelöst zu
sehen von der eigentlichen Quelle. Ach ja, »Quelle«, auch
das ist ein möglicher Name für Gott, ebenso wie »Urgrund
des Seins«. Darunter können sich viele Menschen eher etwas vorstellen, auf das man vertrauen kann und das dafür
sorgt, dass man nicht ins Bodenlose fällt. Setze einfach
ein, was für Dich passt, und mache Dir dabei klar, dass das
Zeichen, also die Buchstabenkombination, die Du wählst,
etwas anderes ist als das, was Du damit bezeichnest. Jedes
Wort und jedes Sprachbild sind nur Hilfsmittel, damit wir
überhaupt eine Möglichkeit haben, über die und mit der
allumfassenden Wahrheit zu kommunizieren.

In Beziehung treten

Das Stichwort Kommunikation führt mich einen Schritt weiter beim Beschreiben meiner eigenen Gottesbeziehung, hin zu einem Punkt, an dem viele Menschen, die durchaus an einen tragenden Grund glauben, aussteigen. Gott ist für mich zwar keine Person, die irgendwo herumsitzt und über uns wacht, gleichwohl ist Gott aber ein Du, mit dem ich in Beziehung treten kann. Gott ist zugleich Leere, die mich umgibt und in die ich hineinlauschen kann, und lebendiges Gegenüber, das offen ist für den Austausch mit mir. »Gegenüber« ist dabei nicht räumlich zu verstehen; dieses Du ist neben mir und hinter mir und in mir und zugleich nirgendwo lokalisierbar. Merkst Du etwas? Wir kommen immer wieder zurück auf das *Sowohl-als-auch*. Dieses Du, das immer und überall ansprechbar ist, heißt für mich Christus. »Wie jetzt?«, höre ich fragen. »Erst Gott und jetzt kommt sie mit Christus daher.« Bitte lies weiter, es ist nichts Konservatives oder Rückständiges, das ich beschreiben möchte! Du kannst es auch »Christusenergie« oder »Christusbewusstsein« nennen. Für mich ist es ein nie versiegender Energiestrom, an dem ich jederzeit andocken kann und der die unsterbliche Seele dieses großartigen Jesus von Nazareth darstellt. In diesem Jesus Christus hat sich die göttliche Vollkommenheit inkarniert, damit wir wenigstens den Hauch einer Idee bekommen von dieser uns kaum zugänglichen unfassbaren Realität. Auch hier gilt: Es ist zugleich Mythos und Wirklichkeit; eine Wahrheit, die in anderen Kulturen und Religionen andere Ausprägungen und Formen annimmt und dadurch doch nicht weniger real ist. »Real« bedeutet im Spanischen »königlich«. In der Tat ist für mich die Beziehung zu Jesus Christus der Königsweg und meine größte und tiefste Liebesgeschichte.

Als ich vor fünf Jahren mit dem Mann zusammenkam, der inzwischen mein Ehemann ist, meinte eine Klosterschwester, ich müsse nun entscheiden, wer mein wahrer

Geliebter sei. Ich glaube, sie irrt. Auch hier geht es nicht um ein *Entweder-oder*. Ich liebe meinen Mann von Herzen und bin glücklich und dankbar, mit ihm zusammen meinen Lebensweg weitergehen zu dürfen. Das schließt meine Liebe zu Christus absolut nicht aus; es sind zwei Liebesbeziehungen, die getrost nebeneinanderstehen können. Nein, es ist mehr. Als ich vor Jahren sehnsüchtig auf Partnersuche war, meinte jemand zu mir: »Sie sind ja schon zu zweit; Sie suchen den Dritten im Bunde!« Er meinte damit meine Christusbeziehung, die so innig und tief ist, dass klar war, es würde nur ein Partner in Frage kommen, der dies zumindest akzeptieren, besser noch mit mir teilen könnte. Was für ein Glück, dass ich den Mann gefunden habe, der mit mir diesen Königsweg beschreitet und mit mir im Bewusstsein unserer gemeinsamen Quelle lebt!

Entfaltete Weisheit

Ich sprach über Gott und über Jesus Christus. Du ahnst, was jetzt kommt: Ja, ich liebe es auch, mich mit dem Heiligen Geist zu verbinden. »Auch das noch!« Die sogenannte Dreifaltigkeit ist eines der Probleme, an dem auch tiefgläubige Christen zu knabbern haben. Gott Vater, Gott Sohn und Gott Heiliger Geist, was soll das? Ich finde es gar nicht so schwer zu verstehen, wenn wir uns vor Augen halten, dass wir alle ein Splitter, ein Stückchen des All-Einen sind. Alles, restlos alles, hat sich aus dem Kosmos entfaltet, und so hat sich auch das Göttliche im wahrsten Sinn des Wortes »ent-faltet«, was ja im Begriff »Dreifaltigkeit« enthalten ist. Evolution ist nichts anderes als eine Auffaltung (oder Entfaltung) in verschiedene Ausprägungen desselben *logos*, derselben zugrundeliegenden Weisheit. So hat sich das All-Eine in uns alle »hinein entfaltet«, ohne selbst etwas von seiner Ganzheit, seiner Ordnung, seinem »Kosmos« einzubüßen. Vater, Sohn und Heiliger Geist verstehe ich **30** als eine Art »Urauffaltung« in drei verschiedene Ausprägungen oder bildhafte Zustände. Das klingt komplizierter, als es vielleicht ist. In einer Predigt hörte ich vor Jahren einen einfachen und einleuchtenden Vergleich: Die Dreifaltigkeit sei vergleichbar mit den drei Aggregatszuständen von Wasser: Flüssigkeit, Dampf und Eis. Der Grundstoff ist derselbe, selbst das Mischungsverhältnis der Moleküle bleibt gleich, es ist immer H_2O, nur eben in verschiedenen Zuständen.[5] Das Bild deckt sich mit meiner Gebetserfahrung: Ich kann mit dem »Aggregatszustand«, der mir gerade besonders guttut, Verbindung aufnehmen. Ich weiß: Ich lande immer bei derselben Quelle, beim selben Ursprung allen Seins.

Dabei halte ich das für wesentlich, was Ignatius von Loyola, der Gründer des Jesuitenordens und Begründer der »Ignatianischen Exerzitien«[6], die Unterscheidung der Geister nannte. Manch einer mag denken, es sei einerlei, welche Geister man ruft, man bekäme die Antworten immer gleichsam »von höchster Stelle«, und egal welche Methode man anwende und wessen Unterstützung man erbitte, es sei sowieso alles das Gleiche. Ich glaube, das ist ein Irrtum. Wenn ich sage, dass letztlich alles im All-Einen mündet, spreche ich nicht davon, dass jede Art von Ausrichtung ohne Umwege zu dieser höchsten all-einen Wahrheit führt. Jemand hat einmal in Bezug auf die Weltreligionen gesagt, Gott sei über verschiedene »Durchwahlen« erreichbar. Wenn wir in diesem anschaulichen Bild bleiben, bedeutet das aber auch, dass wir uns verwählen und bei einem Anschluss landen können, der nicht dem großen Ganzen dient, sondern ihm eher schadet. Ignatius hat sehr hilfreiche »Regeln zur Unterscheidung der Geister« entwickelt, die auch heute noch anwendbar sind, um herauszubekommen, ob die eigene innere Stimme einen auf den guten und förderlichen Weg führen will oder ob sich darin der Wolf im Schafspelz versteckt. Das Perfide ist: Je weiter wir voranschreiten auf unserem geistlichen beziehungsweise spirituellen Weg, desto geschickter und subtiler wird auch der GEIST, der uns am Weitergehen hindern und unsere Entfaltung bremsen will. Da heißt es: sehr fein hinspüren, im Kontakt mit anderen bleiben (Stichwort Schattenarbeit) und mit größtmöglicher Ehrlichkeit sich selbst gegenüber immer wieder hinterfragen, ob man wirklich vom »guten GEIST« geleitet wird. Das klingt anstrengend, ist es aber nicht, im Gegenteil: Eigentlich ist alles ganz leicht, wenn wir konsequent und treu in der Ausrichtung und in der Verbindung bleiben. Einer früheren geistlichen Begleiterin gegenüber erwähnte ich einmal, dass ich jeden Morgen eine bestimmte Pfingstsequenz bete, ein uraltes Gebet, das in der katholischen Kirche eben zu Pfingsten, wo es ja besonders um den Heiligen Geist geht, gebetet wird. Daraufhin meinte sie im Brustton der Überzeugung: »Dann brauchen Sie sich überhaupt keine Sorgen mehr über Ihre Ausrichtung machen, das wirkt den ganzen Tag!« Ich bete dieses Gebet bis heute nicht nur jeden Morgen, sondern auch vor jedem Termin mit Klient*innen zu Coaching und Beratung und vor jedem Seminar, das ich halte. Es ist meine Art von Ritual, um mich zu zentrieren, mich auf Ratsuchende einzustellen und sicherzugehen, dass meine Interventionen und das ganze Gespräch von der »richtigen« Quelle gespeist werden.

Zugleich hilft es mir, mein Ego zurückzunehmen und mir selbst zu verdeutlichen, dass nicht ich allein die Beraterin bin, sondern dass eine höhere Weisheit durch mich hindurchfließt und mich die richtigen Fragen stellen, aufmerksam zuhören, trösten, ermutigen, staunen oder auch schweigen lässt. Es ist sehr entlastend für mich zu wissen, dass ich nicht die »Macherin« bin, die weiß, worauf es ankommt, sondern Dienerin, die ihr Werk nur dann gut verrichten kann, wenn ihre Ausrichtung stimmt. Hier also mein Lieblingsgebet zum Heiligen Geist:

Komm herab, o Heil'ger Geist,
der die finstre Nacht zerreißt,
strahle Licht in diese Welt!
Komm, der alle Armen liebt,
komm, der gute Gaben gibt,
komm, der jedes Herz erhellt!
Höchster Tröster in der Zeit,
Gast, der Herz und Sinn erfreut,
köstlich Labsal in der Not.
In der Unrast schenkst du Ruh,
hauchst in Hitze Kühlung zu,
spendest Trost in Leid und Tod.
Komm, o du glückselig Licht,
fülle Herz und Angesicht,
dring bis auf der Seele Grund!
Ohne dein lebendig Weh'n,
kann im Menschen nichts bestehn,
kann nichts heil sein noch gesund.
Was befleckt ist, wasche rein,
Dürrem gieße Leben ein,
heile du, wo Krankheit quält!
Wärme du, was kalt und hart,
löse, was in sich erstarrt,
lenke, was den Weg verfehlt!
Gib dem Volk, das dir vertraut,
das auf deine Hilfe baut,
deine Gaben zum Geleit!
Lass es in der Zeit bestehn,
deines Heils Vollendung sehn
und der Freuden Ewigkeit,
Amen.

Mir ist noch kein menschliches Anliegen untergekommen, das sich nicht in diesen Zeilen wiederfände. So bete ich schon jeweils im Vorfeld einer Begegnung mit einem ratsuchenden Menschen für dessen Anliegen, noch ohne es zu kennen. Fällt Dir in dem Text etwas auf? Es ist vieles darin enthalten, was sich Menschen für sich und einander oft wünschen, ohne auf die Idee zu kommen, das »Gebet« zu nennen. Wie oft wünschen sich Menschen heute »Licht und Liebe«, und wie sehr sind diese Wünsche in diesem Gebet enthalten! Zwar wird die Liebe nicht explizit erwähnt, ist aber in den einzelnen konkreten Bitten überall enthalten. Vielleicht spüre ich diese besondere Energie und das Tröstliche in diesen Worten, weil ich mich darüber verbunden weiß mit meinen Ahninnen und Ahnen, die dieses Gebet auch schon seit Generationen gesprochen haben. Vielleicht verbindet mich der Text in der lateinischen Fassung als »Veni sancte spiritus« auch in der heutigen Zeit mit Christinnen und Christen auf der ganzen Welt und ich fühle mich dadurch gut eingebettet in ein Netz – oder neudeutsch gesagt, in eine »Community« – gläubiger Menschen. Natürlich kann man das Rad neu erfinden und sich neue Begriffe und Texte ausdenken, die für unsere Ohren möglicherweise zeitgemäßer klingen. Und doch empfinde ich gerade in einem so alten Gebet eine stärkere Kraft, ganz abgesehen von der Schönheit der malerischen Sprache.

Kirche als freudvolle Botschafterin des Glaubens?

Wenn ich manchmal die trostlos leer gewordenen Kirchen sehe, frage ich mich, wer wohl diesen reichen kulturellen Schatz einmal weiter überliefern soll, wenn es die Kirchen nicht mehr gibt oder höchstens noch Gottesdienste in einer an Zeitgeist und Jugendsprache orientierten Form, in die diese alten Gebete sich so gar nicht harmonisch einfügen wollen. Ach, das klingt grauenvoll konservativ, und wer mich nicht kennt, stellt sich vermutlich eine zugeknöpfte ältere Dame im dunkelblauen Faltenrock und mit klobigen Gesundheitsschuhen vor. Bin ich nicht! Ich habe sie ja auch so satt, diese drögen, langweiligen Gottesdienste mit trägem Orgelspiel, verkümmertem Gesang und schlimmstenfalls einer inhaltslosen und abgelesenen Predigt, deren Ende man kaum erwarten kann. Von daher gehöre ich auch nicht mehr zu den Menschen, die die Kirchenbänke bevölkern und fleißig zur Aufrechterhaltung der Tradition beitragen. Dabei haben wir eine so wunderbare, freudvolle Religion, und wir könnten uns in einer lebendigen Gemeinschaft von Gläubigen so sehr stärken wider alle Vereinzelung, Vereinsamung und Depression. Dass es möglich ist, zeigen mir die bereits erwähnten Oasen, die ich auf meiner langjährigen spirituellen Suche finden durfte und auch heute auf Reisen immer wieder finde. Eigentlich bin ich gar nicht sonderlich anspruchsvoll in dem, was ich von Kirche erwarte oder erhoffe. Der Gradmesser heißt für mich: Nach einem Gottesdienst sollte es mir besser gehen als vorher. Ich wünsche mir etwas, was mich stärkt und nicht etwa langweilt und schwächt. Ich werde mich nicht mit der Haltung in eine Messe quälen: »Na wir sind doch alle froh, wenn's wieder vorbei ist!« Das mussten die Generationen vor uns über sich ergehen lassen und wir in Kindertagen vielleicht auch noch. Ich kenne viele Leute, die als Kinder gezwungen wurden, die langweiligsten Gottesdienste klaglos durchzustehen. Wen wundert es, dass aus ihnen Erwachsene wurden, die freiwillig keinen Fuß mehr in eine Kirche setzen, zumindest nicht in einen Gottesdienst.

Während ich das schreibe, spüre ich wieder die tiefe Sehnsucht nach diesem verbindenden Ritual, nach dem heiligen Spiel, das mir von Kindesbeinen an vertraut ist. Es könnte so einfach sein und so schön: ein paar alte Zöpfe abschneiden, althergebrachtes Gutes neu erklären, sodass die Sinnhaftigkeit wieder klar wird, sich auf die Zuhörer*innen beziehungsweise Mitfeiernden einstellen (den Charakter einer wirklichen gemeinsamen *Feier* spürt man oft überhaupt nicht mehr) und schließlich für mich das Wichtigste: Freude zeigen und verbreiten![7] Auch wenn das Kreuz es auf den ersten Blick nicht nahelegt, so haben wir doch eine höchst freudvolle Religion. Die christliche Botschaft von der Transformation von Leid und der Überwindung allen Abgestorbenseins ist wahrlich eine gute Nachricht und Grund zur Freude. Wie sehr wünsche ich mir, dass davon in christlichen Gottesdiensten, egal welcher Konfession, mehr zu spüren wäre. Doch woher soll denn die Freude kommen in einer Kirche, von der sich die Menschen mehr und mehr abwenden, weil sie ihnen nichts mehr gibt? Wer soll denn noch Freude und Zuversicht versprühen angesichts der sich immer mehr leerenden Kirchenbänke?

Zum allgemeinen Priestertum berufen

Mir selbst fällt nichts ein, um den Niedergang der Institution Kirche in unseren Breiten aufzuhalten. Zu viel, scheint mir, müsste sich verändern, damit diese Kirche wieder an Attraktivität und Überzeugungskraft gewinnen könnte. Zu groß ist meine persönliche Sehnsucht nach gelebter Spiritualität in Gemeinschaft, nach Räumen für individuelle Gottsuche und Gotteserfahrung, nach gemeinsamem Fragen und Ringen um Antworten, nach Austausch über die wirklich wichtigen Dinge, nach dem Lauschen und Hinspüren in die Stille hinter der Stille und in die Verbundenheit aller mit allem. Kann ich wirklich warten, will ich warten, bis sich diese Kirche, egal welcher Konfession, so weit öffnet, dass sie von ihrem Besserwisser- und Allmachtsanspruch ablässt und anerkennt, dass wir alle zum allgemeinen Priestertum berufen sind? Will ich am Ende meines Lebens dastehen in dem Bewusstsein, eine Generation lang abgewartet zu haben, in der brennenden Sehnsucht danach, dass sich endlich etwas bewegt und wir wieder eine Glaubensgemeinschaft werden, die andere Menschen ansteckt und begeistert? So ermutigend manche Ansätze von Papst Franziskus sind, ich kann nicht warten, bis dieser schwere und träge Tanker, dessen Steuermänner an lebensfeindlichen Normen und überkommenen Regularien festhalten und damit jede Art von Nachwuchs verschrecken und verhindern, endlich Fahrt aufnimmt und lebendigere Gewässer ansteuert. Noch bin ich dieser Kirche treu, auch wenn sie mir im Moment wenig geben und meine Bedürfnisse nicht erfüllen kann. Ich werde mir aber die Freiheit nehmen zu sagen, was ich zu sagen habe. Ich werde mir nicht einreden lassen, man brauche theologische Studien und eine kirchliche *missio*, also eine »Lehrerlaubnis«, um Gott zu begegnen. Man braucht sie auch nicht, um anderen davon zu erzählen und sie anzustiften, ebenfalls auf Gottsuche zu gehen. Ich werde mich der Arroganz kirchlicher Würdenträger, egal welcher Konfession, nicht unterordnen. Jesus war Zimmermann. Die Apostel waren Zeltflicker, Fischer und andere einfache Leute, die mit den damaligen renommierten Schriftgelehrten ihre liebe Not hatten. Jesus sandte sie aus und verlieh ihnen Vollmacht, in seinem Namen seine Botschaft zu verkünden, zu lehren, zu heilen – je nach persönlicher Begabung. Diese Vollmacht gilt auch heute, für jede und jeden Einzelnen von uns.

GOTT NEU BEGEGNEN IM GEBET

»Diejenigen, die tanzten, wurden von denjenigen,
die die Musik nicht hören konnten, für verrückt
gehalten.«

Angela Monet[8]

Wenn ich manchmal über diese Art, Gott zu begegnen,
mit Menschen spreche, sagen sie mir mit leiser Stimme:
»Ich weiß gar nicht, wie Beten geht.« Muss oder kann man
beten lernen? Ja und nein. Nicht in dem Sinn, dass man
unbedingt vorgefertigte Gebete braucht, die man in genau
dieser Form nachbeten muss. Beten kann unendlich vielfältig sein und bedeutet meiner Meinung nach: bewusst
Zeit mit Gott verbringen beziehungsweise ihm bewusst
Aufmerksamkeit schenken und sich ihm zuwenden. Das
braucht weder eine feste Form noch einen fixen Ort. Was
es braucht, und das ist das, was man lernen und einüben
kann, ist eine gewisse Regelmäßigkeit, ein »Dranbleiben«.
Allzu leicht verliert man sonst den Faden oder betet nur,
wenn man mit seinem sonstigen Latein am Ende ist. Gebet
als Notnagel, als letzter Strohhalm, wenn gar nichts mehr
geht. Bezeichnenderweise fangen in solchen Situationen
viele Menschen wieder an zu beten und fragen sich plötzlich
gar nicht mehr, wie das geht. Wenn wir mit dem Rücken
zur Wand stehen, werden wir ganz schnell wieder wie Kinder und hören uns innerlich mit bebender Stimme beten:
»Lieber Gott, mach dass ...«. Kaum der Sorge oder Gefahr
entronnen, belächeln wir unsere eigene Schwäche und unseren unmittelbaren, ungefilterten und aus dem Herzen
kommenden Hilferuf. Schade, denn auch der darf sein, und
ich kann mir vorstellen, dass Jesus auch solcherlei Unver-
fälschtheit meinte, wenn er sagte: »Wenn ihr nicht umkehrt
und wie die Kinder werdet, könnt ihr nicht ins Himmelreich

kommen.« (Mt 18,3) Ich selbst habe dank meiner religiösen Sozialisation einen reichen Gebetsschatz erlernt, ihn aber über viele Jahre hinweg völlig ignoriert. Zum Beten kam ich tatsächlich wieder, als es mir über lange Zeit sehr schlecht ging und all meine sonstigen Strategien wie Joggen, Ablenkung, ja, sogar Medikamente völlig versagten. Ich litt an einer ausgeprägten Depression, und die ließ sich auch mit einer hervorragenden psychotherapeutischen Behandlung, wie sie mir zuteilwurde, nicht mir nichts, dir nichts weghexen.[9] Vielmehr führte sie mich zunächst durch ein finsteres Tal, das zu durchschreiten ein mehr als beschwerlicher Weg war. In dieser Zeit fand ich zu meinem Glauben an Gott zurück, und ich begann zu beten. Von den Gebeten meiner Kindheit war ich weit entfernt, und einen geistlichen Lehrer hatte ich damals natürlich auch nicht. So folgte ich einfach meiner inneren Stimme und betete so, wie es mir am wohlsten tat, und das war damals schriftlich. Ich wendete mich Tagebuch schreibend an Gott und trat um Hilfe bittend mit ihm in Kontakt. Man könnte ja nun denken, das sei eine Einbahnstraße, ein innerer Monolog, den man zu Papier bringt. Doch so fühlte es sich nicht an. Wenn ich mich schreibend an dieses Du wandte, klärten sich meine Gedanken, und aus meinem Inneren stiegen Antworten auf meine Fragen auf, Trost zu meinem Jammern und Klagen, neue Impulse zu meinen immer gleichen kummervollen Gedanken. Sie zauberten sich wie von Geisterhand auf das Papier. Buch um Buch füllte ich damals und blieb dieser für mich so hilfreichen und wohltuenden Gebetsform viele Jahre treu, auch dann noch, als es mir allmählich besser ging. Das war einer *meiner* Gebetswege, der für einen anderen Menschen, dem die Tinte nicht so leicht aus der Feder fließt, absolut ungeeignet sein mag.

Mit so vielen Worten, sei es schriftlich oder mündlich, zu beten, mag nicht jedermanns Sache sein. Es birgt zudem eine Gefahr in sich: Gott als potenzielle Gebetserhörungsmaschine zu missbrauchen und ihn zu instrumentalisieren nach dem Prinzip »Gebet oben rein, Erhörung unten raus«. Das ist nicht der Sinn des Betens. Freilich können wir den Urgrund des Seins, den Kosmos, das Universum, Gott um etwas bitten, das wir uns sehnlich wünschen. Doch es geht darum, auch dann Akzeptanz zu üben, wenn die Geschehnisse sich anders entwickeln, als unser Ego sie gerne hätte. Eine frühere Kollegin lehrte mich ein kleines Gebet, dessen Verfasser mir nicht bekannt ist. Es begleitet mich bis heute, und vor allem in schwierigen Lebenssituationen empfinde ich es als sehr hilfreich:

> *Herr, ich bin hier*
> *nach deinem Willen,*
> *in deiner Schule,*
> *unter deinem Schutz,*
> *solange du willst.*

Was passiert, wenn ich so bete? Ich sage dem Leben: Ja, ich bin in dieser Situation, weil es so sein soll. Nicht, weil ich etwas falsch gemacht und mich durch mein Unvermögen hineinmanövriert habe. Ich sage weiter: Das schmeckt mir zwar gerade nicht, aber ich bin sicher, ich kann etwas daraus lernen und gestärkt daraus hervorgehen. Eine weitere tröstliche Sicherheit besteht darin, dass ich behütet bin und mir in dieser unangenehmen Situation schon nichts allzu Schlimmes widerfahren wird. Schließlich komme ich aus dieser verzweifelten »Ich will, dass das jetzt sofort aufhört«-Haltung heraus, die Schwieriges noch unerträglicher erscheinen lässt. Ich gebe mich im Vertrauen auf einen übergeordneten Sinn, den ich momentan nicht durchschaue, meiner aktuellen Lage hin und lege sie gleichsam in Gottes Hand. (Wobei dieses Bild wieder die Gefahr in sich birgt, dass wir uns Gott als großen Papa mit einer väterlich ausgestreckten Hand vorstellen.) Klar ist: Ich kann aufhören, gegen die Umstände, in denen ich mich gerade befinde, zu kämpfen, und das entlastet ungemein.

Dein Wille geschehe – oder doch lieber meiner?

Aber seien wir ehrlich: Wir sind Menschen mit Wünschen und Bedürfnissen, und es ist völlig legitim, um das zu bitten, was wir so sehr ersehnen. Lange Zeit sah ich einen Widerspruch zwischen dem »Bittet, dann wird euch gegeben« (Mt 7,7) und dem »Dein Wille geschehe« (Mt 6,10) aus dem Vaterunser. Zwei Jesus-Worte, die mir einen eklatanten Widerspruch darzustellen schienen. Kann ich nun erbitten, was ich mir wünsche, oder bleibt mir sowieso nichts anderes übrig, als mich Gottes Willen zu beugen? Schon im Vaterunser selbst scheint dieser Widerspruch enthalten zu sein. Wie konnte uns Jesus ein Gebet lehren, das mit seinen wenigen Zeilen schon in sich widersprüchlich zu sein scheint?

> Vater unser im Himmel,
> geheiligt werde dein Name,
> dein Reich komme,
> dein Wille geschehe
> wie im Himmel so auf Erden.
> Unser tägliches Brot gib uns heute
> und vergib uns unsere Schuld
> wie auch wir vergeben unseren Schuldigern.
> Und führe uns nicht in Versuchung,
> sondern erlöse uns von dem Bösen.
> Denn dein ist das Reich und die Kraft
> und die Herrlichkeit in Ewigkeit, Amen.

Allein über dieses christliche Grundgebet, das sich gemeinsam in verschiedenen Sprachen beten lässt, gibt es eine Fülle von Literatur, und die Gelehrten können über jede Zeile ganze Abhandlungen schreiben.[10] Dennoch blieb mir der tiefe Sinn dieses hingebungsvollen »Dein Wille geschehe« bei gleichzeitigem Bitten um konkrete Anliegen lange Zeit verschlossen. Erst seit ich in so vielen Bereichen das *Sowohl-als-auch* erkennen kann, hat sich für mich der scheinbare Widerspruch aufgelöst: Ja, ich erkenne an, dass es ein übergeordnetes Wollen gibt, das quasi den Gesamtüberblick über das große Ganze hat und dafür sorgt, dass wir insgesamt mit diesem Kosmos in Balance bleiben. Diesem übergeordneten Wollen, diesem kosmischen All-Einen, dieser übergreifenden, allumfassenden Weisheit ordne ich meinen individuellen Willen unter. Das heißt aber nicht, dass ich diesen Willen nicht haben darf! Es ist gut, Wünsche zu haben, Ziele, Bedürfnisse, und es ist nicht nur erlaubt, sondern sogar erwünscht, um deren Erfüllung zu bitten. Ein Jesuit ermunterte mich vor Jahren, mit einem schon seit langer Zeit unerhörten Gebetsanliegen etwas drängelnder und ungeduldiger Gott gegenüber zu werden. Ich fand das zunächst erstaunlich und befremdlich, sträubte sich doch meine brave katholische Seele dagegen, Gott gegenüber einen schärferen Ton anzuschlagen. Da der Rat jedoch von fachkundiger Stelle kam, nahm ich ihn an und schrieb Gott damals einen geharnischten Brief. Was für eine Wohltat! Es dauerte zwar noch Jahre, bis mein Flehen erhört wurde, aber ich hatte eines begriffen: Die Beziehung zu meinem Gott ist keine Beziehung der frommen Sonntagsreden, in denen alles eitel Sonnenschein und höflich angepasst sein muss. Nein, die Beziehung zu meinem Gott ist eine von meiner Seite aus zutiefst menschliche, in der alles seinen Platz hat und in der ich mir und meinem Zorn, meiner Ungeduld und meinem Hadern Luft verschaffen darf. Ich darf sein – mit allem, was mich ausmacht, mit aller Unzulänglichkeit und Schwäche, mit meiner tiefen Sehnsucht. Es ist eine unverbrüchliche Beziehung, die etwas aushält, ja, die mich aushält in all meinen Facetten. Das war eine fabelhafte Erkenntnis, für die ich sehr dankbar bin. Ich kann den Rat nur weitergeben: Mute Dich Gott zu, auch mit Deinen Dir dunkel und unansehnlich erscheinenden Seiten und in einer Art, in der Du Dich einem Menschen nicht zumuten würdest. Auch das ist Beten!

Beten wirkt – wenn auch nicht immer so, wie wir es uns wünschen

Dennoch wird es Gebetsanliegen in Deinem Leben geben, die allem Drängeln zum Trotz unerhört bleiben. Ich selbst machte die Erfahrung von frühester Kindheit an. Meine Mutter war schwer chronisch krank und lebte ab meinem sechsten Lebensjahr in verschiedenen psychiatrischen Einrichtungen und anschließend in Pflegeheimen, wo sie nach 25-jährigem Leidensweg starb. Davon abgesehen, dass sie selbst trotz aller physischer und psychischer Einschränkungen bis zum Ende auf ihre Weise und in der ihr möglichen Ausdrucksform tief religiös blieb, gab es noch einen Menschen, der wider alle Vernunft Tag für Tag um ihre Gesundung betete, das war ihre eigene Mutter. Als Kind war ich zugleich befremdet und beeindruckt, als ich begriff, dass meine Großmutter auch nach vielen Jahren der Krankheit ihrer Tochter keinen Tag verstreichen ließ, an dem sie nicht für sie betete und darum, dass Gott ein Wunder wirken möge. Aus medizinischer Sicht machte das überhaupt keinen Sinn, denn meine Mutter litt an einer irreversiblen Gehirnschädigung, die sich nicht einmal ansatzweise verbessern konnte. Einerseits verstörte mich die Erkenntnis, dass Gott in seiner angeblichen Allmacht offenbar nicht gewillt war, dem unermüdlichen Bitten seiner treuen und vertrauensvollen Dienerin nachzugeben. Wenn das alles stimmte, was in der Bibel stand und was man sonntags im Gottesdienst hörte, dann musste sich bei meiner Mutti doch wohl auch so ein Wunder wirken lassen, dachte ich, zumal mich meine Oma immer wieder ermutigte, sie im Gebet zu unterstützen. Dass das einerseits für ein kleines Mädchen und für die dann heranwachsende Jugendliche und ihr Gottesbild nicht gerade zuträglich war und sich auch später mit in den schon erwähnten psychischen Schwierigkeiten niederschlug, leuchtet ein. Doch die andere Seite dieser Kindheitserlebnisse prägte mich ebenfalls: Wenn ich von meiner Oma etwas gelernt habe, dann dieses unerschütterliche Vertrauen, das sie sich bis zu ihrem Tod – neun Jahre vor dem Tod meiner damals unverändert schwerstbehinderten Mutter – bewahrte. Bis zuletzt glaubte sie fest daran, dass dieses Wunder noch eines Tages geschehen könnte, und ich bin sicher: Genau dieses Vertrauen, dieses unverwüstliche, Jahrzehnte überdauernde Vertrauen war es, was sie aufrecht hielt und ihr die Kraft gab zu versuchen, in unserer Familie die Lücke zu füllen, die durch den Totalausfall ihrer Tochter für deren Mann und die drei Kinder entstanden war. So konnte sich meine Oma bis ins hohe Alter um uns kümmern. Weitgehend klaglos führte sie unseren Haushalt und war vor allem für mich als »Nesthäkchen« da. Wenn sie auch manchmal ein strenges Regiment führte und ich später mühsam lernen musste, dass es im Leben noch andere Leitmotive geben darf als »Man muss die Zähne zusammenbeißen und darf sich nicht hängen lassen«, so weiß ich doch, was für ein großartiges Vorbild ich in meiner Oma hatte: Im Vertrauen bleiben, und wenn es auch noch so widersinnig und fast lächerlich erscheinen mag, und darauf bauen, dass Gott alles zum Guten wenden mag, schenkt uns Kraft, auch ein schweres Leben mit vielen Entbehrungen anzunehmen.

Dietrich Bonhoeffer, ein großer evangelischer Theologe, der von den Nationalsozialisten im Konzentrationslager ermordet wurde, brachte es auf einen einfachen Nenner: »Es gibt erfülltes Leben trotz vieler unerfüllter Wünsche.« Ich frage mich selbst noch heute ab und an, warum meine Mutter so krank sein musste und weshalb der Herzenswunsch und das flehentliche Bitten meiner Oma unerfüllt blieben. Wer weiß, wie sich unser Leben entwickelt hätte, wenn wir diesen Mangel nicht hätten erleiden müssen. Was wäre wohl aus uns geworden? Freilich ist die Frage müßig, und doch liegt sie immer wieder einmal nahe. Doch dann blicke ich auf das Leben meiner Oma und erkenne: Ja, das war ein wahrhaft erfülltes Leben, trotz oder – wer weiß? – vielleicht sogar wegen vieler unerfüllter Wünsche. Wissen wir, ob wir wirklich mehr Erfüllung fänden, wenn sich alles nach unserem Willen, nach unseren Vorstellungen entwickeln würde? Finden wir nicht oft gerade in Situationen, die wir uns nicht ausgesucht hätten, die tiefste Erfüllung und das Gefühl, unserer Bestimmung, unserem wahren Kern am nächsten zu kommen?

C.S. Lewis, ein bedeutender nordirischer Schriftsteller und Religionsphilosoph des 20. Jahrhunderts, soll einmal gesagt haben, er sei froh, dass Gott 80 Prozent seiner Gebete nicht erhört habe.[11] Für mein eigenes Leben kann ich sagen: Da lief bis vor wenigen Jahren ziemlich viel alles andere als wunschgemäß, und dennoch war es nicht unerfüllt. Im Gegenteil: Das meiste von dem, was ich heute an andere weitergeben und ihnen vermitteln kann, kann ich ihnen nicht *trotz* der unerfüllten Wünsche und unerhörten Gebete geben, sondern genau *deswegen*. Die Tiefe, das Verständnis für die Nöte und Sorgen anderer Menschen, für ihre Trauer und ihre Wut, und die daraus resultierende Beratungskompetenz hätte ich mir in keinem Psychologie- oder Theologiestudium und in keiner noch so fundierten Weiterbildung aneignen können. Doch Leid allein genügt nicht. Das Vertrauen auf Wandlung, auf Transformation, wie wir heute sagen würden, oder doch zumindest auf die Chance darauf, gibt dem Leid seine Sinnhaftigkeit und hilft uns, das Unabänderliche anzunehmen. Das hat mich die Gebetspraxis meiner Oma gelehrt. Für ihre tiefe Frömmigkeit werde ich ihr – neben vielem anderen – immer dankbar sein.

Christliche Mantras – immer die gleiche Leier?

Das sogenannte mündliche Gebet kann auch viel standardisierter sein, formelhafter, einem Mantra ähnlich, das wir wieder und wieder sprechen oder murmeln und in das wir all unser Hoffen und Sehnen legen. Manch rationalem Menschen mag das seltsam oder befremdlich erscheinen. Ich selbst schätze diese Form des mündlichen Gebets sehr, bringt sie mich doch mehr in eine ganzheitliche Wahrnehmung, in ein inneres Empfinden. Sie verhindert, dass ich gefangen bleibe in meinen Gedanken und Formulierungen. Ausgeprägt findet sich diese Gebetsform zum Beispiel im byzantinischen Ritus der orthodoxen Kirchen. Wer diesen Ritus zum ersten Mal mitfeiert, kommt aus dem Staunen nicht heraus. Er beinhaltet sinnliche Elemente, die uns völlig fremd erscheinen, und die ausgedehnten Gesänge enthalten viele sich formelartig wiederholende Gebete, die quasi in einem leiernden Singsang möglichst oft rezitiert werden.[12] Dabei kommt es tatsächlich auf möglichst viele Wiederholungen an, fast als hieße das Motto »Viel hilft viel«. Wenn man sich darauf einlässt und den kritisch-aufgeklärten Geist einmal zum Schweigen bringt, kann man wunderbare All-Einheitserfahrungen erleben und ein tiefes Gefühl des Getragenseins empfinden.

Auch in der römisch-katholischen Kirche haben wir die Tradition eines geleierten mantraartigen Gebets, das ist der Rosenkranz. »Nein, das glaube ich nicht; jetzt kommt sie auch noch mit dem Rosenkranz daher!«, höre ich einen ganzen Chor von Stimmen entsetzt ausrufen. Aber wer bis hierher gelesen hat, ist vielleicht neugierig genug geworden, um auch das noch wissen zu wollen. Vorab: Ich käme nicht auf die Idee, zum gemeinsamen Beten des Rosenkranzes in eine Kirche zu gehen. Doch ich habe aus diesem alten Gebetsschatz Verschiedenes für mich herausgezogen und meine eigenen Formen entwickelt, die mir von Zeit zu Zeit in den Sinn kommen und sehr wohltuend sind. Das Grundgebet, sozusagen der Kern des Rosenkranzgebetes, ist das Ave Maria und das geht so:

Gegrüßet seist du Maria
voll der Gnade,
der Herr ist mit dir.
Du bist gebenedeit unter den Frauen
und gebenedeit ist die Frucht deines Leibes, Jesus.

Heilige Maria, Mutter Gottes,
bitte für uns Sünder,
jetzt und in der Stunde unseres Todes. Amen.

Das ist eine »Perle« des Rosenkranzes, davon werden zehn hintereinander gebetet, dann kommt ein »Vaterunser« und der eine Durchlauf wird abgeschlossen mit dem Lobpreis:

Ehre sei dem Vater und dem Sohn und dem
Heiligen Geist. Wie im Anfang, so auch jetzt und alle
Zeit und in Ewigkeit. Amen.

Das Ganze wird fünfmal wiederholt, deshalb besteht das hübsche Gebetskettchen aus fünf mal zehn Perlen (plus noch jeweils einer Perle für das dazwischenliegende Vaterunser). Wenn man wieder am Anfang, symbolisiert durch ein kleines Kreuz, angekommen ist, weiß man, dass man fünfzigmal das »Gegrüßet seist du, Maria« gebetet hat. Eine Besonderheit gibt es noch: Je nach Anlass, zu dem gebetet wird, beziehungsweise je nachdem, wo wir uns gerade im Kirchenjahr befinden, gibt es verschiedene Ausprägungen dieses Mantras. Sie unterscheiden sich in nur einer Zeile und zwar an der Stelle »und gebenedeit ist die Frucht deines Leibes, Jesus«, die nun ergänzt werden kann, zum Beispiel um die Zuschreibung »der für uns von den Toten auferstanden ist« oder »der für uns am Kreuz gestorben ist«. Entsprechend nennt sich das »freudenreicher« oder »schmerzhafter« Rosenkranz. Das war's jetzt aber mit den Details. Falls Du Dich fragst, woher ich das alles weiß, dann lautet die Antwort nicht etwa »aus dem Religionsunterricht«, sondern, vielleicht ahnst Du es schon, natürlich von meiner geliebten Oma. Nicht etwa, dass sie mich zum Rosenkranzgebet in die Kirche mitgeschleppt hätte, das wäre mir als Kind sicher schlecht bekommen und hätte vermutlich dazu geführt, dass ich mich als erwachsener Mensch mit Grauen von dieser Erinnerung abgewandt hätte. Nein, meine Oma erzählte mir immer wieder ganz unprätentiös und beiläufig von ihrer eigenen Gebetspraxis. Das ging etwa so: »Heute ist mir wieder der Bus vor der Nase weggefahren. Erst habe ich mich geärgert, aber dann bin ich zu Fuß gegangen und habe dabei einen ganzen Rosenkranz gebetet.« Ist das nicht großartig? David Steindl-Rast, einer der für mich größten christlich-spirituellen Meister unserer Zeit, propagiert stark und unermüdlich die Tugend der Dankbarkeit.[13] Für Umstände und Erlebnisse, für die man beim besten Willen nicht dankbar sein kann, rät er zu der Frage: »Wozu gibt mir das Gelegenheit?« Meine Oma hat in ihrem Leben keine klugen Bücher gelesen, eher hat sie mit Blick auf meine Leselust leicht abwertend gefragt: »Was willst du bloß mit all diesen Büchern?« Diese einfache Frau hatte die tief in ihrem Glauben wurzelnde Weisheit intuitiv verinnerlicht: Wenn etwas nicht nach meinem Willen geht oder so, wie ich es geplant hatte, dann kann ich mich entweder darüber ärgern und aufregen, oder aber ich orientiere mich um und nutze die Zeit, um beim Beispiel der missglückten Busfahrt zu bleiben, um mich an der frischen Luft zu bewegen und mich zugleich an meine spirituelle Kraftquelle anzubinden. (Übrigens weiß ich aus diesen Gebetsfußmärschen meiner Oma auch, dass man nicht unbedingt ein Rosenkranzkettchen braucht, um mitzuzählen, wenn man das überhaupt möchte; es geht auch mit den zehn Fingern.)

Plädoyer für eine neue Weiblichkeit

Aber gehen wir einen Schritt zurück. Warum, so wirst Du vielleicht fragen, soll ich denn eigentlich zu Maria beten? Das höre ich oft von evangelischen Christen, die in der Regel mit der kompletten katholischen Heiligentradition nichts anfangen können. Das ist ja auch nicht so leicht zu erklären. Natürlich kann ich mich mit meinen Gebeten immer direkt an Gott wenden und brauche keine »Mittler«, als die sowohl Maria wie auch alle sonstigen Heiligen zu verstehen sind. Wir beten nicht *zur* Mutter Gottes, sondern wir bitten darum, dass sie sich als Fürsprecherin für uns einsetzt. Starker Tobak für moderne Ohren, das ist mir klar. Ich will versuchen, es anhand meines eigenen Empfindens zu erklären. Maria und andere große Heilige verkörpern für mich bestimmte Qualitäten, die mir für meine Anliegen oft dienlich oder dazu besonders passend erscheinen. Bleiben wir bei Maria: Als mythologisches Bild ist sie für mich ein Ursymbol für Weiblichkeit. Weiblichkeit im Sinne von ganz und gar Frau sein, empfänglich sein, sich hingeben. Nicht auszudenken, was geschehen wäre, wenn Maria sich der Verkündigung des Engels »Du wirst ein Kind empfangen, einen Sohn wirst du gebären« (Lk 1,31) mit einem »Du spinnst wohl – nein!« widersetzt hätte. So aber ist sie für mich mit ihrem schlichten »Ja« – beziehungsweise, wie im Lukasevangelium etwas blumiger formuliert, mit ihrem »Mir geschehe, wie du es gesagt hast« (LK 1,38) – der Inbegriff der Hingabe an das Unfassbare. Diese Fähigkeit, so scheint mir, ist uns in unserem aufgeklärten Zeitalter weitgehend abhandengekommen: uns dem Unbegreiflichen hingeben, Ja sagen zu dem, was wir rational nicht erfassen können und von dem uns unser Gespür doch deutlich sagt, dass wir es gerade erleben. Um dieses Gespür überhaupt entwickeln zu können, muss ich zunächst einmal »auf Empfang« schalten. Es gilt, empfangsbereit zu werden für das Leben, das ganz individuell durch mich in die Welt gebracht werden will. Nach der Empfänglichkeit und Fruchtbarkeit braucht es die Bereitschaft, etwas in mir wachsen und reifen zu lassen, es auszutragen und ihm so lange Nahrung in mir zu geben, bis es bereit ist, in die Welt zu kommen. Es nähren mit meiner Liebe, meiner Fürsorge, meinem Schutz – all das, was eine gute Mutter für ihr Kind tut. Maria als Sinnbild der Mütterlichkeit, so wie ich sie mir bei einer »Mutter ohne Schatten« vorstelle, also bei einer Mutter, die völlig befreit ist von ihren eigenen Verstrickungen und Begrenzungen; ein Zustand, den wir naturgemäß in diesem Leben nicht erreichen können. Mit manch weiblichem oder mütterlichem Thema fühle ich mich bei Maria einfach gut aufgehoben. Auch wenn es um Verlust, Schmerz, Tod und Trauer geht, empfinde ich sie als Seelenschwester, die das alles durchlitten hat und dabei selbst nicht »groß rauskam« oder im Rampenlicht stand. Wenn ich mich in meinen Gebeten mit ihr verbinde und gleichsam mit ihr gemeinsam meine Herzensanliegen formuliere oder auch innerlich spüre, fühle ich mich einer urweiblichen Kraft verbunden, in deren Schoß ich mich kuscheln kann und aus dem mir zugleich Stärke, Wärme und Weisheit zufließen. Das mag irrational klingen. Vielleicht aber ist es auch »transrational«, weil es das Begreifen übersteigt und über das hinausgeht, was wir mit unserem begrenzten Verstand erfassen und erklären können.

Tatsächlich glaube ich, die Welt ginge sehr schnell zugrunde – vielleicht noch schneller, als es ohnehin der Fall sein wird, falls wir nicht schleunigst zur Besinnung kommen –, wenn wir Frauen uns mit unserer weiblichen Energie zurückzögen. Die Welt braucht wieder mehr Weiblichkeit, mehr Mütterlichkeit, mehr Fraulichkeit. Das meine ich nicht im Sinne von »Heimchen am Herd« oder eines Rückschritts zu alten Rollenzuschreibungen. Im Gegenteil: Auch hier brauchen wir eine Vorwärtsbewegung hinein in Bewährtes mit neuer Weite. Wir brauchen eine neue Weiblichkeit, die nichts mehr zu tun hat mit der Jagd nach männlichen Posten, männlicher Autorität, männlicher Härte. Was diese Welt braucht, ist urweibliche Weisheit (griechisch *sophia*), die fern ist von jeglichem Machtgerangel, von Profilierungs- und Herrschsucht. »Sophia« ist Schönheit und Klugheit in einem, Sanftmut und Klarheit, Güte und Erhabenheit. Das ist die Qualität, die uns zurückführen kann auf den Pfad der Erleuchtung, den wir in unseren westlichen Konsum- und Mediengesellschaften längst verlassen haben. Ich wünsche mir und uns, dass sich wieder mehr Frauen auf die ganz eigenen Qualitäten ihrer Weiblichkeit besinnen, statt einem von einem unseligen Wirtschaftssystem aufoktroyiertem männlichem »Businessideal« hinterherzuhecheln, das Schwangere zu »Problemfällen« und Mütter zu Dummchen degradiert, die es sich daheim auf Kosten der Unternehmer oder der Gesellschaft gemütlich machen. Lassen wir all unsere weiblichen Qualitäten hineinfließen in diese Welt, und machen wir sie dadurch wohnlicher, lebbarer und vollkommener![14]

Hingabe an das Unfassbare

Noch einmal komme ich zurück auf das christliche Urbild von Mütterlichkeit: auf Maria als Mutter Gottes. Vermutlich kann man darüber nicht schreiben, ohne auf das Thema Jungfräulichkeit oder, wie es im Kirchenjargon heißt, die »unbefleckte Empfängnis« einzugehen. Wie viel unselige Diskussion ist daraus entstanden, die mir so verzichtbar erscheint! Wie viel Leibfeindlichkeit und Zwang zur »Verschlossenheit« im wahrsten Sinn des Wortes hat die katholische Kirche daraus abgeleitet! Wie hartnäckig hält sich bis heute die Vorstellung, Liebe, die ohne körperliche Nähe auskommt, sei eine reinere, höherwertigere Liebe. Und was wird in Kreisen frommer Katholikinnen und Katholiken noch immer heiß diskutiert, ob die Jungfrauengeburt nun wörtlich zu nehmen ist oder nicht. Bitte hören wir damit auf und verstehen wir, dass es darauf nicht ankommt! Die wesentliche Botschaft dieses Marienbildes ist doch eine ganz andere. Es geht um diese Hingabe, um dieses »Ja«, um dieses Offensein für das Unbegreifliche, das Unerhörte, das Anstößige, das nicht ins Weltbild passen will, weder ins eigene noch in das der jeweiligen Gesellschaft. Begreifen wir doch diese wundervollen biblischen Bilder als Metaphern, die uns auch heute noch berühren und wegweisend für uns sein können!

Meine zwar nicht besonders stark ausgeprägte, aber durchaus vorhandene feministische Ader schmunzelt bei der Vorstellung, die göttliche Weisheit verzichte bei ihrer eigenen Inkarnation auf männliche Befruchtung nach dem Motto: »Nö, da kommen wir ohne aus«, aber es ist einfach

nicht wichtig. Ich kann herzlich lachen über eine Weihnachts-
grußkarte mit der Aufschrift: »Weihnachten fällt aus. Josef
hat alles zugegeben.« Zugleich ist die Weihnachtsbotschaft
für mich eine der erhabensten, schönsten und tröstlichsten
Botschaften mit ungebrochener Aktualität und einem Jahr
für Jahr sich wieder neu erschaffenden tiefen Sinn. Wachsen
wir auch hier in ein befreiendes *Sowohl-als-auch* hinein.

Sich das eigene Mantra zufallen lassen

Ein letztes Mal komme ich zurück auf das Rosenkranzgebet. Schließlich will ich doch die Katze aus dem Sack lassen,
was meine eigene Gebetspraxis betrifft. Ich nahm mir nie
vor, dieses Gebet zu sprechen oder mich gar dazu zu zwingen, nur weil es meiner religiösen Sozialisation entstammt.
Nein, dieses christliche Mantra sprang mich gewissermaßen an, und zwar beim Joggen. Ich liebe ausgedehnte Läufe,
bei denen ich gemütlich vor mich hin trabe. Dazu kam ich
übrigens in einer besonders schwierigen Phase meines Lebens. Damals war das »Laufengehen« oft das einzige Mittel, das vermochte, mich wenigstens für ein paar Stunden
aus dem inneren schwarzen Loch zu holen. Nun sind solch
stundenlange Läufe, wie ich sie mir in der damaligen inneren Not angewöhnte, auf Dauer im Kopf etwas eintönig.
Nicht immer gelingt es, die Gedanken frei fließen und neue
Erkenntnisse aufkommen zu lassen. Gerade wenn man an
depressiven Verstimmungen leidet, besteht die Gefahr, dass
man das ewig gleiche anstrengende Gedankenkarussell
beim Einstieg in die Joggingschuhe auch noch mitnimmt.
Bei einem dieser Langstreckenläufe also begann ich, innerlich den Rosenkranz zu beten. Ich erinnere mich noch gut
an das fabelhafte Gefühl, in diesem Gebet mit den hinter
mir stehenden Ahninnen und darüber hinaus, sozusagen
»ganz hinten« mit der Mutter Gottes verbunden zu sein.
Eine *re-ligiöse* Erfahrung im Wortsinn! *Das* meine ich mit
dem Bewahren des Alten bei gleichzeitiger Weitung ins Neue

hinein. Von meinen Vorfahren ging garantiert niemand joggen, aber Rosenkranz haben sie fleißig gebetet. Ich darf diese Tradition weiterpflegen in einer mir gemäßen Form. Ich muss in meiner Entwicklung nicht in der Pubertät stecken bleiben, wo ich alles ablehne, was von den Eltern und Großeltern kommt.[15] Genauso wenig muss ich alles von ihnen übernehmen und unverändert fortführen. Im Lauf der Zeit verwandelte sich »mein Rosenkranz« ganz von selbst noch weiter. Ich fragte mich nämlich, ob es neben diesen bereits erwähnten Sätzen über Tod und Auferstehung wohl noch andere Abwandlungen dieser Gebetszeile gäbe. Da ich das nicht wusste und meine Oma mir offenbar nur diese beiden Varianten beigebracht hatte, kam mir plötzlich der Gedanke: Ich kann doch selbst welche erfinden. Es genügt hinzuspüren, was Jesus für mich ist und tut, und schon habe ich jede Menge neuer Sätze für diese eine Gebetsstelle. Wie soll ich beschreiben, was sich daraus entwickelte? Es fing ganz harmlos an mit Gedanken wie »Jesus, der du immer an meiner Seite bist« oder »Jesus, der du bestimmt auch oft einsam warst«. Schnell bemerkte ich, dass ich diese Sätze nicht in meinem Denken »erfand«, sondern dass sie durch mich hindurchflossen, als würden sie mir, je nach Inhalt, liebevoll zärtlich ins Ohr geflüstert oder strahlend-kraftvoll zugerufen. Bei jedem einzelnen Ave Maria, also aufs Ganze gesehen mindestens fünfzigmal – mit den Fingern zu zählen bewährt sich beim Joggen! – fiel mir ein neues Jesus-Attribut ein. Durch die ständige Bewegung ändern sich stets die Blickwinkel und Perspektiven, was zu immer neuen Gedanken führt. Zeitweise ließ ich das Mariengebet ganz weg und badete nur noch in diesen mir zufallenden Gottesnamen:

Jesus, der du in diesem Stein bist
Jesus, der du an meiner Seite läufst
Jesus, der du so grün wie dieser Grashalm bist
Jesus, der du mich liebst, wie ich bin
Jesus, der du in dieser Wolke steckst

Jesus, der du aus diesem Hund zu mir bellst
Jesus, der du mit mir im Dunkel der Depression sitzt
Jesus, der du immer bei meiner Familie warst
Jesus, der du mich auffängst, wenn ich stolpere
Jesus, der du mein treuster Begleiter bist ...

Merkst Du etwas? Das kann unendlich so weitergehen. Auch jetzt, da ich diese Gottesnamen aufschreibe, denke ich keine Sekunde darüber nach, sondern lasse sie einfach aus mir herausfließen. »Die 99 Namen Allahs« heißt es symbolisch im Islam. Der hundertste steht für die unendliche und unaussprechliche Größe Gottes. Auch in Judentum und Christentum gibt es eine reiche Tradition schöner Gottesnamen – und wer sollte uns hindern, sie fortlaufend um unsere eigenen Sprachbilder zu bereichern?

So pflege ich in meiner ganz eigenen Weise die Gebetstradition meiner Vorfahrinnen und Vorfahren. Heute gehe ich nicht mehr so oft zum Laufen; jetzt, da ich es nicht mehr brauche, um mich psychisch wohlzufühlen, siegt leider häufiger der innere Schweinehund. Wenn ich laufe, dann inzwischen meist zusammen mit meinem Mann, der wunderbar lange schweigend neben mir herlaufen kann. Mittlerweile ist er auch nicht mehr überrascht, wenn er ausnahmsweise doch einmal das Wort an mich richtet und von mir daraufhin ein schmunzelndes »Bin mitten im Rosenkranz!« hört. Klar, man sieht mir das Beten nicht an, und keine*r der entgegenkommenden Läufer*innen oder Passant*innen käme vermutlich auf die Idee, dass ich gerade in ein inniges Mariengebet vertieft bin.

Weite und Freiheit statt Haarspalterei

Vielleicht wird allmählich klar, warum es mich so nervt und ich inzwischen ungehalten reagiere, wenn »katholisch«, das im Übrigen wörtlich »allumfassend« [16] bedeutet, gleichgesetzt wird mit konservativ, rückständig, verknöchert, eng-

stirnig. Am liebsten wäre mir, wir könnten diese ganzen Grä-
ben und Abgrenzungen einfach aufgeben. Natürlich gibt es
zwischen den verschiedenen Konfessionen und erst recht
Religionen teils fundamentale, teils feine Unterschiede in
dem, was wir glauben, und in dem, wie wir diese religiösen
Überzeugungen im Kult leben. Aber können wir nicht endlich
diese alten, gegenseitigen Vorurteile loslassen? Mir scheint,
in mancherlei Hinsicht ist die Basis von Katholik*innen da
sogar weiter als Gläubige anderer Konfessionen. Mag sein,
dass das sogar eine der Früchte der bis heute in so vielen Bereichen extrem starren römisch-katholischen Amtskirche ist.
Diese völlig überkommene Haltung, die erst allmählich unter
Papst Franziskus zu bröckeln beginnt, führte bizarrerweise
am ehesten dazu, dass viele sich über unbarmherzige und unerträgliche Normen hinweggesetzt haben und einen weiteren
Horizont leben, getreu der altbekannten Einsicht »Rom ist
weit«. Demgegenüber erlebe ich immer wieder bei evangelischen Christen, zumal bei eher fundamentalistischen, eine
unbelehrbare Ansammlung von Vorurteilen im Hinblick auf
Katholiken und alles, was katholischen Ursprungs ist. Ich
kann nur ermutigen und ermuntern, differenziert zu denken,
zu beobachten und zu sprechen, damit wir endlich diese al-
bernen Trennungen und Vorurteile hinter uns lassen. Wenn
wir das schon nicht hinbekommen, wie soll denn dann ein
Zusammenwachsen in einer zusehends multikulturelleren
und multireligiöseren Gesellschaft gelingen? Wo hinein sollen sich denn unsere neu zu uns kommenden Mitbürger*innen integrieren, wenn wir selbst entweder gar nicht um
unsere eigenen kulturellen und religiösen Wurzeln wissen
und sie radikal abschneiden oder aber uns in kleingeistigen
Diskussionen und Haarspaltereien verlieren? Genießen wir
die Weite und die Freiheit, die wir hier und heute haben. Machen wir uns bewusst, dass noch keine Generation vor uns in
dieser Offenheit und Selbstbestimmtheit leben durfte, und
dass dies auch in vielen anderen Ländern der Erde ganz anders aussieht. Diese beiden Erkenntnisse könnten doch dazu

führen, dass wir in Dankbarkeit unseren Horizont weiten und den biblischen Rat befolgen: »Prüft alles und behaltet das Gute!« (1 Thess 5,21)

Coming-out als Beterin

Die Gedanken über das mündliche Gebet und dessen Facettenreichtum führten mich zu diesen Überlegungen. Von allen christlichen Gebetsformen ist es sicherlich die in unserer heutigen Gesellschaft am wenigsten »salonfähige«. Ken Wilber schreibt in einem seiner Bücher, amerikanische Studenten würden sich heute zum Beten im Schrank verstecken![17] Schon die Vokabel »Beten« allein erscheint nicht mehr zeitgemäß. Den reinen Materialisten erscheint das sowieso als blanker Unfug, weil sie nur glauben, was sie sehen, beziehungsweise was sich messen – zählen – wiegen lässt.[18] Daneben gibt es eine große Gruppe von Menschen, die in aller Öffentlichkeit davon berichten, dass sie sich ihr Lebensglück »beim Universum bestellen«. Wieder andere verschreiben sich der Quantenheilung – auch ich habe diese Methode erlernt –, die doch letztlich mit ihrem Andocken am Christusbewusstsein nichts anderes ist als ein Gebet.[19] »Ich bete für dich!« Wem gegenüber trauen wir uns diesen Satz heute noch auszusprechen? Im Rahmen meiner Coaching-Ausbildung wurden wir gefragt, mit welchem Ritual wir uns vor der Begegnung mit einem Klienten einstimmen beziehungsweise ausrichten. Ich antwortete wahrheitsgemäß, dass ich mit dem immer selben Gebet zum Heiligen Geist bete. Schon im Vorfeld bemerkte ich, dass ich mich überwinden und meinen Mut zusammennehmen musste, um das offen zu bekennen. Die Augenblicke nach meinem »Coming-out« waren ein Erlebnis. Abgesehen von zwei Theologen, einer evangelischen Pfarrerin und einem katholischen Pastoralreferenten, die beifällig nickten, blickte ich nur in fragende, verständnislose, zumindest aber überraschte, ja, verdutzte Gesichter. Hätte nicht Navid Kermani sein Buch

so genannt, würde ich die Atmosphäre nach meinem State-
ment treffend beschreiben mit »Ungläubigem Staunen«.
Die Referentin löste die merkwürdige und wie eine Schreck-
sekunde anmutende Stille mit einem strahlenden »Schön,
Claudia!« auf. Entweder fand sie es wirklich gut, oder aber
sie war sehr professionell darin, ihre Coaching-Schüler*innen auf deren eigenem Weg zu bestärken, sei er auch noch
so skurril. Der Teilnehmerkreis in diesem Seminar bestand
nicht etwa aus Managern der freien Wirtschaft, sondern fast
ausnahmslos aus Führungskräften des Sozialwesens, darunter auch allerhand Angestellte kirchlicher Träger. Selbst für
sie schien es nicht der Regelfall zu sein, dass jemand in der
Öffentlichkeit über seine Gebetspraxis spricht. Ist das nicht
seltsam? Binnen einer oder maximal zwei Generationen hat
sich das Blatt um 180 Grad gewendet: Während man zur
Zeit meiner Eltern und Großeltern schief angeschaut wurde,
wenn man *nicht* betete, wird man es heute, *wenn* man betet.
Liegt dieses Tempo an der sonstigen rasanten Geschwin-
digkeit, in der sich unsere Welt verändert? Das würde mich
tatsächlich hoffnungsvoll stimmen, denn dann könnte sich
vielleicht der Wandel hin zu einer neuen gemeinsamen Ge-
betskultur genauso schnell vollziehen. Dieses Gegengewicht
sehe ich durchaus, und zwar in all den vielen guten Initiati-
ven, die etwas anderes in die Welt bringen wollen als Profit
und vermeintlichen Fortschritt. Ich sehe es in den jungen
Menschen, die sich für ein Studium der Sozialen Arbeit, für
Ausbildungen zu Erziehern oder Krankenpfleger*innen, für
Freiwilligendienste in benachteiligten Ländern entscheiden. Ich sehe es in all den tiefen und guten Gesprächen
mit Frauen und Männern jeder Altersstufe, die zu mir in
die Beratung oder in eines meiner Seminare kommen. Wir
werden immer mehr, so scheint mir, die wir uns nicht mit
dem oberflächlichen Glitzer und Glamour einer Spaßgesell-
schaft zufriedengeben, die die Armen und Verfolgten nicht
achtlos vor der fett gepolsterten »Bitte nicht stören!«-Tür
stehen oder im giftverseuchten und plastiküberschwemm-

ten Meer ertrinken lassen. Wir werden immer mehr, die wir nicht mehr gute Miene zum bösen Spiel machen, wenn Superreiche im Gespräch über Ausbeutung, Armut und Unterdrückung lapidar sagen: »Das weiß man doch alles, aber was geht's mich an? Die haben halt Pech gehabt.« Und ich glaube, wir werden immer mehr, die wir wieder spüren: Es gibt etwas jenseits dieser sichtbaren Welt; es existiert eine Kraft, die alles zusammen – und allen Missständen und Ungleichgewichten zum Trotz in einer guten Ordnung hält. Mit dieser Kraft kann ich mich verbinden, und diese bewusste Verbindung verändert etwas in der Welt.[20]

Beten für andere?

Früher dachte ich mir in Gottesdiensten oft: Was sollen diese Fürbittgebete um Frieden, Versöhnung, Gerechtigkeit ...? Es ändert ja doch nichts, denn die Welt bleibt nun einmal im Unfrieden, und die Ungerechtigkeiten werden eher mehr als weniger. Was nutzt das alles und vor allem: Wem nutzt es? Genauso wenig konnte ich mit kontemplativen Orden anfangen, deren Hauptausrichtung nicht in der Diakonie, dem sozialen Dienst am Mitmenschen, besteht, sondern darin, der Welt ausdrücklich durch das Gebet zu dienen. Ich selbst bin von jeher eine »Macherin« im Dienste der anderen. Mein Grundsatz war immer schon: Ärmel hochkrempeln und anpacken, damit sich etwas zum Besseren verändert. Inzwischen sehe ich das ganz anders: Ich glaube, wir können gar nicht genug bitten und beten, und ich bin fest überzeugt, dass wir der Menschheit kollektiv oder auch, je nach Gebetsanliegen, dem Individuum damit den größten Dienst erweisen, zu dem wir überhaupt in der Lage sind. Selbst wenn sich an der unmittelbaren Not, Gefahr oder anstrengenden Situation nichts oder nur wenig verändern lässt, so trägt unser Gebet doch dazu bei, dass die Menschen auf ihren Wegen beschützter, behüteter und vielleicht spürbar geborgener sind. Wer es nicht glauben kann oder will, dem seien die wachsende Zahl wissenschaftlicher Untersuchungen ans Herz gelegt oder die Erkenntnisse aus der Quantenphysik, die ebenfalls eindrucksvoll belegen, was für einen Unterschied es schon allein macht, ob ich meine Aufmerksamkeit auf eine Person oder einen Gegenstand richte oder ob sie oder er völlig links liegen gelassen wird und unbeachtet bleibt. Es ändert etwas, wenn ich an jemanden denke, und nach meiner Überzeugung ändert es noch viel mehr, wenn ich den Himmel, Kosmos, Urgrund, Gott um Unterstützung, Schutz und Segen für diesen Menschen bitte. Auch hier gilt: Es ist nicht notwendig, haarklein konkrete Bitten zu formulieren, das Leben weiß genau, was jemand braucht und was für ihn »dran« ist und was nicht. Vielmehr geht es um diese Stärkung und um die geistige Begleitung. Ich selbst bin überzeugt, dass ich von einer schweren Krebserkrankung – neben hervorragender schulmedizinischer und homöopathischer Expertise – deshalb relativ zügig geheilt wurde und mit einem blauen Auge davonkam, weil damals so viele Menschen für mich gebetet haben. Von einigen wusste ich es, ihnen konnte ich danken; allen anderen danke ich im Geiste für diese nicht mit Gold und Geld aufzuwiegende Unterstützung und Hilfe. Für andere Menschen zu beten hilft nicht nur ihnen, sondern es entlastet auch uns selbst. Dem Gebet liegt die Erkenntnis zugrunde: Ich muss nicht alles selbst richten, und ich kann es auch nicht. Ich bin nicht Herkules, der durch einen Kraftakt nach dem anderen versuchen kann, die Welt zu retten. Solche Umtriebigkeit, gepaart mit Selbstüberschätzung, lässt so manchen gutwilligen Helfer relativ schnell im sogenannten »Burnout« landen – ein gesellschaftlich akzeptierter Modebegriff, der meines Erachtens unseren Beschleunigungs- und Rastlosigkeitswahnsinn und die daraus entstehenden katastrophalen Folgen verschleiert und beschönigt. Wie viel feiner und daneben auch noch unaufdringlicher kommt dagegen das Gebet daher! Ich komme zur Ruhe (gesetzt den Fall, ich bete nicht gerade beim Joggen, aber selbst dann stellt sich eine innere Ruhe im Kopf ein), **59** verbinde mich geistig mit Gott und bringe den Menschen vor ihn, für den ich mir zu beten vorgenommen habe. Ich gebe die Last damit ein Stück weit ab, erkenne an, dass meine eigenen Fähigkeiten und Kräfte begrenzt sind und dass ich mit meinem engen Bewusstsein nicht allein für eine gute und weise Lösung sorgen kann. Und doch trete ich für diesen Menschen ein und bleibe in seinem Anliegen oder seiner Not geistig an seiner Seite.

Klar ist natürlich auch, dass es manchmal dringend einer weltlichen Maßnahme bedarf und dass es aufmerksam hinzuspüren gilt, was gerade das Mittel der Wahl ist. Ich erinnere mich an einen Aufenthalt in einem katholischen Krankenhaus. Die alte Dame im Bett neben mir litt nach einer Operation wahre Höllenqualen, und selbst als medizinischer Laie hatte ich das deutliche Gefühl dringenden Handlungsbedarfs. Doch die diensthabende Stationsschwester, eine Ordensfrau, speiste die Patientin und ihre wiederholten Hilferufe mit dem süßlichen Versprechen ab: »Ich bete ein Vaterunser für Sie!« Als sich der Zustand der Frau zusehends verschlechterte, schlug ich Alarm und bestand darauf, dass ein Arzt geholt würde. Kurz darauf lag die Dame erneut auf dem Operationstisch, wo sich zeigte, dass sie ohne medizinischen Eingriff nicht mehr lange überlebt hätte. Das ist falsch verstandene Frömmigkeit, die alles abgibt in der festen Überzeugung: »Der liebe Gott wird's schon richten.«[21] Ich denke, wir alle, jede und jeder Einzelne von uns, sind aufgerufen, auf unseren Nächsten und auf unser Umfeld zu schauen und uns entsprechend unserer Möglichkeiten, Fähigkeiten und Gaben einzusetzen. Dabei kommt es darauf an, das zu tun, was meinem Wesen und Naturell entspricht und mich nicht mit Aufgaben zu be- und überlasten, für die ich beim besten Willen nicht geschaffen bin. Über das hinaus, was ich tun kann, ohne selbst auszubrennen, brauche ich mich nicht in falsch verstandener Aufopferungsbereitschaft einzusetzen, denn damit ist auf Dauer niemandem geholfen. Was ich aber immer für meine Mitmenschen tun kann und womit ich nie übergriffig werde oder ihnen zu nahe trete, ist ein liebevolles An-sie-Denken im Gebet. Die Wirkung scheint übrigens unabhängig davon zu sein, ob der- oder diejenige weiß, dass für sie oder ihn gebetet wird. Tatsächlich gibt es darüber mittlerweile immer mehr Doppelblindstudien, also Versuchsreihen mit Probandinnen und Probanden, für die gebetet wird, und Kontrollgruppen, für die nicht gebetet wird, und weder die Probanden noch die Beter wissen, zu welcher Gruppe sie gehören oder für wen sie beten. Zugegeben: Mir selbst geht es gegen den Strich, dass wir auch noch für die Wirkung von Gebeten wissenschaftlich fundierte Beweise brauchen, aber wenn es manch »ungläubigen Thomas«, um ein biblisches Bild zu bemühen, überzeugen kann, soll es mir recht sein. Interessant finde ich ein Phänomen, das offenbar überzufällig oft auftritt: Gebete scheinen dann besonders wirkungsvoll zu sein, wenn der Beter zwar inständig und ernsthaft um die Erfüllung seines Anliegens bittet, sich jedoch zugleich in die demütige »Dein Wille geschehe«-Haltung versetzt. Hilfreich und wirkungsvoll scheint also die Verbindung zu sein aus einem drängenden Wunsch mit der Fähigkeit, ihn loszulassen.[22] Ein schönes Bild dafür hörte oder las ich vor Jahren einmal: Beten sei, als würde man Gott einen Brief schreiben und diesen in den Briefkasten werfen. Wenn man den Brief beim Einwurf nicht loslässt, sondern an ihm festklammert, wird er seinen Bestimmungsort nie erreichen. Bitten und loslassen, das mag ein auch für die eigene Psychohygiene förderliches Rezept sein.

Meditatives Beten

Eines der großen Missverständnisse besteht darin, Beten immer mit Bitten, wenn nicht sogar Betteln gleichzusetzen. Das ist einer der fundamentalen Unterschiede zu einer wie auch immer gearteten »Ich bestelle mir, was ich will, beim Universum«-Praxis. Beten heißt für mich, Zeit zu verbringen mit Gott. Da kommen wir natürlich wieder gefährlich nahe an die Vorstellung von Gott als altem Mann mit Rauschebart. Denn wie kann ich mit einem nicht als Person vorstellbaren Urgrund des Seins, mit dem alles umfassenden Kosmos, Zeit verbringen? So paradox es klingen mag: Ja, genau das kannst Du! Wir können uns in die Präsenz des Göttlichen versetzen und nur allein diesem Da-Sein den Charakter eines Gebets verleihen. Einfacher zu verstehen ist das vielleicht bei der Form des meditativen Gebets. Aus der mittelalterlichen Tradition kommend meint Meditation im christlichen Kontext Betrachtung und ist nicht zu verwechseln mit Kontemplation, bei der es darum geht, eben gerade nichts mehr zu betrachten.[23] In einer Meditation kann ich ein Bild betrachten oder einen Text; ich kann mich genauso betrachtend dem Meer widmen oder einem zauberhaften Sonnenuntergang oder Regenbogen. Der Unterschied zwischen einer reinen Naturerfahrung und einem Gebet besteht für mich darin, dass ich mich im ersten Fall einem schönen Gefühl hingebe, das, so schnell es kam, vergehen kann. Gefühle sind flüchtig und haben nichts mit einer bewussten Entscheidung zu tun. Zum Gebet wird mein Staunen über die Erhabenheit und Größe der Natur dann, wenn ich mich auf die dahinterstehende Logik, auf die alles umspannende tiefe Weisheit besinne. Ein Beten wird es dann, wenn ich den Blick von dem mir im Außen gebotenen Schauspiel bewusst nach innen wende und mich innerlich dankbar verneige vor der tiefen Weisheit, der dies alles entspringt.

Als Christ*innen haben wir noch einen anderen unerschöpflichen Fundus, den wir zum Gegenstand unserer Meditationen machen können, das sind biblische Texte. Die Bibel als Schrift gewordenes Fundament christlichen Glaubens habe ich bislang noch gar nicht erwähnt, um Dich nicht gleich zu verschrecken, indem ich Dich möglicherweise an lauter unangenehme Pflichtübungen aus Deiner Kindheit erinnere. In der Bibel, vor allem im Alten Testament, steht vieles, was uns heute ratlos und mit großen Fragezeichen auf der Stirn das Buch schnell wieder zuschlagen lässt. Ich selbst war von der Grundschule bis zum Abitur in einer Klosterschule und frage mich, ob ich im Religionsunterricht eigentlich immer geschlafen habe oder ob er tatsächlich so schlecht war, dass ich so wenig daraus für mein spirituelles Leben mitnehmen konnte. In den Jahren vor dem Abitur habe ich viel Kluges gelernt, da gingen die Inhalte bereits mehr in Richtung Religionsphilosophie. Aber die ganze Zeit davor? Spannende Bibelarbeit? Fehlanzeige. Alles, was ich über die Heilige Schrift weiß, habe ich aus guten Predigten gelernt, in Seminaren, bei meinen geistlichen Begleiter*innen und schließlich über jede Menge guter Bücher, die ich vor allem in meinem »zweiten spirituellen Leben«, wie ich die Zeit seit meiner Rückbesinnung gern nenne, verschlungen habe. Ich glaube, viel von dieser ganzen Ablehnung unserer Religion gegenüber resultiert aus Unwissen. Wie viele Menschen kenne ich, die zeit ihres Lebens auf dem Kenntnisstand stehen geblieben sind, den sie in einem oft autoritären oder bestenfalls langweiligen Schulunterricht erworben haben. Dass sie diese Inhalte als Erwachsene als Blödsinn oder fromme Märchen abtun, wundert mich nicht. Glaube ist ein Weg. Wenn ich stehen bleibe und mich jeder Weiterentwicklung verschließe, während sich mein ganzes sonstiges Bewusstsein sowie mein restliches Leben weiterentwickeln, dann muss ich diesen lästigen Kinderkram ja weit hinter mir lassen und eventuell sogar noch die abwerten und belächeln, die weiter an ihrer Überzeugung festhalten. Oder aber es kommt zum anderen Extrem, und mein kindliches Verständnis von religiösen Inhalten wird zum Nährboden für fundamentalistische Haltungen.

Wie dankbar bin ich, dass ich nach dem Bruch in meiner Religiosität auf so gute Lehrer traf! Ich fand sie vor allem im Jesuitenorden, der mir wie eine Schatzkammer erscheint, in der sich kluge, warmherzige Männer sammeln, die von einer tiefen Spiritualität durchdrungen sind und zugleich den Blick auf den Menschen richten und auf das, was er in diesem Moment braucht. Was muss ich lange erklären? Wer sieht und hört, wie Papst Franziskus agiert und wofür er eintritt, weiß, wie Jesuiten mehrheitlich[24] ticken. In der Gebetsschule der Jesuiten[25] habe ich gelernt, wie vielfältig Beten sein kann. Eine Gebetspraxis ignatianischer Spiritualität, wie die Jesuiten sie nach ihrem Ordensgründer Ignatius von Loyola leben, ist beispielsweise das meditative Betrachten von Szenen aus dem Leben Jesu. Das sind sehr lebendige Gebetszeiten, die mit ihren reichen inneren Bildern kurzweilig sind und doch in die Tiefe führen. Man sucht sich einfach eine Stelle aus dem Neuen Testament und lässt diese Szene nach ausgiebiger Lektüre vor dem geistigen Auge Revue passieren, so als wäre man selbst dabei. Wichtig ist, sich Zeit dafür zu nehmen und am besten eine genaue Zeitspanne festzulegen, etwa 20 oder 30 Minuten, um dann den inneren Film sich frei entwickeln zu lassen. Du wirst Dich wundern, welch überraschende Erfahrungen Du dabei machen kannst! Du kannst Dir auch vorstellen, Du wärest jemand anderer, der in dieser Geschichte erwähnt wird. Dann schaust Du aufmerksam in Dein Inneres und spürst hinein, wie es sich anfühlt, in dieser unmittelbaren Begegnung mit Christus zu sein. Bei dieser Gebetsform wird vielleicht klar, warum Beten ein »Zeit-verbringen-mit-Gott« ist. In diesem Fall versetze ich mich ganz bewusst in die Nähe dieses Jesus Christus, lerne ihn dadurch besser kennen und entwickle meine ganz persönliche Beziehung zu ihm. Besonders wohltuend empfinde ich dabei das nähere Bekanntwerden mit dem historischen Jesus und seinem Wirken einerseits sowie andererseits mit dem kosmischen Christus, in dessen Präsenz ich mich im Hier und Jetzt versetzen kann. Die Gefahr, die ich beim Meditieren dieser Geschichten selbst erfahren habe, besteht darin, dass das eigene Ego zu viel will und dauernd aktiv bleibt. Man *will* eine innige Christusbegegnung, man *will* eine schöne Erfahrung, man *will* wieder etwas mehr Geschmack bekommen von diesem Jesus, der doch immer wieder so weit weg zu sein scheint … Viel zu viel eigenes Wollen, viel zu wenig loslassen, geschehen lassen und einfach nur sein.

Präsent sein im kontemplativen Gebet

So bevorzuge ich als Gebetsform meist die Kontemplation, die ohne betrachtenden Inhalt auskommt. Bei der Kontemplation geht es nun wirklich um diese reine Präsenz und das absichtslose Sein in der Gegenwart Gottes, wobei wir die Spannung aushalten müssen, dass es bereits eine Absicht ist, absichtslos werden zu wollen. Ich versuche also, leer zu werden, meine Gedanken zum Schweigen oder doch zumindest zum Vorüberziehen zu bringen und sehne mich danach, immer tiefer in den Urgrund des Seins vorzustoßen. Dabei besteht die Herausforderung darin, immer wieder mit dem Fokus und der Aufmerksamkeit zurückzukommen, auch wenn sich die lästigen Gedanken noch so vordrängen. Schicke sie immer wieder sanft weg und komm zurück in Deine persönliche Zentriertheit. Damit das leichter gelingt, gibt es verschiedene Hilfsmittel oder Methoden.

Eine gängige Praxis, übrigens auch in anderen Religionen, ist es, sich auf den eigenen Atem zu konzentrieren. Unser Atem hält uns treu und verlässlich am Leben, und doch fließt er weitgehend von uns unbeachtet. Es ist wohltuend und beruhigt die Gedanken, anhaltend mit der Konzentration bei den eigenen regelmäßigen Atemzügen zu bleiben. Man kann bewusst versuchen, den Atem zu vertiefen und die kleine Pause zwischen jedem Ein- und Ausatmen ein wenig zu verlängern. Eine durchschnittliche Atemfrequenz von 15 Atemzügen pro Minute, also fünfzehnmal ein- und fünfzehnmal ausatmen, beschert uns allein 1.800 Minipausen innerhalb einer einzigen Stunde! Jedem gestressten Menschen kann ich nur empfehlen, diesen kleinen Pausen vor und nach jedem Ein- und Ausatmen mehr Aufmerksamkeit zu widmen und sie bewusst ein klein wenig zu verlängern. Das wirkt wahre Wunder für das eigene Wohlbefinden!

Nicht für jedermann ist die Konzentration auf den Atem das Mittel der Wahl, wenn er seine Gedanken zum Schweigen bringen und sich in die Innerlichkeit versenken will. Manche Menschen werden regelrecht panisch, wenn sie plötzlich gewahr werden, dass ihr Leben am scheinbar seidenen Faden ihrer Atmung hängt. Eine andere Möglichkeit ist aufmerksames Horchen in die Stille. Es gibt eine »Stille hinter der Stille«, und je ruhiger wir werden und je feiner unser Gespür für die »Dinge hinter den Dingen« wird, desto tiefer führt uns dieses Lauschen hinein in den uns tragenden Grund. Das verlangt etwas Übung – wie überhaupt jede Form der Gebetspraxis – und es gelingt umso leichter, je mehr ich mich auch in meinem Alltag immer wieder bewusst der Stille aussetze. »Wenn es nur einmal so ganz stille wäre«, heißt es in einem Gedicht aus Rainer Maria Rilkes »Stundenbuch«. Diesen Wunsch teile ich von Herzen. Wie oft leide ich unter dem Lärm unserer Zeit, unter der hektischen Umtriebigkeit der Großstadt mit ihrer geräuschvollen Dauerkulisse und unter dem oft lauten und ebenso oft inhaltslosen Geschwätz vieler Menschen. Welch Wohltat ist es dagegen, im Wald oder auf einem Berg nichts als das Zwitschern der Vögel zu hören oder das sanfte Rascheln der Blätter, wenn der Wind mit ihnen spielt. Stille zu finden hat bei uns Seltenheitswert. Die »Stille hinter der Stille« jedoch hat noch eine ganz andere Qualität. Es ist eine Ahnung von etwas Großem, Erhabenem, Unendlichem, das ohne Anfang und Ende ist, ohne Horizont und Grund, und das mich doch mit einem Mantel der Geborgenheit umhüllt, der anderswo nicht zu finden ist. Probiere es aus und erlaube Dir Deine eigenen Erfahrungen damit!

Haltepunkte der Besinnung

Allein über das kontemplative Gebet könnte man ein ganzes Buch schreiben, und es gibt bereits sehr kluge Abhandlungen darüber.[26] Ich möchte genau das nicht tun, weil mein

Anliegen ein anderes ist. Mir geht es darum aufzuzeigen, wie vielfältig das sein kann, was wir im Christentum für gewöhnlich »beten« nennen, und dass heute jeder Mensch die Freiheit hat, sich für die Gebetsform zu entscheiden, die zu einem bestimmten Zeitpunkt, in einer gewissen Lebensphase oder auch im Hinblick auf konkrete Anliegen genau die richtige für ihn ist. In der Form, wie wir beten, sind wir so frei wie noch keine Generation vor uns. Wichtig hingegen ist die Regelmäßigkeit. Früher war es auch außerhalb klösterlicher Gemeinschaften an der Tagesordnung, zwischendurch im Alltag alles für ein paar Minuten liegen und stehen zu lassen und sich kurz mit dem Göttlichen zu verbinden. Eine dieser Gebetsformen, die zumindest in der Gegend, in der ich lebe, völlig in Vergessenheit geraten ist, war das »Angelus-Gebet«, zu Deutsch der »Engel des Herrn«. Dabei will ich gar nicht so sehr den Inhalt dieses Gebetes in den Vordergrund stellen – es erinnert an die Verkündigung von Jesu Geburt durch den Erzengel Gabriel –, sondern die Einbindung in den Alltag. Es wird – oder muss ich schreiben: es wurde? – täglich morgens um 6 Uhr, mittags um 12 Uhr und abends um 18 Uhr gebetet. Man geht dazu nicht an einen bestimmten Ort oder kommt zum Gebet zusammen, sondern man unterbricht einfach kurz sein Tun und besinnt sich auf dieses Gebet. Was für eine segensreiche Tradition! Ich denke, in katholischen, vielleicht eher ländlichen Regionen wird sie noch gepflegt, genauso wie in größeren katholischen Einrichtungen. Mit dem Inhalt dieses Gebetes, das über die Empfängnis vom Heiligen Geist erzählt, kann heute vermutlich kaum mehr jemand etwas anfangen – vielleicht nicht einmal im übertragenen Sinn, von dem ich schon geschrieben habe. Aber wäre es nicht wunderbar, wenn wir uns alle dreimal am Tag kurz im Geiste mit dem Urgrund des Seins und damit auch miteinander verbinden würden und für ein paar Minuten innehielten? Wenn wir es wenigstens mittags um 12 Uhr hinbekämen, wo das Geläut der Kirchen uns selbst in den Großstädten noch daran erinnert! Ich habe es mir zur Gewohnheit gemacht, mit dem 12-Uhr-Läuten einen Augenblick mein Bewusstsein wegzudrehen vom Alltag und es mir selbst zuzuwenden, indem ich kurz die Hand auf mein Herz lege und mich mit ihm verbinde. Dieser kleine Unterbrecher dient der Entschleunigung und meiner Zentrierung. Er lässt mich wenigstens einmal pro Tag Kontakt aufnehmen mit meinem eigenen Inneren und mit dem Organ, das in vermeintlicher Selbstverständlichkeit brav alles mitmacht, was ich ihm an Stress und Hektik zumute. Diese kleine Geste ist wie ein Dankeschön ans Leben dafür, dass ich da sein darf, gesund bin, arbeiten und mit anderen in Kontakt gehen kann. Es ist zugleich die Bitte darum, dass das noch lange so bleiben darf, und die Erinnerung an meine Sorgfaltspflicht diesem Organ und überhaupt mir gegenüber. Ich träume nicht etwa davon, dass wir alle irgendwann zur selben Zeit dasselbe Gebet sprechen – wie sollte das je möglich sein in einer pluralistischen Gesellschaft mit all ihren individuellen Wertvorstellungen und Glaubensbezügen? Aber ich träume davon, dass wir uns alle mittags um 12 Uhr »ein Herz fassen«, um es sprichwörtlich auszudrücken. Das könnte doch ein kleinster gemeinsamer Nenner sein: Jede und jeder von uns, egal ob Atheist, Muslim oder Buddhist, ob gestresst von Beruf und Familie oder gelangweilt von Beschäftigungslosigkeit oder Überfluss, ob jung, alt, gesund oder krank: Wir alle haben ein Herz, das unermüdlich seinen Dienst tut und dem es guttut, wenn wir ihm kurz Aufmerksamkeit schenken. Eine der Nebenwirkungen für unser Bewusstsein könnte sein: Wenn ich mein Gegenüber, das mir in seiner Fremdartigkeit vielleicht Angst macht, dabei beobachte, wie sie oder er zur selben Zeit dieselbe Geste macht wie ich, dann kann ich sie oder ihn eventuell leichter als meine Schwester oder meinen Bruder, als meinen Mitmenschen wahrnehmen. Mag sein, dass solch eine Geste leicht zur Äußerlichkeit verkommt, genau das passierte früher sicher mit dem mittäglichen Angelus-Gebet, aber ich glaube, wir brauchen neue Rituale, die uns verbinden und uns menschlicher miteinander umgehen lassen. Bei aller Innovation und Veränderungsbereitschaft, bei aller Offenheit für Wandel und Experimentierfreude brauchen wir umso mehr kleine immer wiederkehrende »Haltepunkte der Besinnung«. Auch solch niedrigschwellige, simple Gesten der Verbundenheit können zu Gebet und *re-ligio* im besten Sinne werden.[27]

Eigene Rituale entwickeln

Mein Mann und ich haben unser ganz eigenes morgendliches Gebetsritual miteinander entwickelt. Wir haben es nicht von langer Hand geplant. Vielmehr folgten wir der Stimme unserer Herzen – und damit der Stimme Gottes – und schauten, wie sich unser beider Gebetsformen in Einklang bringen lassen. Heraus kam unser Morgenritual, auf das wir nur selten und ungern verzichten: Wir beginnen mit einem Vaterunser, das wir laut miteinander beten. Durch dieses Grundgebet, das uns über unsere verschiedenen christlichen Konfessionen hinweg miteinander verbindet, wissen wir uns im selben Geist vereint. Wir beten in der Sicherheit, dass wir uns mit allem, was danach kommt, an die all-eine Quelle wenden, der wir entspringen und in die wir nach unserem christlichen Verständnis wieder münden. Wir richten uns aus auf unseren Urgrund des Seins, den wir Gott nennen, und mit dem wir Verbindung aufnehmen und in einen Dialog treten können. Ab diesem Zeitpunkt fühle ich mich wie in einem Schutzraum, in dem das Göttliche zugegen ist. Nun trennen sich unsere Gebetswege: Thomas praktiziert Tai-Chi, während ich auf dem Meditationshocker in Stille sitze und nach meinem innerlich gebeteten »Komm herab, o Heil'ger Geist« in der Kontemplation verweile. Das Großartige daran: Obwohl jeder von da an »sein Ding« macht, empfinden wir es doch als gemeinsames Gebet. Wenn Thomas nach 20 Minuten mit seinen Formen fertig ist, beschließen wir unsere Gebetszeit mit einem alttestamentlichen Gebet, das ich im wohl bekanntesten Buch von Werner Tiki Küstenmacher[28] wiederentdeckt habe und das wir auf unser »Wir« zugeschnitten haben. Es ist das Gebet des Israeliten Jabez, dem in seinem Leben Schlimmes widerfuhr und der nicht müde wurde, Gott darum zu bitten, dass sich alles zum Guten wenden darf (nach 1 Chr 4,10):

> *Segne uns, ja segne uns*
> *und erweitere unser Gebiet.*
> *Lass deine Hand mit uns sein*
> *und halte Schmerz und Unglück von uns fern.*

Meist ergänzen wir es noch um eine vorher abgestimmte kleine Zeile mit einem konkreten Anliegen, wie zum Beispiel: »und schenke uns bitte einen herrlichen Arbeitstag!« oder »lehre uns, mit dem Herzen zu denken!« Das Gebet des Jabez ist ein gutes Beispiel dafür, wie man im Alten Testament wahre Gebetsschätze entdecken und noch heute für sich nutzen kann. Auch wenn einzelne Aussagen oder Worte uns heute fremd oder unpassend erscheinen, können wir uns doch immer fragen, ob sie uns auf einer tieferen oder übertragenen Ebene nicht doch etwas sagen können. So meinen wir in dem Gebet ja nicht etwa Erfolg in einer kriegerischen Auseinandersetzung, wenn wir um »Gebietserweiterung« bitten. Unser großer Wunsch besteht vielmehr darin, mehr und mehr unseren Horizont, unser Bewusstsein zu erweitern und die Grenzen unserer Einsicht immer ein wenig weiter stecken zu können. Wenn wir darum bitten, dass unser Gebiet erweitert werden möge, dann sprechen wir auch davon, dass das von uns genommen wird, was uns inwendig hemmt und blockiert.

Genauso lese ich manche Psalmen, in denen von Feinden die Rede ist, die mit Gottes Hilfe besiegt werden wollen. Es glaube doch bitte in einem modernen Christentum des 21. Jahrhunderts niemand mehr an einen blutrünstigen Gott, mit dessen Schützenhilfe man sich seiner wie auch immer gearteten Feinde im Außen entledigen kann! Um die inneren Widersacher geht es, um all das, was uns an unserer Entfaltung und Lebensfreude hindert, was uns klein hält und ewig unzufrieden oder unglücklich sein lässt. Das sind die Feinde, die es im Lauf des Lebens allmählich zu identifizieren und hoffentlich zu besiegen gilt. Wir können froh sein, wenn uns der Kosmos dabei unterstützt, denn diese inneren Blockaden sind nicht minder hartnäckig und ungemütlich als Feinde, die sich im Außen zeigen. Im Gegenteil: Sobald wir aufhören, unsere eigenen Widerstände und Begrenztheiten auf Feindbilder im Außen zu projizieren, bleibt uns nichts mehr anderes übrig, als an diesen inneren Baustellen zu arbeiten, und das kann manchmal ganz schön anstrengend sein. Allerdings ist es auch lohnenswert, und zwar unabhängig vom Lebensalter. Ich kenne betagte Menschen, die unermüdlich an ihren inneren Knackpunkten arbeiten, getreu der Bertold Brecht'schen Weisheit: »Nur das Grab lehrt mich nichts mehr.« Bleiben wir also am Ball und versuchen wir, das aufzulösen und freundlich, aber bestimmt zu verabschieden, was uns am Leben hindert.

Pausenfüller-Gebete

Das Gebet kann uns dabei helfen. Dabei dürfen wir ganz spielerisch damit umgehen. Beten bedeutet nicht nur, sich auf dem Meditationskissen, in der Kirchenbank oder auf dem Gebetsteppich niederzulassen und still zu sitzen. Eine leichtfüßige Gebetspraxis erscheint mir wie der Unterfaden bei der Nähmaschine: Es ist etwas, was immer mitlaufen kann. Völlig unbemerkt und von außen unsichtbar trägt es alles und hält alles zusammen. Ich glaube, es war Madeleine Delbrêl, eine französische Mystikerin des 20. Jahrhunderts, die einmal sagte oder schrieb, man könne auch beten, während man am Herd stünde und auf das Pfeifen des Teekessels warte. Nun sind die heutigen Wasserkocher etwas weniger romantisch und auch bedeutend schneller.

Dennoch: Während man darauf wartet, dass das Wasser kocht, ergibt sich eine kleine Pause und jeder Einzelne von uns entscheidet, wie er diese Pause füllt. Nutze ich sie, um am Tablet schnell die Mails zu checken, oder stehe ich mit dem Smartphone in der Küche und setze rasch eine Whats-App-Nachricht ab? Rasch, schnell, nebenbei – das scheinen mir unsere Alltagsvokabeln zu sein. Verbundenheit wird über digitale Medien gepflegt, und sobald man den Leuten ihr Hightech-Gerät wegnimmt, fühlen sie sich unverbunden und allein gelassen. Verlassen von Gott und der Welt. Über das Freiheitsgefühl, das man empfinden kann, wenn man dies alles loslässt, werde ich später in einem anderen Zusammenhang schreiben.

Bleiben wir für den Moment bei unserem Wasserkocherbeispiel. Wie wohltuend ist es, diesen Moment der Wartezeit zu nutzen, indem man sich zum Beispiel bewusst ein paar tiefe Atemzüge nimmt und sich dabei auf das sich steigernde Blubbern im Inneren dieses Gerätes konzentriert. Ich kann auch innerlich einen kleinen Dank formulieren: dafür, dass wir fließendes Wasser haben, das man – noch – direkt aus der Leitung trinken kann; dafür, dass wir es jederzeit erhitzen und uns einen wohlschmeckenden Tee aufbrühen können; dafür, dass wir das in den meisten Fällen in einer warmen Küche tun und nicht irgendwo in einem zugigen Bretterverschlag oder einer Wellblechhütte … Es gibt genügend Gedanken, die uns in so einem Moment der möglichen Leere, des Nichtstuns, des Wartens in die Tiefe führen und uns dort verankern, »anbinden« können. Danach kann ich mich unmittelbar wieder meinen Geschäften zuwenden, den unzähligen Aufgaben, die heute im Alltag auf mich warten, dem Nächsten, der etwas von mir braucht, sei es Mitarbeiter, Kind oder Kundin. Diese Augenblicke des Innehaltens verändern mich und meine Verwurzelung im Leben, und damit verändern sie tatsächlich die Welt. Wenn Du mit solch einer kleinen Praxis der Achtsamkeit, des Gebets, der »Rück-Bindung« beginnst, löst Du damit eine

Veränderung in der Welt aus. Du kannst das überall tun: Lass bei der nächsten U-Bahn- oder Busfahrt Dein Handy in der Tasche, schau stattdessen Deinen Mitreisenden in die Augen und schicke ihnen freundliche Gedanken, bitte um Segen für sie, um Schutz, um Weisheit – suche Dir selbst aus, welche Sprache und welche Bilder für Dich passen. Nutze die Wartezeit auf den verspäteten Zug für ein paar dankbare Gedanken an diejenigen, die diese Technologien entwickelt haben, die uns so rasch von A nach B bringen. Mache Dir bewusst, wie viel mühsamer es gewesen wäre, wenn Du ein paar Jahrzehnte früher gelebt hättest und bei Wind und Wetter tagelang mit der Pferdekutsche hättest unterwegs sein müssen. Woran Du auch glaubst, ob an Gott, an eine natürliche Ordnung oder an den puren »Zu-Fall« – Zeit für dankbare, auf das Positive gerichtete Überlegungen ist immer. Über Deine Ausrichtung entscheidest allein Du, in jedem Moment des Tages neu. Du brauchst dazu nur Deinen Kopf und die Entschiedenheit, selbst über Deine »Pausenfüller« zu bestimmen. Der Weg vom Denken zum Danken ist kurz, wenn die innere Haltung auf all das Schöne und Gute ausgerichtet ist, das uns umgibt und tagtäglich widerfährt. Wenn Dir das schwierig erscheint, weil Du entweder vom Typ her schon immer ein Pessimist warst oder weil das Leben und Dein Umfeld Dich im Lauf der Zeit dazu gemacht haben, dann bitte um Unterstützung dabei, dass der Mantel der Traurigkeit, der Angst oder welch dunkles Gefühl es auch sein mag, von Dir abfallen mag. Bitte darum, das Leben durch eine andere Brille sehen zu dürfen. Sie muss es nicht unbedingt rosarot erscheinen lassen, aber zwischen rosarot und pechschwarz liegt eine breite Farbpalette.

Singend und tönend beten

Ich persönlich bete diese »Nebenbei-Alltagsgebete« meist singend. Nicht etwa, dass ich mir das jemals vorgenommen oder mich bewusst dafür entschieden hätte. Es beginnt einfach, in mir zu singen: Kleine Melodien mit ebenso kleinen Texten, die sich stets wiederholen. Gesang spielt in allen religiösen Traditionen eine große Rolle, und der Volksmund kennt den Rat »Wo man singt, da lass dich nieder. Böse Menschen kennen keine Lieder«. Darüber lässt sich zwar streiten – man kennt auch Gesänge von Soldaten, die in den Krieg ziehen und ihre eigene Angst übertönen –, aber eine tiefe Wahrheit steckt doch darin: In einem Raum, in dem miteinander gesungen wird, verändert sich die Atmosphäre; es beginnt zu vibrieren, und wir können die Verbundenheit aller leichter spüren. Warst Du schon einmal in einem Raum, in dem viele Menschen miteinander getönt haben? Tönen bedeutet einfach, die Stimme sich frei einen Ton wählen zu lassen und ihn in die Welt zu schicken. Du atmest tief ein und entlässt mit dem langen Ausatmen einen Ton in die Freiheit. Entweder stimmst Du einen beliebigen Vokal an, oder Du summst. In einer Gruppe von Menschen, die miteinander tönen, fühlt man sich getragen wie auf einer Sänfte oder wie im Himmelbett. Man schließt die Augen und hat das Gefühl, auf diesem Klangteppich in ferne Welten zu fliegen, in denen man einfach sein darf, in völliger Anstrengungslosigkeit. Das besonders Verbindende am Tönen ist, dass es keine Misstöne gibt und man nicht »singen können« und den richtigen Ton treffen muss. Man kann es nur richtigmachen und, abgesehen von bestimmten Erkrankungen, verfügen wir alle über eine Stimme. Es ist das Instrument, das jeder und jedem von uns in die Wiege gelegt wurde, unabhängig von Herkunft, Religion oder Milieu. Was für eine großartige Ausstattung! Das Tönen kann übrigens auch als tägliches 12-Uhr-Ritual anstelle des Angelus-Gebets funktionieren: Stell Dir vor, wir alle würden zu einer verabredeten Zeit gemeinsam tönen! Würde das nicht unseren Alltag und unsere (Um-)Welt gravierend verbessern? Ich hoffe, es wird deutlich: Ich bin keine katholische Fundamentalistin, deren Ziel es ist, die Menschen wieder zu verstaubten Riten und Gebetsformen zu bewegen. Mir geht es darum, die Essenz, die in diesen alten Ritualen steckt, herauszufiltern und sie auf unsere Zeit zu übertragen. So kann auf den Schultern derer, auf denen wir stehen, Neues erwachsen, das die Verbundenheit untereinander wieder spürbar macht.

Grenzenloses Singen

Einer der ersten katholischen Patres, bei dem ich mit solchen Ideen landen konnte, war Pater Kern SJ, der in der damals von ihm geleiteten Nürnberger Kirche St. Klara die Tradition einer »Spirituellen Liedernacht« einführte: Menschen kommen zusammen und singen unter der Anleitung verschiedener Musikerinnen und Musiker einen Abend lang und bis in die Nacht hinein spirituelle Lieder aus verschiedenen Kulturkreisen. Heilige Lieder, *sacred songs*, gibt es in allen Religionen und spirituellen Traditionen, und so hat in dieser Nacht das Christentum seinen Platz neben dem Islam, der Buddhismus neben dem Hinduismus, das Judentum neben dem Taoismus. Jetzt mag sich mancher Christ fragen: »Soll ich denn fremde Götter besingen? Heißt es nicht im Alten Testament ›Du sollst keine anderen Götter neben mir haben‹«? Da sind wir wieder an dem Punkt, an dem es gilt, das Seine, die eigene Tradition wertzuschätzen und ihre Substanz zu bewahren, und zugleich in Respekt und Eintracht offen zu sein für die Zugänge anderer zum All-Einen. Nehmen wir das Bild von den verschiedenen Telefonleitungen oder Durchwahlen, die alle beim selben Urgrund des Seins landen. Ich kann ohne Probleme ein buddhistisches oder ein Sufi-Mantra singen und mich innerlich mit Gott verbinden, so wie ich »sie«, »ihn« oder »es« mir vorstelle. In einer Kirche, im Zeichen des Kreuzes, wird das besonders deutlich, und deshalb bin ich Karl Kern so dankbar, dass er diese Liedernacht in einer katholischen Kirche eingeführt hat.

Machen wir uns klar, dass jede Vorstellung eben tatsächlich eine *Vor*-Stellung im Wortsinn ist, ein Bild, das vor dem steht, was es beschreibt, und das den Blick auf das Eigentliche verstellt. In besonders innigen und intensiven Momenten der Gotteserfahrung können wir vielleicht einmal einen kurzen Blick auf das, was dahintersteht, erhaschen. Den Großteil unseres Lebens aber verbringen wir in der »Verbannung«, wie die große Mystikerin Teresa von Avila es nannte. Wir sind ausgeschlossen aus dieser unmittelbaren Gottesschau, aus der wahren Erkenntnis dessen, was und wie es wirklich ist, das diese Welt im Innersten zusammenhält. Wenn wir das demütig erkennen, können wir endlich von unseren Machtansprüchen abkommen und von der überzogenen Vorstellung, wir wüssten besser als andere, wie das Göttliche beschaffen ist und in welcher Weise wir uns ihm anzunähern haben. Dann finden wir hinein in diese Offenheit, die es erlaubt, uns quer über alle Grenzen hinweg an den Händen zu halten und miteinander das All-Eine zu preisen. Dann ist es möglich, ein Lied zu singen, das andere Bilder enthält als die mir vertrauten, im festen Bewusstsein der Verbundenheit aller mit allen und dem einzigen ewigen Quell, dem alles entspringt. Wenn wir an diesen Punkt kommen, muss sich keiner mehr in die Luft sprengen und niemand muss mehr im Namen Gottes, wie auch immer er ihn sich vorstellt, töten. Besinnen wir uns also auf unsere kulturellen und religiösen Wurzeln und gehen wir von da aus mit der größtmöglichen Offenheit und Neugierde auf andere Traditionen zu!

Beten in Bewegung

Das eröffnet uns eine große Bandbreite an Erfahrungen, die unsere Vorfahren noch nicht machen konnten. Wir können getrost Gebetsformen wählen, die aus anderen Kulturkreisen stammen, wenn sie uns – aus welchem Grund auch immer – gerade mehr zusagen als das, was wir aus Kindertagen kennen und vielleicht momentan nicht schätzen können. Mir zum Beispiel tut oft Bewegung gut, und mir ist – abgesehen von Wallfahrten, bei denen herkömmliche Gebete im Laufen stattfinden – in der christlichen Tradition noch kein bewegtes Gebet begegnet. Wohl aber in anderen Kulturen. Da gibt es z.B. das auf dem klassischen Yogaweg basierende »Sonnengebet«. Ferner schätze ich zwei Körpermeditationen von Osho sehr, dem berühmten indischen Philosophen, der als Gründer der Bhagwan-Bewegung bekannt wurde. Eine davon ist eine »Herz-Chakrameditation«, bei der man mit einer einfachen Bewegungsabfolge Altes zurückweist und Neues einlädt. Die andere ist eine »Kundalini-Meditation«, in der man mit viel Bewegung aus dem Körper herausschüttelt, was man loswerden will, ehe man in die Stille geht und sich dem zuwendet, was aus ihr erwächst. Diese mit dem Beten vergleichbare Praxis birgt viel Weisheit in sich, die sich hervorragend mit neuen Erkenntnissen aus den Neurowissenschaften verträgt. So wird beispielsweise ein Traumatologe in irgendeiner Form versuchen, etwas in seinen Patienten in Bewegung zu bringen; es gibt dafür verschiedene methodische Ansätze. Ihnen allen liegt die Erkenntnis zugrunde, dass die Traumaenergie, also die Energie, die sich während eines schlimmen Erlebnisses nicht entladen konnte, im Menschen gespeichert bleibt und in ihm quasi erstarrt. Über bestimmte Impulse und über Bewegungen ist es möglich, diese Energie wieder ins Fließen und damit hoffentlich auch ins Abfließen zu bringen. Du fragst: Was um alles in der Welt hat das mit Gebet zu tun? Aus meiner Sicht sehr viel. Beten lässt mich Verbindung zu Gott aufnehmen mit all meinen Wunden und Begrenztheiten. Bewegung kann diese Ausrichtung auf Gott verstärken; die Derwisch-Tänzer des Islam sind das beste Beispiel dafür. Warum sollten wir als Christ*innen also nicht auch Formen des Betens finden, die unseren Körper einbeziehen und uns guttun?

Dass ich mich fremder Gebetspraktiken bedienen kann, bedeutet für mich jedoch nicht, dass ich nicht aufpassen muss, mit welchem GEIST, mit welcher dahinterstehenden Ausrichtung oder gar Ideologie ich mich verbinde. Im Gegenteil: Die eigene Ausrichtung, sozusagen »die Geister, die ich rufe«, ist meines Erachtens das entscheidende Moment jeder wie auch immer gearteten Gebetspraxis. Wenn ich mich auf die Quelle, den alles tragenden Urgrund des Seins, ausrichte, wird er es sein, zu dem ich Verbindung aufnehme. Praktiziere ich jedoch Rituale in der Haltung »Schauen wir mal, was da so alles kommt und welche Geister ich mit meinem Ego herbeirufen kann«, brauche ich mich nicht zu wundern, wenn Dinge passieren, die mich in meiner Entwicklung eher behindern statt fördern. Wie also stelle ich sicher, dass ich wirklich eine der »Durchwahlen« zum Göttlichen treffe und mich nicht verwähle? Mein Mann und ich lösen das ganz einfach: Wie wir auch beten und auf welche Form wir uns einlassen, wir beten als erstes miteinander das Vaterunser. Damit ist unsere Ausrichtung, der Rahmen, innerhalb dessen wir uns bewegen, klar. Uns gibt das große innere Sicherheit, und das ist ein hervorragender Boden für neue oder überraschende spirituelle Erfahrungen.

Einfach beten

Es gibt so viele wunderschöne alte christliche Gebete, dass ich mich frage, warum wir uns ihrer nicht öfter erinnern und sie nicht viel häufiger in unseren Alltag einbauen. Als ich eines davon vor einiger Zeit in einer Predigt las, fiel mir gleich eine kleine Melodie dazu ein. Seither gehört es zu meinen liebsten Gebeten, die sich immer wieder von selbst in mir »breit machen«. Der Text stammt aus dem 15. Jahrhundert und wird Nikolaus von Flüe zugeschrieben, der auch als »Bruder Klaus« bekannt wurde und bis heute der Schutzpatron der Schweiz ist.

> *O mein Gott und mein Herr,*
> *nimm mich mir und mach mich ganz zu eigen dir!*
> *O mein Gott und mein Herr,*
> *nimm alles von mir, was mich hindert zu dir!*
> *O mein Gott und mein Herr,*
> *gib mir alles, was mich fördert zu dir!*

Was für ein Geschenk hat Bruder Klaus der Welt mit diesen paar Zeilen hinterlassen! In nur drei Bitten steckt die ganze spirituelle Weisheit nebst moderner Psychologie. Auf den ersten Blick klingt der Anfang vielleicht rückständig oder altmodisch. Wir sind so sehr gewohnt, dass alles nach unserem Kopf gehen muss und wir die »Macher« sind, die mit ihrem Ego etwas »reißen« in der Welt, dass uns die Bitte »Nimm mich mir!« zunächst verstört. Wie passt sie zusammen mit einem modernen Weltbild, das die Individualität und Eigenständigkeit betont? Was stimmt denn nun?

Beides. Ausgefeilte Typologien, die manch einer wohl als esoterisch abstempeln würde, betonen den zentralen Unterschied zwischen dem »eigenen Willen« und dem »übergeordneten Wollen«.[29] Genau darum geht es: Freilich kann ich einen eigenen Willen haben, zum Beispiel den Willen, mich mehr und mehr zu entfalten oder meine inneren Störenfriede mehr in Schach zu halten, aber letztlich geht es darum, den kleinen »Ego-Willen« dem großen Wollen unterzuordnen. Da sind wir wieder bei dem »Dein Wille geschehe«. Doch diese Art der Hingabe, wie Bruder Klaus sie formuliert, geht noch einen Schritt weiter. Sie meint ein völliges Aufgehen in dieser allumfassenden Weisheit, sodass die vermeintliche Trennung sich auflösen darf und nicht mehr unsere Wahrnehmung verzerrt. Paulus beschreibt diesen Zustand mit den Worten: »Nicht mehr ich lebe, sondern Christus lebt in mir.« (Gal 2,20) Wenn wir davon ausgehen, dass der göttliche Funke, Gott selbst, in uns lebt und dass es keine Trennung, keine Abgrenzung gibt, dann kann diese Bitte auch so formuliert werden: Nimm die Täuschung von mir, dass wir abgetrennt sind voneinander. Nimm mir die qualvolle Illusion der Dualität und lass mich wieder das Eigentliche spüren und erfahren. Schenke mir die Erkenntnis der Allverbundenheit! Wenn wir die beiden anderen Bitten in unsere moderne Sprache übersetzen, lauten sie vielleicht: Löse all meine Blockaden und verleihe mir die notwendigen Ressourcen für meine Entfaltung! Mal ehrlich: Das klingt reichlich sperrig und nach »Psychokiste«. Der Originaltext ist viel gefälliger und melodischer. Inhaltlich besticht dieses Gebet durch seine Einfachheit.

Gute Lösungen sind meistens einfach. Ein Erlebnis, das ich erst vor wenigen Jahren hatte, deutet darauf hin, dass das auch für unsere Spiritualität gilt: Ich besuchte meine offensichtlich nicht weit vom Sterben entfernte Tante. Zunächst erkannte sie mich nicht und fragte höflich: »Und wer sind Sie, wenn ich fragen darf?« Ich antwortete: »Ich bin es, Tante, die Claudia!«, woraufhin sie mit deutlichem Erkennen und hellwach meinte: »Ach Claudia, das ist gut! Ich habe etwas begriffen: Es ist alles viel einfacher, als ich dachte!« Dieser Satz warf mich schier um. Meine Tante war zeit ihres Lebens sehr religiös. Sie widmete ihre Freizeit ausschließlich dem Studium theologischer Fachbücher und vertiefte laufend ihr Wissen in Sachen Glaube und Religion. Dass sie an der Schwelle zum Tod stehend – tatsächlich starb sie wenige Monate später – eine so tiefe Einsicht gewann und sie mir als religiöses Erbe hinterließ, berührt mich sehr. Wahrscheinlich hatte sie recht: Wir machen uns mit unseren Theorien und Gedankengebäuden das Leben unnötig schwer.

Pater Johannes Pausch, Gründer und Abt des Europaklosters Gut Aich am Wolfgangsee, erzählt in einem seiner ebenso klugen wie humorvollen Vorträge[30] von einem älteren Mitbruder. Dieser habe im hohen Alter über die Entwicklung seiner Gebetspraxis Folgendes berichtet: Sein Leben lang habe er viel gelesen, bis er allmählich immer weniger Bücher für Studium und Gebet brauchte. Irgendwann sei es nur noch die Bibel gewesen. Schließlich habe sich auch die darin enthaltene Weisheit nochmals reduziert auf zwei simple Fragen, mit denen er nun durch sein weiteres mönchisches Leben gehe: »Wo stehe ich in Beziehung zu meinem Gott, und was ist der nächste Schritt, der mich ihm näherbringt?« Ich finde diese Haltung genial. Die Essenz ist in meinen Augen die gleiche wie die im Gebet von Nikolaus von Flüe. Auch hier steht Gott nicht für eine Person, der ich leibhaftig gegenüberstehe. Wohl aber kann ich mir die Raumwirkung als Bild zunutze machen und mir konkret vorstellen: Bringt mich diese oder jene Haltung, diese oder jene Handlung, diese oder jene Aussage näher an das Göttliche, oder entferne ich mich davon? So wird quasi das ganze Leben ein Gebet, weil ich ununterbrochen in Beziehung bin und immer wieder Nähe und Distanz neu auslote. Nicht, dass mir das immer gelänge, leider nicht! Aber solche und ähnliche Übungen können im Lauf der Zeit dazu führen, dass wir dieses Angebundensein immer mehr spüren und begreifen, dass es nicht ein Verbundensein mit etwas Statischem, Unbewegtem ist, sondern eine Beziehung mit einem lebendigen Du.

Auf zu neuen Gotteserfahrungen!

Nun habe ich diese Seiten gefüllt mit einem glühenden Plädoyer für eine wie auch immer geartete Gebetspraxis. Warum ist mir das so wichtig? Ich glaube, wir haben in unserer abendländisch-christlichen Tradition[31] einen reichen Schatz, der uns helfen kann, uns zu ganzheitlicheren, glücklicheren und gesünderen Menschen zu entwickeln. Wenn es uns jetzt nicht gelingt, Menschen dafür wieder zu interessieren und zu begeistern, dann wird dieser Schatz in nicht allzu ferner Zeit von niemandem mehr gehoben werden. Dazu müssen wir uns »aufmachen« in mehrfacher Hinsicht: uns öffnen für ein neues Verständnis unserer Religion und ihrer biblischen Grundlagen sowie für neue Formen religiöser Rituale. Es braucht darüber hinaus ein *Sichaufmachen* im Sinne von *Sich-auf-den-Weg-Machen*. Viel zu lange haben wir darauf gewartet, dass sich die Amtskirchen der großen Konfessionen endlich auf den Weg machen. So manch kleinkarierte Diskussion unter Christ*innen macht mir bewusst: Wenn ich darauf warte, dass hier eine wirkliche Öffnung und Aufbruch zu echter Ökumene und zu einem glaubhaften gemeinsamen Weg hin zu einem neuen Gottesverständnis stattfindet, dann werde ich über diesem Warten alt, grau und völlig frustriert. Was wir brauchen, ist eine Öffnung von uns selbst, den sogenannten Laien. Lasst uns reden über unsere Gebetspraxis, über unsere Gotteserfahrungen, über Wunder, die wir erlebt haben und immer wieder erleben. Lasst uns dieses verschämte Schweigen beenden und aufhören, uns vor irgendetwas zu fürchten. Legen wir mutig und offenherzig Zeugnis ab getreu dem johanneischen Wort: »Und der, der es gesehen hat, hat es bezeugt, und sein Zeugnis ist wahr. Und er weiß, dass er Wahres berichtet, damit auch ihr glaubt.« (Joh 19,35)

»Wir gehen,
wir müssen gehen.
Aber das Letzte und Eigentliche
kommt uns entgegen, sucht uns,
freilich nur, wenn wir gehen,
wenn wir entgegengehen.
Und wenn wir gefunden haben werden,
weil wir gefunden wurden,
werden wir erfahren,
dass unser Entgegengehen
selbst schon getragen war
(Gnade nennt man dieses Getragensein)
von der Kraft der Bewegung,
die auf uns zukommt:
von Gott selbst.«

Karl Rahner

Im Jahr 2005 unternahm ich eine Reise, die von außen betrachtet keinen spirituellen Ansatz enthielt. Damals ging es mir psychisch sehr schlecht. Ich litt an heftigen Depressionen, lebte allein und hing in einem unerfreulichen Arbeitsverhältnis fest. Auf einem meiner ausgedehnten Dauerläufe kam mir der Gedanke: Ich bräuchte einfach einmal drei Monate frei. Eine längere Auszeit, wie ich sie in meinem Leben noch nie hatte. Ein Freund ermöglichte mir den finanziellen Rahmen für diese unbezahlte und zugleich unbezahlbare Pause, und mein Chef stimmte zu, sodass ich dieses »Sabbatical« kurzfristig angehen konnte. Wenn man so eine Auszeit vor sich hat und mit Kollegen oder im Bekanntenkreis darüber spricht, kommen sofort Fragen, wie man diese Phase des Müßiggangs denn nun gestalten wolle. Selbst wenn man einmal die Pause-Taste drückt, schafft unsere verkorkste Gesellschaft es, einem einzureden, man müsse jetzt etwas ganz Besonderes unternehmen, denn so eine Gelegenheit böte sich einem vermutlich nie wieder im Leben. Für solcherlei von außen an mich herangetragene Ansprüche bin ich ein dankbares Opfer; sie finden in mir einen hervorragenden Resonanzboden. Also dachte ich zunächst, ich müsse mindestens den Jakobsweg pilgern, mich in einen indischen Ashram zurückziehen oder wenigstens eine Sprachreise unternehmen und mit exotischen Sprachkenntnissen im Gepäck beziehungsweise Kopf zurückkehren. Plötzlich bemerkte ich, dass ich im Begriff war, den inneren Druck, unter dem ich mein Leben lang stand, in diese sehnsüchtig erwartete Zeit des süßen Nichtstuns mitzunehmen. Als mir das, mit Unterstützung meines Therapeuten, klar wurde, ließ ich von allen Reiseplänen und Gedankenspielen ab und beantwortete fürderhin die Frage nach meinem Drei-Monate-Projekt mit meiner einzigen Zielsetzung: »Ich werde mich nicht anstrengen.«[32]

Schlendern und Verweilen

Ich entledigte mich sämtlicher Verpflichtungen und konnte zum ersten Mal in meinem Leben – Krankheitsphasen ausgenommen – in den Tag hineinleben. Schon das war eine Wonne, und mir fiel damals immer wieder die kleine Geschichte von dem Fischer ein, der neben seinem alten, klapperigen Boot am Strand liegt und vor sich hindöst. Ein des Weges kommender Geschäftsmann spricht ihn an: »Statt hier herumzuliegen, könntest du hinausfahren und heute nochmals fischen.«

»Und dann?«, fragt der Fischer, verschlafen in die Sonne blinzelnd.

»Dann hättest du für heute viel mehr Ertrag, und wenn du das morgen und übermorgen und den Rest der Woche so machst, hast du jeden Tag und schließlich am Ende der Woche ein Vielfaches an Ertrag.«

»Und dann?«, fragte der Fischer.

»Wenn du das konsequent machst, kannst du dir bald ein neues, größeres Boot kaufen!«

»Und dann?«

Der Geschäftsmann wird ganz aufgeregt: »Dann kommst du mit deinen Einnahmen in ganz andere Gefilde, kannst dir bald ein weiteres Boot kaufen und jemanden einstellen, der mit dir fischt.«

Der Fischer gähnt: »Und dann?«

»Ja, verstehst du denn nicht? Dann kannst du bald eine ganze Flotte betreiben und viele Leute für dich arbeiten lassen!«

Verständnislos blickt ihn der Fischer an: »Und dann?«

»Dann kannst du den ganzen Tag am Strand liegen und dich ausruhen!«

»Das tue ich jetzt schon und erspare mir all die Umwege«, erwidert der Fischer sanft lächelnd und blickt versonnen aufs Meer hinaus.

Die Geschichte mag einfach sein, doch bringt sie unseren Zeitgeist auf den Punkt: Vor lauter Streben nach »mehr« an Materiellem, an Sicherheit, an finanziellem Polster übersehen wir leicht den Augenblick und verpassen seine unwiederbringliche Magie. Nun arbeitete ich damals nicht aus Luxusgründen, sondern wie die meisten Menschen, um mir meinen Lebensunterhalt zu verdienen. Doch selbst da, glaube ich, ist das gefühlte Korsett oft enger als das reale. Spätestens wenn es einem richtig schlecht geht und man spürt, dass man so wirklich nicht mehr weitermachen kann und das Hamsterrad verlassen muss, merkt man, dass sich die Welt tatsächlich noch immer weiterdreht. Wer hätte das gedacht!

Die Welt drehte sich also völlig unbeeindruckt von meiner nichtsnutzigen Erholungspause im selben Tempo weiter. Für mich jedoch fühlte sich alles ganz anders an: Wie herrlich lag jeder einzelne Tag vor mir, der allein unter dem Motto der Anstrengungslosigkeit stand. Ich schlenderte gemächlich durch den Tag, unterstützt von einem damals brandneuen

Song Konstantin Weckers mit dem schönen Titel »Schlendern« und vom südafrikanischen Gebet »Verweilen«, das mir mein geistlicher Begleiter ans Herz gelegt hatte:

> *Lass mich langsamer gehen, Herr.*
> *Entlaste das eilige Schlagen meines Herzens*
> *durch das Stillwerden meiner Seele.*
> *Lass meine hastigen Schritte stetiger werden*
> *mit dem Blick auf die Weite der Ewigkeit.*
> *Gib mir inmitten der Verwirrung des Tages*
> *die Ruhe der ewigen Berge.*
> *Löse die Anspannung meiner Nerven und Muskeln*
> *durch die sanfte Musik der singenden Wasser,*
> *die in meiner Erinnerung lebendig sind.*
> *Lass mich die Zauberkraft des Schlafes erkennen,*
> *die mich erneuert.*
> *Lehre mich die Kunst des freien Augenblicks.*
> *Lass mich langsamer gehen, um eine Blume*
> *zu sehen,*
> *ein paar Worte mit einem Freund zu wechseln,*
> *einen Hund zu streicheln, ein paar Zeilen in einem*
> *Buch zu lesen.*
> *Lass mich langsamer gehen, Herr, gib mir den*
> *Wunsch,*
> *meine Wurzeln tief in den ewigen Grund zu senken,*
> *damit ich emporwachse zu meiner wahren*
> *Bestimmung.*

Was auch immer kommt, bleib im Vertrauen!

In diesem Schlendermodus verbrachte ich meine freien Tage. Allmählich erwachte die Lust zu verreisen, und zwar ebenfalls anstrengungslos und ohne Ambitionen, Außergewöhnliches zu erleben. So schlenderte ich radelnd zum Nürnberger Flughafen und buchte kurzerhand einen Flug nach Teneriffa. Ich sprach damals ganz vernünftig Spanisch, sodass ich sichergehen konnte, sprachlich auf »leichtem Terrain« zu landen. Ein paar Freizeitklamotten einpacken, dazu einen Insel- und einen Wanderführer und dann mal sehen, wohin es mich dort verschlägt, so war mein Plan.

Ein paar Tage, bevor es losgehen sollte, ereilten mich merkwürdige Gefühle, wie ich sie nie zuvor empfunden hatte: Mit einem Mal hatte ich eine seltsam dunkle Ahnung, ich würde von dieser gerade einmal zehntägigen Reise nicht zurückkehren. Erst tat ich diese Gedanken und das sie begleitende mulmige Gefühl als Spinnerei und Einbildung ab. Wie oft war ich während meines langen Single-Daseins allein verreist! So kam ich mir angesichts eines Kurztrips auf die Kanaren selbst dumm vor, als ich diese diffusen Ängste spürte. Es war nicht direkt die Angst vor der Reise selbst, sondern das Gefühl meines nahenden Endes und eine fast schon an Sicherheit grenzende Wahrnehmung, es würde mich dort ereilen. Hinzu kam eine eigenartige körperliche Schwäche, von der ich nicht recht wusste, ob sie nun durch diese seltsamen Ängste verursacht wurde oder ob in meinem Körper eine reale Gefahr vorlag. Bemerkenswerterweise hatte ich nicht den Impuls, zum Arzt zu gehen oder die Reise zu stornieren. Mein Gefühl war deutlich: Es galt, ins Vertrauen zu kommen und im sicheren Wissen um die innere Ordnung der Dinge diese Reise ins Ungewisse anzutreten. Mehr als zehn Jahre danach schreibt sich das recht leichtfüßig. Damals fühlte es sich anders an. Das innere Wissen und die Sicherheit, so handeln zu müssen, waren das eine, die immer wieder aufbrechende Angst das andere. So begann ich, meine Angelegenheiten so zu regeln, als käme ich nicht wieder zurück. Um es vorauszuschicken: Das war eine sehr heilsame und reinigende Übung und befreite mich von manchem Ballast und »Schlamperstapel«. Schließlich wollte ich meinen Geschwistern, die damals im Fall meines Ablebens für alle Organisation zuständig gewesen wären, so wenig Aufwand wie möglich hinterlassen. Gepaart mit den körperlichen Ausfallerscheinungen und den in unterschiedlicher Intensität aufflammenden Ängsten war das reichlich herausfordernd. Kurz vor der Reise beschloss ich, einen engen Freund ins Vertrauen zu ziehen, von dem ich sicher wusste, dass er – im Gegensatz zu den meisten anderen Menschen in meinem Umfeld – meinen Entschluss, diese Reise anzutreten ohne lange Diskussionen akzeptieren würde. So kam es. Der Freund begleitete mich in seiner Tiefe und wachen Aufmerksamkeit nicht nur durch diese Tage, sondern in der Reisenacht auch an den Nürnberger Hauptbahnhof, von wo aus mein Zug Richtung Frankfurt Flughafen abfuhr. Den Abschied am Bahnhof werde ich nie vergessen: »Was auch immer kommt, bleib im Vertrauen!«, gab er mir mit Tränen in den Augen mit auf den Weg. Das Herz klopfte mir bis zum Hals, als ich nach Mitternacht in den Zug stieg und meinem treuen Freund und Weggefährten ein letztes Mal zuwinkte. Die Türen schlossen sich, der Zug fuhr ab, und ich schickte mich an, in einem der überfüllten Abteile einen Platz zu ergattern. Nachdem das schließlich gelungen war und ich eingekeilt zwischen fünf anderen Reisenden mit meinem Rucksack auf dem Schoß in dem abgedunkelten Abteil saß, fühlte es sich plötzlich an, als hätte jemand einen Schalter umgelegt. Mich überkam große Ruhe und Gelassenheit, und ich hatte nur noch den Gedanken im Kopf: »Du kannst nicht tiefer fallen als in Gottes Hand.« Die Stimmung, in der ich diese nächtliche Zugfahrt sowie den darauffolgenden morgendlichen Flug verbrachte, lässt sich schwer beschreiben. Ich war erfüllt von einer umfassenden inneren Ruhe, wie ich sie noch nie zuvor verspürt hatte. In dem Moment konnte ich es mir nicht erklären, ich hatte auch kein Verlangen danach, sondern genoss einfach dieses Gefühl. Heute denke ich: Es resultierte aus der Hingabe. Das Vertrauen und die Zuversicht in ein Geführt- und Getragensein, in eine tiefe Weisheit und Richtigkeit dessen, was geschieht, verwandelten Angst und Zweifel in Ruhe und Sicherheit.

Sich der inneren Führung überlassen

Von da an begann die denkwürdigste Reise, die ich je erlebt habe. Sie sah von außen betrachtet eher banal und vielleicht nichtssagend aus: Zehn Tage, die ich nicht nur auf derselben Insel, sondern sogar in derselben Stadt, Puerto de la Cruz, verbrachte, von wo aus ich Ausflüge und Wanderungen unternahm. Und doch war es die spirituellste Reise meines Lebens. Ab diesem bemerkenswerten Moment im Zug begann eine Phase der Hellfühligkeit, die ich nur schwer in Worte fassen kann. Meines Wissens verfüge ich ansonsten nicht über seherische oder sonstige besondere mediale Fähigkeiten, die einen erahnen lassen, was auf einen zukommt. Nur während dieser Reise lebte ich so, als würde ich an einer unsichtbaren Schnur geführt, die mich mit absoluter Sicherheit und ohne Umschweife an mein Ziel führt. Ich kann nicht alles aufschreiben, was mir widerfuhr, will aber ein paar Beispiele erzählen:

Am Morgen angekommen, checkte ich in einem direkt an der Strandpromenade gelegenen Hotel ein, das mir für die zehn Tage definitiv zu teuer gewesen wäre. Also ging ich erneut los, um mir für tags darauf eine neue Bleibe zu suchen. Ich war zum ersten Mal auf Teneriffa, doch ich brauchte nicht in einen Plan oder Reiseführer zu schauen. Zielsicher lief ich ins Stadtzentrum von Puerto de la Cruz und dort in eine kleine Gasse, in der ich eine versteckt gelegene Pension entdeckte. Als ich darauf zuging, öffnete sich die Tür, und der Patron des Hauses fragte mich, was er für mich tun könne. Ich erkundigte mich nach einem Zimmer für die nächsten neun Nächte, und er vertröstete mich auf den Folgetag. Er sei eigentlich ausgebucht, doch für den nächsten Tag habe sich eine Señora angekündigt, deren definitive Buchungsbestätigung noch ausstünde. Sollte der unwahrscheinliche Fall eintreten, dass sie, aus welchen Gründen auch immer, nicht käme, könnte ich gern einziehen. In diesem Moment wusste ich: »Die sagt ab.« Es war weder eine Hoffnung noch eine vage Ahnung, sondern ich wusste es einfach, so als hätte mir einer bereits die Nachricht überbracht. Am nächsten Morgen checkte ich aus meinem Hotel aus und erschien mit Sack und Pack wieder in der kleinen Pension. Schon der Weg dorthin war bezeichnend. Wer mich kennt, weiß um meine fast legendäre Orientierungslosigkeit. Ich verlaufe mich immer und überall, und einen Ort oder eine Straße wiederzufinden, in der ich vorher erst einmal war, ist für mich fast unmöglich. Während dieser Teneriffa-Reise hingegen schaute ich kein einziges Mal auf einen Plan oder in meine mitgebrachten Reiseführer! Erst hinterher rekonstruierte ich, wo ich überall gewesen und welche Wege ich gegangen war. So stand ich also bei der Pension, und der Patron staunte nicht schlecht, als er sah, dass ich bereits mein Gepäck dabeihatte. »Ja, Sie können bleiben, die Señora hat abgesagt. Es ist das einzige Zimmer, das ich Ihnen geben kann. Aber das konnten Sie ja nicht wissen!« Doch, ich hatte es gewusst. Das einzig Verblüffende für mich in diesem Moment war die Tatsache, dass ich selbst nicht überrascht war ob des Eintretens der Fakten, die ich erwartet hatte. Ich bezog mein Zimmer, und es war mir, als habe es auf mich gewartet. Es lag abseits der eigentlichen Gästezimmer unter dem Dach mit eigenem Zugang auf die Dachterrasse und, um es zu erreichen, musste man die Privatwohnung der Eigentümer durchqueren. Ein kleines feines Einzelzimmer abseits jedes Touristengetümmels, sollte das mein Sterbezimmer werden? Das nämlich war das Herausfordernde: Gerade weil ich plötzlich von dieser nie gekannten inneren Sicherheit und Klarheit durchdrungen war, meldeten sich auch die Todesängste wieder. Es kam mir vor wie eine Art Abschiedsgeschenk, das mir das Leben bescherte, um mir, kurz bevor es von mir ging, noch eine besondere Erfahrung zu ermöglichen. In dem Maße, in dem Weitsicht und Hellfühligkeit wuchsen, nahmen auch die Ängste wieder zu und die dunkle Ahnung, dass ich all diese merkwürdigen Erlebnisse nicht überleben würde. Es ging nämlich so hellfühlig weiter: Ich lief wie ferngesteuert durch diese Stadt, stieg zielsicher in Überlandbusse, die immer in dem Moment losfuhren, in dem ich zugestiegen war, in großer Sicherheit, dass das genau der richtige Bus wäre, um mich an den genau jetzt richtigen Ort zu bringen. Mein einziger Wegweiser war mein untrügliches Gefühl, und wenn ich an einer Gabelung einen kurzen Moment unsicher war, brauchte ich nur kurz innezuhalten und in mich hineinzuhorchen, schon wusste ich, in welche Richtung ich meinen Weg fortsetzen sollte.

Begegnungen in ungeahnten Bewusstseinsräumen

So geriet ich schon am ersten Tag in einen spanischsprachigen Gottesdienst, in dem die Gemeinde offenbar mitten in vorösterlichen Exerzitien steckte. Schweigend winkte mich ein älterer Herr heran und bedeutete mir, mich unter das Volk zu mischen und die so besonders gestaltete Messe mitzufeiern. Im Altarraum stand ein kahles, dürres Bäumchen, und die Aufforderung des Priesters lautete: »Bringen wir miteinander diesen Baum zum Erblühen!« Daraufhin erhoben sich die Mitfeiernden und hängten jeweils ein buntes Papierkärtchen mit einem Wunsch an den Baum. Ich selbst war versunken in mein Gebet und erlitt urplötzlich einen heftigen Schwächeanfall: Herzrasen, Schweißausbrüche, mir wurde schwarz vor Augen. »Aha«, dachte ich, »hier also soll es sein, hier geht es jetzt zu Ende. Ein guter Ort, um zu sterben.« Ich zwang mich, nochmals nach vorne zu schauen und traute meinen Augen kaum: Da lief mein Vater nach vorne und hängte ein Zettelchen an einen der dürren Zweige! Nun muss man wissen, dass mein Vater bereits 1991 im Alter von nur 66 Jahren verstorben war. Ich war damals 22 Jahre alt gewesen und kannte meinen von Kriegserlebnissen und russischer Kriegsgefangenschaft schwer gezeichneten Vater fast nur müde, depressiv und emotional abwesend. Wie die meisten der traumatisierten ehemaligen Soldaten funktionierte er im Außen gut. Er leistete viel, hatte eine gute

Position mit einem für damalige Verhältnisse sehr guten Gehalt, sodass wir von außen als Bilderbuchfamilie erschienen, der es an nichts fehlte. Emotional jedoch war für mich als jüngste von drei Geschwistern kaum mehr etwas zu holen; zu schwer wogen die alten Lasten und Erlebnisse. Ab etwa seinem 50. Lebensjahr flüchtete sich das System meines Vaters ins Vergessen in Form einer Alzheimer-Demenz, und ich konnte als Kind und Jugendliche nur noch hilflos zusehen, wie er immer weniger wurde und seine Persönlichkeit sich allmählich auflöste und verschwand.[33] Bleiben wir aber zunächst in diesem Gottesdienst in Puerto de la Cruz. Ich sitze da mit gefalteten Händen, Herzrasen und Schwindelgefühlen und sehe, wie mein Vater einen Wunsch an diesen kahlen Baum hängt und ihn dadurch mit zum Erblühen bringt. Um der Gefahr vorzubeugen, dass man mich für völlig abgedreht hält: Natürlich war das nicht mein Vater, sondern ein ihm aus dem Gesicht geschnittener älterer spanischer Herr. Zugleich war es doch mein Vater – da ist es wieder, das *Sowohl-als-auch*. Es war mein Vater, der in dem Moment, in dem etwas gewaltig an mir und meinem Leben rüttelte, erschien und mir eine Botschaft brachte. Für mich lautete sie: »Lebe! Entfalte dich und lass deine Gaben und Talente erblühen! Lass dein Leben wachsen und aufblühen und tritt heraus aus der emotionalen Dürre, in der du deine Kindheit verbracht hast!« Es fühlte sich an, als gäbe mein Vater mir nach all den Jahren der sibirischen Kälte und des Hungers nach Wärme und Geborgenheit, nach Farbe, Freude und Glanz, endlich die Erlaubnis, aus dem Gewohnten herauszutreten und anders zu leben als bisher. In dem Moment, in dem er das bunte Kärtchen an den dürren Ast hängte, war mir klar: Diese Botschaft ist nur für mich, und sie ist sehr ernst zu nehmen. Allmählich beruhigte sich mein Herzschlag und ich spürte: Diesen Gottesdienst würde ich überleben. Vielleicht aber war tatsächlich etwas in mir erloschen, nämlich das Gefühl, weiter innerlich wie ein Zinnsoldat bei meinem Vater und seinen gefallenen Kameraden stehen und mit ihnen in der eisigkalten Hölle ausharren zu müssen. Plötzlich verstand ich: Wie traurig und unzugänglich auch immer ich meinen Vater erleben musste und wie oft er mir auch das Lachen verboten hatte, weil es in seinen zerbombten Ohren schrill und ungehörig klang, in diesem Moment, 14 Jahre nach seinem Tod, wünschte er mir etwas anderes. In dieser Stunde war er nochmals zurückgekommen, um seiner kleinen Tochter etwas zu geben, was er ihr zu Lebzeiten nicht hatte geben können. Dieser Gottesdienst mit dem markanten Erlebnis hatte etwas Grundlegendes in mir verändert. Damals hätte ich es nicht in diese Worte fassen können, und ich konnte die Zusammenhänge noch nicht erkennen. Ich spürte nur: Ich hatte soeben etwas sehr Bedeutsames erlebt, das ich mein Leben lang nicht vergessen würde. Das war gleich am ersten Tag meiner Reise, und ich bin froh, dass ich mir von da an täglich Notizen machte zu dem, was ich erlebte. Diese Aufzeichnungen helfen mir, an die Realität meiner Erlebnisse zu glauben und mir nicht im Nachhinein einzureden, ich hätte mir etwas zusammengereimt.

Vieles könnte ich von dieser denkwürdigen Reise noch erzählen: von der kleinen Kapelle, zu der ich geführt wurde, und die sich als Sitz der katholischen deutschsprachigen Gemeinde Teneriffas erwies, und den intensiven Gottesdiensten, die ich dort erlebte. Von den vielen Begegnungen, die mir nicht von dieser Welt zu sein schienen und in mir ein Gefühl von »Alice im Wunderland« erzeugten. Von meinen abendlichen Gebeten, die immer mit den Worten schlossen: »Ich gebe den Tag zurück in deine Hände, Herr, und, wenn es soweit ist, auch mein Leben.« Davon, wie hin und her gerissen ich war, zwischen dem Genießen dieser neuen Erlebensdimension, die sich mir eröffnet hatte, und der Angst, das alles könnten Vorboten meines nahenden Endes sein.

Von einem bewegenden Moment will ich noch Zeugnis ablegen. Es war der Augenblick, in dem jeglicher mögliche Zweifel hinsichtlich unseres Weiterlebens nach dem Tod ein für alle Mal von mir genommen wurde. Ich saß in einem gewöhnlichen Linienbus, die dort sehr komfortabel und zuverlässig sind. Um mich herum wurde fröhlich geschnattert, und ich genoss meinen Ausflug, den ich wieder einmal nicht geplant, sondern dieser untrüglichen inneren Führung überlassen hatte. Da wurde ich unvermittelt sehr traurig. Acht Monate zuvor war ein mir sehr nahestehender väterlicher Freund verstorben. In meiner vaterlosen Adoleszenz war er eine der tragenden Säulen meines Lebens gewesen, und ich hatte gewaltig mit dem Verlust dieses geliebten Menschen zu kämpfen. Ich blickte also versonnen durch das Busfenster hinaus in die vorbeiziehende Landschaft und fragte innerlich, erfüllt von einer tiefen Traurigkeit: »Wie soll ich denn ohne dich bloß zurechtkommen? Du fehlst mir so!« Postwendend erhielt ich die Antwort: »Ich bin dir doch näher als je zuvor!« Du kannst mich für »spirituell durchgeknallt« erklären, wie eine Frau, der ich kurz nach der Reise davon erzählte. Doch so wahr ich dies schreibe, dieser Satz fiel wortwörtlich so und zwar in einer Klarheit und Deutlichkeit, dass ich dachte, dieser Mensch säße auf dem Sitzplatz neben mir. Einbildung? Ich würde sagen: Ja und nein, je nachdem, was man darunter versteht. Ja, weil sich mir etwas untrüglich »eingebildet« hat, dergestalt, dass ein Bild nebst Ton in mir auftauchte, das vorher nicht da war und zu dem nur ich Zugriff hatte. Nein, weil dieses Erlebnis sehr real war und ich mir das nicht in meinem Kopf ausgedacht hatte. Man könnte meinen, und Kritiker werden so argumentieren, der Wunsch sei der Vater dieses Gedankens oder Erlebnisses gewesen. Wenn dem so wäre, dann hätte ich schon oft solche Erlebnisse haben und Stimmen geliebter Menschen hören müssen, die ich mir herbeigesehnt hatte. Es kam auch danach nie wieder vor, fast, als würde der Geist des Verstorbenen sagen: »Ich zeige mich dir einmal in aller Deutlichkeit, das muss genügen.« Tatsächlich kann mir diese Erfahrung niemand nehmen, und ich kann Zeit meines Lebens darauf zurückgreifen. Seither brauche ich nicht mehr daran zu *glauben*, dass unsere Toten nicht einfach weg sind, aus – vorbei, sondern ich *weiß*, dass es anders ist, weil ich es *erfahren* habe. Einer meiner liebsten Texte hierzu stammt von Vergil[34]:

> *Der Tote ist nicht tot.*
> *Er lebt fort auf geheimnisvolle Weise.*
> *Er fügt gleichsam seine besten,*
> *nun von den Lasten des Lebens befreiten Kräfte*
> *den unseren hinzu.*
> *So beginnt er, uns selbst verwandelnd und läuternd,*
> *in unseren Herzen sein zweites, höheres Wesen.*

Diese Sicherheit war also ein weiteres Geschenk, das ich auf dieser Reise bekam, und das ist von den Geschenken, die das Leben einem machen kann, wahrlich eines der größeren.

Zeugnis ablegen von einer besonderen Gotteserfahrung

Die Hellfühligkeit hielt bis zum Ende an, ebenso wie die Todesängste. Der Freund, der mich zum Bahnhof gebracht hatte, war der einzige Mensch, mit dem ich während der Reise einen Teil meiner Erfahrungen via E-Mail teilte. Für diesen Kontakt war ich sehr dankbar, denn er half mir, »auf dem Teppich zu bleiben«, wie er mir immer wieder beruhigend riet. Darüber hinaus war mein steter Ansprechpartner nicht von dieser Welt, sondern ich betete viel, meist in Form von Einträgen in mein Tagebuch. Zwei Tage vor der Heimreise schrieb ich:

»Herr, ich bitte dich: Gib mir noch Zeit in diesem Leben, um Zeugnis ablegen zu können! Nein, ich will nicht mit dir handeln oder feilschen – ich weiß: Wenn meine Lebensuhr abläuft, dann ist daran nicht zu rütteln. Ich möchte nur klar festschreiben, im wahrsten Sinne des Wortes, dass ich, sollte ich diese Reise überleben, meine Empfindungen und Wahrnehmungen nicht als Einbildung abtun werde, sondern dass ich sie ernst nehme und vor aller Welt dazu stehen werde – auch wenn viele mich für verrückt erklären werden.«

Es hat gedauert, bis ich das alles aufschrieb, und dafür gibt es gute Gründe. Jetzt, Jahre nach diesem Erlebnis, das sich übrigens in weiteren Reisen nie auch nur ansatzweise wiederholte, bin ich um viele Erfahrungen reicher. Ich habe anderes erlebt, was einem aufgeklärten Verstand zunächst vielleicht ebenso irreal erscheinen mag und dabei doch so real war. Es liegt genügend Abstand zwischen dem damaligen Erleben und dem Jetzt, als dass man mir unterstellen könnte, ich litte an einer Wahrnehmungsverzerrung oder wäre in einem religiösen Wahn. Mir selbst war das schon direkt nach der Reise klar. Das Hellfühlige verlor sich sofort, was ich durchaus bedauerte. So spukig und fremd mir mein eigener Zustand einerseits erschien, so angenehm und leicht ist das Leben andererseits, wenn man diese große Klarheit über jeden einzelnen Schritt hat. Das hätte gern anhalten dürfen! Doch in erster Linie war ich froh, dass ich heil wieder daheim angekommen war und richtete aus diesem Anlass eine kleine Feier aus. Mein Jugendfreund war der einzige meiner Gäste, der um die Bedeutung dieses Festes für mich wusste. Er nickte mir bedeutungsvoll zu, als er mir in der Runde zuprostete mit den Worten: »Schön, dass das möglich ist!«

Für mich war es eine Gotteserfahrung der besonderen Art, und ihre tiefe Botschaft bewegt mich noch heute: Wenn wir uns einlassen, und zwar wirklich in der Tiefe und ohne Vorbehalt und Hintertürchen, wenn wir uns entgegen aller Vernunft und durch alle Ängste hindurch dem Urgrund des Seins anvertrauen, stoßen wir in neue Dimensionen vor und kommen in ganz andere Bewusstseinszustände.

Hinter der Angst: ein Bewusstseinsraum voller Überraschungen!

Noch etwas lehrte mich diese Reise: Wenn wir vor unseren Ängsten nicht ausweichen, sondern aufmerksam verfolgen, wohin sie uns führen, können sie sehr hilfreich sein. Ich hätte diese ganze wahrhaft wunderbare Erfahrung nicht machen dürfen, wenn ich gekniffen und die Reise abgeblasen hätte. So aber tat sich hinter der Angst unerwartet ein Raum auf, von dessen Existenz ich vorher nicht die leiseste Ahnung hatte. Das ist einer der großen Vorteile des Glaubens an Gott: Selbst wenn Ängste mich überfallen, wenn ich verzweifelt bin und mich von allen verlassen fühle, so weiß ich doch um diese Führung, den Beistand und letztlich um das göttliche Du, mit dem ich mich jederzeit bewusst verbinden kann. »Wer glaubt, ist nie allein«, konstatierte Papst Benedikt XVI. in seiner Predigt zum Amtsantritt. Genauso empfinde ich es. Dabei will diese Beziehung gepflegt sein; ein bloßes »Ich glaube« ohne Konsequenzen ist auf Dauer nicht tragfähig. Nicht, weil wir Gott etwas schuldig sind oder »ihm zuliebe« irgendwelche Gebetsübungen machen müssen. Nein, Gott kommt wahrlich ohne uns zurecht. Umgekehrt sieht es anders aus: Wenn ich die Beziehung nicht pflege, solange es mir gut geht, sondern erst damit anfange, wenn ich mit dem Rücken an der Wand stehe, wird es mir ungleich schwerer fallen, daraus Kraft zu schöpfen. »In guten wie in schlechten Tagen« füreinander da zu sein, versprechen sich Ehepartner im Trauspruch. Wenn jedoch eine Beziehung gleich mit den schlechten Tagen anfängt, ist das eine ziemliche Zerreißprobe. Mit der Beziehung zu Gott ist es genauso: Klar kann ich in großer Not einen Hilferuf absetzen und – Hand aufs Herz – wer hat sich nicht schon dabei ertappt, dass er in Angst und Sorge in ein kindliches »Lieber Gott, mach dass …« verfallen ist. Das darf sein, aber es ist kein erwachsener, reifer Glaube, sondern eher ein Anrufen der Pannenhilfe. Deshalb braucht es eine regelmäßige Praxis, wie auch immer sie geartet sein mag. Ich habe viel über das Beten geschrieben und über die vielfältigen Formen von Gebet, auf die wir zurückgreifen können. Aber für uns aufgeklärte Menschen gibt es noch viele weitere Möglichkeiten, uns mit Gott zu verbinden und uns bewusst in seine Präsenz zu begeben. In einige dieser verschiedenen Wege werde ich noch Einblicke geben.

Erfüllung finden in selbstvergessener Hingabe

Zunächst aber möchte ich bei der Hingabe bleiben. Hingabe und Vertrauen, diese beiden Qualitäten gehören zusammen. Ohne Vertrauen ist Hingabe nicht möglich. Hingabe an Gott bedeutet für mich, dass ich mich dieser inneren Stimme anvertraue. Dass ich auf sie höre und ihr Folge leiste. Dass ich nicht mit meinem Verstand dagegenhalte, sondern mich auf die innere Stimme einlasse, auch wenn mir absolut nicht klar ist, warum ich dieses oder jenes tun oder vielleicht lassen soll. Wie oft habe ich die Erfahrung gemacht, dass sich im Nachhinein mein Handeln als das genau Richtige herausstellte! Hingabe meint für mich aber noch mehr: Mich hingeben heißt, ich verzichte auf meinen eigenen kleinen Ego-Willen und tue auch Dinge, die mir gerade nicht so »schmecken« oder in den Kram passen. Hingabe an Gott meint für mich: in jedem Menschen, der mir begegnet, Gott selbst zu erkennen und für ihn da zu sein. Das bedeutet nicht, dass wir über jedes Stöckchen springen, das uns hingehalten wird. Wir brauchen uns keineswegs ausnutzen zu lassen und für jeden losrennen, der meint, etwas von uns zu wollen. Wo aber ein echter Bedarf ist, wo Menschen in Not sind, wo Verzweiflung herrscht und wirklich Hilfe gebraucht wird, da gilt es, sich hinzugeben und eben nicht auf den eigenen Vorteil oder Profit zu schauen. Das klingt so klar und einleuchtend. Tatsächlich aber ist es gar nicht so leicht herauszufinden, wo wir wirklich gebraucht werden und wo unsere Hilfsbereitschaft und Hingabe schamlos ausgenutzt werden. Ich erlebe das immer wieder: Menschen wollen es sich bequem machen und schnappen sich den Nächstbesten, der gefühlt ein Etikett auf der Stirn trägt mit der Aufschrift: »Mich kannst du für deine Zwecke missbrauchen!« Oft frage ich mich, woher diese Ausstrahlung rührt, oder was dazu führt, dass dieselben Menschen immer wieder Opfer dieser Übergriffigkeiten werden. Ist es, weil man sich letztlich in der Position desjenigen, der gebraucht wird, wohl fühlt und deshalb das ungute Gefühl und das Grummeln im Bauch verdrängt? Gibt man sich selbst gern den *Mutter-Teresa-Anstrich*, um gut dazustehen? Ist es ein Gefallenwollen um jeden Preis? Ich weiß es nicht; die dahinterstehenden Dynamiken werden unterschiedlich sein. Fest steht: Wenn ich mich mit innerem Groll und Zorn hingebe und das Gefühl von Ungerechtigkeit nicht loswerde, dann hat das nichts mit echter Hingabe zu tun. Hingabe kommt aus tiefstem Herzen und ist durch und durch freiwillig. Wenn ich mich hingebe, finde ich rein im Akt der Hingabe Erfüllung. Da gibt es keine Berechnung, kein Aufrechnen dessen, was man zurückbekommen möchte. Hingabe ist ein Versinken um des Versinkens willen und aus der Gewissheit heraus: Hier, in dieser Beziehung, bei diesem Du, in dieser Aufgabe, bin ich genau richtig. Da bin ich am richtigen Platz, im richtigen Tun oder Sein, in der richtigen Beziehung zu meinem Gegenüber. Auch Glaube und Spiritualität brauchen Hingabe. Für mich persönlich ist diese selbstvergessene Hingabe leichter in meiner Beziehung zu Christus möglich, als wenn ich versuche, in die Leere, ins Universum oder in die Stille hineinzuspüren. Es mag anderen Menschen anders ergehen, und sie spüren die tiefste Hingabe in einer Zen-Meditation oder einer anderen kontemplativen Übung, die weggeht vom »Du«. Ich brauche das »Du«, um mit ihm zu verschmelzen und mich tatsächlich ganz hinzugeben. Am leichtesten fällt mir das mit Christus, weil er von Kindesbeinen an gefühlt an meiner Seite ist. Anderen mag Gott Vater oder Gott Mutter näher sein, und sie können in der Beziehung zu ihm oder ihr voll aufgehen. Ich denke, jede und jeder Suchende kann für sich selbst herausfinden, bei welcher Vorstellung sein oder ihr Herz höherschlägt und wohin ihn seine oder ihre Sehnsucht zieht. Unsere Sehnsucht zeigt uns den Weg. Wir müssen sie nur endlich wieder zulassen und neu lernen, ihr zu vertrauen und zu folgen.

4   LEIDENSWEGE ALS WEGE ZU GOTT

»Eines Nachts hatte ich einen Traum:
Ich ging am Meer entlang mit meinem Herrn.
Vor dem dunklen Nachthimmel
erstrahlten, Streiflichtern gleich,
Bilder aus meinem Leben.
Und jedesmal sah ich zwei Fußspuren im Sand,
meine eigene und die meines Herrn.

Als das letzte Bild an meinen Augen
vorübergezogen war, blickte ich zurück.
Ich erschrak, als ich entdeckte,
dass an vielen Stellen meines Lebensweges,
nur EINE Spur zu sehen war.
Und das waren gerade die schwersten
Zeiten meines Lebens.

Besorgt fragte ich den Herrn:
›Herr, als ich anfing, dir nachzufolgen,
da hast du mir versprochen,
auf allen Wegen bei mir zu sein.
Aber jetzt entdecke ich,
dass in den schwersten Zeiten meines Lebens
nur eine Spur im Sand zu sehen ist.
Warum hast du mich allein gelassen,
als ich dich am meisten brauchte?‹

Da antwortete er: ›Mein liebes Kind,
ich liebe dich und werde dich nie allein lassen,
erst recht nicht in Nöten und Schwierigkeiten.
Dort, wo du nur eine Spur gesehen hast,
da habe ich dich getragen.‹«

Margaret Fishback Powers[35]

Dem Christentum wird oft vorgeworfen, mit seiner Kreuz-symbolik eine blutrünstige, grausame Religion zu sein. Falsch verstanden könnte man das tatsächlich meinen. Doch das Gegenteil ist der Fall: Es geht um die Überwindung allen Leidens, um die Transformation von Schmerz und Unglück. Dazu ist es erst einmal notwendig, das Dunkle und Schwere zuzulassen. Wie viele Menschen weichen dem Schmerz aus! »Bloß nicht zurückschauen!«, heißt ihre Devise, wenn ihnen in Kindheit, Jugend oder später Schlimmes widerfuhr. Oft plagen sie sich mit körperlichen Symptomen herum, mit Krankheiten, gegen die sie alle möglichen Medikamente nehmen, durch die sie oft noch kränker werden. Oder sie lassen sich anderweitig blockieren und leben ein unerfülltes, unglückliches Leben in der Einstellung: »Das ist halt so, bei mir wird sich sowieso nichts ändern.« Das ist schade, denn wenn wir uns mit dem Rucksack beschäftigen, mit dem wir durchs Leben gehen, werden wir vielleicht feststellen, dass wir vieles von dem, was wir durch die Gegend schleppen, ge-nauso gut zurücklassen könnten. Aber um herauszufinden, was ich davon noch brauche und wovon ich mich getrost ver-abschieden kann, muss ich erst einmal den Mut aufbringen, die einzelnen Gepäckstücke anzuschauen. Wie oft erweist sich etwas, was auf den ersten Blick wie ein klebriger, unan-sehnlicher Klumpen daherkommt, bei näherer Betrachtung als Modelliermasse, aus der sich etwas Schönes formen lässt! Deshalb ist es so wichtig, sich Zeit zu nehmen für das, was uns das Leben mit auf den Weg gegeben hat, und es von allen Seiten zu beleuchten, zu befühlen, zu beklopfen. Wir leben in einer so reichen Zeit mit einer Vielfalt an Hilfs-mitteln, Werkzeugen und Methoden, und wir sind die erste Generation hier in den westlichen Industriestaaten, die sich nicht »schämen muss«, wenn sie psychotherapeutische Hilfe in Anspruch nimmt. Noch in den 70er Jahren wäre das in »ganz normalen« Familien ein Makel gewesen, davon ab-gesehen, dass es damals viel weniger Angebote und quali-fizierte Begleiter*innen und Fachkräfte gab. Heute sind wir in der glücklichen Lage, uns sowohl das Werkzeug als auch die- oder denjenigen, der es anwendet, relativ frei aussuchen zu können. Warum um alles in der Welt weichen dann so viele Menschen noch immer vor dem »Hinschauen«, vor der Auseinandersetzung mit dem eigenen Selbst aus? Vielleicht tatsächlich aus Angst vor dem damit verbundenen Schmerz. Es gibt eine Fülle von Büchern zum Thema Glück. Die meisten davon blenden alles aus, was mit Schmerz zu tun hat, und reden ihrer glückshungrigen Leserschaft ein, wenn sie nur lange und konsequent genug »positiv dächte«, würden sich die Glücksgefühle von selbst einstellen. Doch wir kommen in diesem Leben nicht am Schmerz vorbei, wir können ihn nicht dauerhaft ignorieren. Dunkelheit, Leid, Krieg, Mord und Totschlag gehören zu unserem Leben, auch wenn wir es uns noch so sehr anders wünschen. Das ist die tiefe und zugleich so freudvolle Botschaft des Christentums: Im Kreuz liegt das Heil. Hinter dem Kreuz strahlt die Sonne auf, dort wird es licht und hell. In manchen Kreisen ist es üblich, sich gegenseitig »Licht und Liebe« zu wünschen. Manche stellen sich unter geistige »Lichtduschen« und ähnliche energetische Stimmungsaufheller. Ich halte das dann für heilsam und hilfreich, wenn man den Gegenpol ebenfalls ausreichend betrachtet und in das eigene System integriert hat. Andernfalls bahnt sich das Dunkle selbst seinen Weg und wirkt auf hemmende Weise in uns fort. Nicht auszudenken, was geschehen wäre, wenn Jesus dem Kreuz ausgewichen wäre! Selbst wenn Du an dem historischen Geschehen zweifelst, kannst Du dieses Gedankenspiel nachvollziehen: Jesus als freier Mensch in seiner Entscheidung und von Weitsicht in Bezug auf das Kommende durchdrungen, beschließt, ehe ihn die Schergen in Gewahrsam nehmen: »Das tue ich mir nicht an. Diesen Schmerz, diesen grausamen, qualvollen Tod sterbe ich nicht. Ich sehe zu, dass ich mich vorher schleunigst verziehe. Ich hau ab.« Wie könnten wir heute mit Schmerz, Leid und Tod umgehen? Müssten wir nicht alle unentwegt auf der Flucht vor dem Grauen sein?

Damit meine ich nicht die Flucht vor äußerer Gefahr und Bedrohung; leider bleibt vielen Menschen heute nichts anderes übrig, als davor zu fliehen, wenn sie ihr Leben retten wollen. Die Flucht vor den inneren Dämonen meine ich, die wir immer wieder antreten müssten. So aber gibt es einen Menschen, der uns etwas anderes vorgelebt hat. Er sagt uns deutlich: »Schau, ich hätte davor ausweichen können, aber es hätte weder mich noch irgendjemanden sonst auf der Welt weitergebracht. In die wirkliche Freiheit kam ich nur, weil ich mich der Knechtschaft des Todes ausgeliefert habe. Nicht Pilatus hat mich ausgeliefert an den Tod, er war nur der äußere Handlanger. Ich selbst habe mich hingegeben, weil ich wusste, dass nur so wahre Erlösung möglich ist. Ihr könnt euch nur ›lösen‹, wenn ihr durch die Knoten hindurchgeht, auch wenn es noch so schmerzhaft ist. Ich rate euch: Macht es freiwillig! Wartet nicht, bis euch Krankheiten oder andere schwere Schicksalsschläge dazu zwingen. Stellt euch dem Dunkel, nehmt es an, und ich verspreche euch, dass es sich in Licht und Fülle wandeln wird.«

Wo bitte geht's zum Himmel?

Diese Transformation, diese Wandlung, ist das tiefe Geheimnis und zugleich die wahrhaft frohe Botschaft unserer Religion. Die Glücksgefühle, die sich nach solchen Transformationsprozessen einstellen, haben eine ganz andere Qualität, Tiefe und Beständigkeit als die oberflächlichen *Fun-Erlebnisse*, die unser Zeitgeist uns schmackhaft machen möchte. An diesem Transformationspunkt in der Mitte des Kreuzes treffen sich Religion und moderne Psychotherapie. »Wo der Schmerz ist, ist der Weg«, würden Psychologen die Botschaft vom Kreuz und seiner Überwindung übersetzen. In den Tiefen des Nürnberger Hauptbahnhofes laufe ich oft an einer Werbung für ein Tattoo- und Piercingstudio vorbei: »Ja, es tut weh!«, steht da ehrlicherweise geschrieben. Diesem Schmerz scheinen sich gerade junge Leute immer wieder freiwillig auszusetzen. Auf meine Flyer zu Coaching- und Beratungsprozessen und zu meinen Familienaufstellungsseminaren könnte ich auch schreiben: »Ja, es tut weh!« Käme dann noch jemand? Ja, diejenigen, die über den Schmerz hinausdenken können, die sich vorstellen können, dass hinter dem Schmerz etwas auf sie wartet, wofür es sich lohnt, ihn zuzulassen und auszuhalten. Und zwar nicht, um dabei stehen zu bleiben und im Dauerschmerz zu versinken. Wir können nicht am Kreuz stehen bleiben und im Wehklagen verharren. Wie töricht wäre es, am leeren Grab auszuharren, statt sich dem Auferstandenen anzuschließen und sich von seinem Glanz und seiner Leichtigkeit erhellen und tragen zu lassen! Was wäre Maria für ein Vorbild, was könnte sie uns heute sagen, wenn sie den Rest ihres Lebens im Weinen um ihren toten Sohn verharrt hätte. Wie tröstlich ist das Bild von der »Aufnahme Mariens in den Himmel«, das sich wunderbar zeitgemäß feiern ließe, wenn wir seinen tiefen Sinn wieder verstehen und zulassen könnten: »Himmel« wird dann sein, wenn ich weitergehe nach Leid- und Schmerzerfahrungen, wenn ich nicht stehen bleibe, wenn ich aufhöre, mich allem, was an Gutem und Schönem noch kommen könnte, zu verschließen. »Himmel« wird dann sein, wenn es gelingt, das Leid zu integrieren und in ihm den Diamanten zu entdecken, den es, wie schmerzhaft das Erlebte auch war, in der Tiefe für mich birgt. »Himmel« wird dann sein, wenn ich Ja sagen kann zu erlittenem Mangel und Belastendem, das mir widerfuhr, und wenn ich erkenne, dass ich nicht *trotzdem* der oder die wurde, die ich bin, sondern genau *deshalb*. »Himmel« wird dann sein, wenn es mir irgendwann gelingt, mich voller Respekt und vielleicht sogar Ehrfurcht vor meinem Schicksal zu verneigen. »Himmel« wird dann sein, wenn die Grenzen zwischen gut und schlecht, zwischen dunkel und hell, zwischen warm und kalt sich allmählich auflösen und ich im tiefsten Dunkel schon den Goldstaub erahnen kann, der darin flimmert und daraus aufsteigen wird.

Diese Himmelserfahrungen können wir uns, trotz aller Auseinandersetzung und allen »Hinschauens«, nicht verdienen oder erarbeiten. Letztlich ist es Gnade, wenn diese Wandlungen gelingen dürfen und wir immer wieder neu und Stück für Stück mehr »in den Himmel aufgenommen« werden.

Damit wir uns richtig verstehen: Ich glorifiziere nicht etwa leidvolle Erfahrungen, und ich freue mich von Herzen für und mit Menschen, die etwas leichtfüßiger durchs Leben kommen als es manch anderem möglich ist. Aber *wenn* es denn leidvoll und anstrengend wird, dann ist es gut, sich dem zuzuwenden und sich damit auseinanderzusetzen. Dabei geht es mir auch nicht um eine »Sinnsuche«. Es gibt Menschen, denen sehr Belastendes widerfährt, und es wäre zynisch, ihnen von irgendeinem Sinn zu erzählen, den ihr Leiden hat. Ich denke, es geht darum, die Botschaft zu verstehen, die in dem Klumpen steckt, der mir vor die Füße geworfen wird, und das ist etwas anderes als die doch stets offen bleibende und letztlich in die Sackgasse führende Frage nach einem »Sinn«.

Ein etwas anderes Weihnachten

Ein Beispiel aus meinem Leben mag es verdeutlichen: Während der dreimonatigen Auszeit, von der ich erzählte, kristallisierte sich heraus, dass ich das belastende Arbeitsverhältnis, in dem ich feststeckte wie in einer Zwangsjacke, hinter mir lassen wollte. Ich schloss meine Projekte ab und tanzte dann förmlich aus dem Unternehmen hinaus. Meine Idee war, mich selbstständig zu machen, und ich hatte auch schon den ein oder anderen Vorbereitungskurs dafür absolviert. Was man nach so einer Entscheidung erlebt, wäre eine eigene Erzählung wert. Ich war damals Mitte 30 und alleinstehend und hatte eine zugegebenermaßen recht vage Idee von einer Selbstständigkeit im sozialen Bereich. Auch wenn das eigentliche Konzept für mein Unternehmen erst in den darauffolgenden Monaten reifte, so hatte ich doch eines: eine unbändige Sehnsucht danach, meine eigenen Wege zu gehen und meinen Ideenreichtum frei fließen zu lassen. In dieser Sehnsucht lag zugleich die Gewissheit, dass das gelingen würde und dass ich von meiner Arbeit würde leben können. Die Reaktionen in meinem Umfeld fielen höchst unterschiedlich aus, und neben Bestärkung und Ermutigung von Seiten der einen wurde ich zur Projektionsfläche der Ängste der anderen. Das gipfelte im entsetzten Ausruf einer damaligen Kollegin: »Du hast doch nicht mal einen Mann!« Stimmt, hatte ich nicht. Auch keinen reichen Papi im Hintergrund, der zur Not eingreifen und das leere Konto wieder auffüllen würde. Nichts dergleichen. Was ich aber hatte, war ein unerschütterliches Vertrauen. Vertrauen in mein Gefühl, meine innere Stimme, mein Selbst, das mich auf meinem Weg bestärkte und mir half, die Zweifler und Miesmacher an der Schwelle zu meinem Inneren abzuweisen. Es gelang mir, mich auf den Zuspruch derer zu konzentrieren, die mit mir spürten, dass ich auf dem richtigen, nämlich meinem Weg war. In den darauffolgenden Monaten liefen mir deutlich mehr konstruktive und inspirierende Menschen über den Weg als in den Jahren zuvor. Ich betete viel, überließ mich der inneren Führung, die ich aus diesen Gebeten heraus deutlich spürte, und in überraschend kurzer Zeit entstand das Konzept der »Mutmacherei«, mit der ich seither mein Berufsleben gestalte. Ein halbes Jahr lang bereitete ich die Unternehmensgründung vor, arbeitete ehrenamtlich in Projekten und Herzensanliegen mit, die später zu meinem Beruf und meiner Berufung werden sollten, und war voller Vorfreude auf meine Selbstständigkeit. Mitte Dezember 2005 ließ ich beim Ordnungsamt der Stadt Nürnberg mein Gewerbe eintragen; zum 1. Januar 2006 sollte der Startschuss für die »Mutmacherei Semmlinger«[36] fallen.

Den Rückweg von dieser Behörde werde ich immer im Gedächtnis haben: Ich trat aus dem Amt heraus mit meinem nagelneuen Gewerbeschein in der Hand, atmete glücklich und tief durch und dachte: »Jetzt kann es losgehen!« Genau in dem Moment fühlte ich mich plötzlich unendlich schwach und schlapp. Von jetzt auf gleich wich jede Energie aus mir, ich bekam Schüttelfrost, Gliederschmerzen, Halsschmerzen – die typischen Anzeichen einer ausgewachsenen Grippe. Das wäre bei einer sonst gesunden relativ jungen Frau kein Drama. Ich empfand es jedoch zumindest als sehr ungerecht, weil ich gerade durchstarten wollte und das jämmerliche Gefühl hatte, bei mir würden die Dinge überdurchschnittlich oft blöd laufen oder sich zumindest schwierig gestalten. Hätte ich gleich gewusst, welcher Weg vor mir lag, hätte ich vermutlich alles darangesetzt, meinem Schicksal auszuweichen. Die Grippe wuchs sich zu einer Lungenentzündung aus, die auf kein Antibiotikum ansprach, und zwei Tage vor Weihnachten sank ich fiebernd und erschöpft in die weichen weißen Kissen eines Krankenhausbetts. Das fühlte sich einerseits zwar übel an, weil ich so etwas wie Kapitulation im Kampf gegen den in mir wütenden Infekt spürte, zugleich aber war ich erleichtert, dass sich noch vor Weihnachten jemand um mich kümmerte. Schließlich wollte ich am 1. Januar topfit meine brandneuen Geschäfte aufnehmen!

So verlegte ich mich wieder aufs Beten und verbrachte in der Klinik eines der auf den ersten Blick trostlosesten, bei genauerem Hinspüren jedoch intensivsten Weihnachtsfeste meines Lebens. An Heiligabend wurden all diejenigen entlassen, die nicht gänzlich den Kopf unter dem Arm trugen. Leider gehörte ich zu den Letzteren, denn das Fieber wollte nicht weichen, und meine Lunge fühlte sich noch immer an, als stünde sie in Flammen. Mich an meinen Infusionsständer klammernd schaffte ich es, am Nachmittag in die hauseigene Christmette zu schlurfen, um mir wenigstens irgendeine tröstliche Weihnachtsbotschaft abzuholen. In dieser Stunde fiel ich noch tiefer: Ein trauriges Häuflein alter, schwerkranker Menschen krächzte ohne instrumentale Begleitung ein paar Weihnachtslieder vor sich hin – ich selbst machte die Erfahrung, dass man mit Lungenentzündung zum Gesang absolut nichts beitragen kann – und der uninspirierte betagte Priester vermittelte einem wahrlich nichts Tröstendes. Es war grauenhaft. Als ich an dem Abend erschöpft und elend in meinem einsamen Krankenzimmer lag, war ich über mich selbst und meine Gefühle überrascht: Ich weinte wie ein kleines Kind vor Einsamkeit und Sehnsucht nach einem Weihnachtsfest im Kreise lieber, vertrauter Menschen. Zugleich wurde mir bewusst: So romantisch, wie wir das Weihnachtsgeschehen gern feiern, war es vor 2000 Jahren nicht. Die ursprüngliche Weihnachtserfahrung war karg und erbärmlich, kalt und unwirtlich. Weit entfernt vom Frohlocken der Engel und noch viel weiter entfernt von Plätzchen, Glühwein und Geschenkerausch. Spät am Abend leuchtete mir die Nachtschwester mit ihrer Taschenlampe ins Gesicht und sah sich einem 37-jährigen Bündel Elend gegenüber, das still in seine Kissen schluchzte. Was dann kam, werde ich immer im Herzen bewahren: Voller Mitgefühl kündigte sie mir an, sie werde mir jetzt Plätzchen und Glühwein aus dem Stationszimmer holen. Als ich unter Tränen mit den Worten abwehrte »Das darf ich nicht. Ich bekomme doch ein Antibiotikum«, flüsterte sie nur: »Das ist jetzt egal, heute ist Weihnachten!« So brachte sie mir tatsächlich eine Tasse dampfenden Glühweins und dazu ein paar Weihnachtsplätzchen. Die Geste dieser Frau berührt mich noch heute. Instinktiv hatte sie erfasst, was ich brauchte, und machte mir mit der Regelübertretung, mit der Verletzung der für sie und mich geltenden Norm, eines der schönsten und wohltuendsten Weihnachtsgeschenke, das ich je erhalten hatte. Durch dieses kleine Geheimnis, das sie für uns aus dem Schwesternkittel zauberte, nahm sie den Schleier der Einsamkeit von mir und stiftete für mich das, was mir in dieser Nacht so sehr gefehlt hatte: das Gefühl der Zugehörigkeit, des Eingebundenseins und vor allem mütterlicher Zuwendung. Diese Frau war mein personifizierter Weihnachtsengel.[37] Zwei Erkenntnisse aus dieser Begegnung sind für mich besonders bedeutsam: Zum einen war es im tiefsten Schmerz, in Einsamkeit und Leid, wo ich eine so wertvolle Weihnachtserfahrung machen durfte. Auf einmal war mir klar, was es bedeutet, dass Jesus in die Welt kam und menschliche Gestalt annahm. Plötzlich war mir klar, wie und wo überall Weihnachten werden kann, wenn wir es nur zulassen und hinter all dem Glitzer, Glimmer und Konsumwahn wieder die wahre Botschaft und den eigentlichen Sinn zum Vorschein kommen lassen. Mit einem Mal erkannte ich: Dieses Weihnachtserlebnis ändert für mich alles, weil ich mindestens einmal in meinem Leben erfahren habe, was Weihnachtsfreude wirklich bedeutet. Ich habe danach einige Heiligabende sehr bewusst allein verbracht, und von außen betrachtet mag das Szenario einsam und bedauernswert erschienen sein. Das Gegenteil war der Fall! Ich genieße seither jedes Weihnachtsfest, das ich gesund und eigenständig selbst gestalten darf und das mich in meine Tiefe und in ein inneres Weihnachtsgeschehen führt, statt in den äußeren Rummel und die gnadenlos an der Oberfläche bleibende Pseudobesinnlichkeit. Wie dankbar bin ich, dass ich dieses triste Weihnachtsfest erleben durfte!

Zum andern lehrt mich das Geschenk dieser Krankenschwester: »Höre auf dein Gefühl, wenn du im Kontakt mit deinem Nächsten bist! Sprenge für ihn die Ketten von Vorschriften, Normen und Anweisungen! Schau ihm in die Augen, verbinde dich mit ihm, öffne dein Herz und lasse den Gedanken, den Impuls in dich einströmen, der diesem Menschen in genau dieser Situation weiterhilft und ihm guttut.« Ich weiß nicht, ob das in der zusehends mehr am Profit orientierten Maschinerie der Krankenhäuser überhaupt noch möglich ist. Ein solcher Regelverstoß und vor allem die dafür aufgebrachte Zeit wäre heute wohl mit dem Krankenhausbetrieb nicht vereinbar. Das Gesundheitssystem, wenn man es noch so nennen kann, driftet zusehends ab in eine ungesunde und lebensbedrohliche Ökonomisierung. Der oder die Einzelne, die innerhalb dieses Systems gegen den Strom schwimmt, wird bestenfalls eine Zeitlang geduldet, oft erfahren diese Kräfte aber auch scharfe Repressalien. Ich kann nur jedem Patienten wünschen, dass ihm – in welcher Gestalt und Form auch immer – solch ein Engel geschickt wird. Ich selbst genieße den Luxus, außerhalb jedes institutionellen Systems zu stehen und selbst entscheiden zu dürfen, wie viel Zeit, Mitgefühl und Zeichen ich für die Menschen, die mir begegnen, aufbringe. Diese Krankenschwester von damals weist mir bis heute den Weg wie der Stern von Bethlehem.

So bedeutend und in gewisser Weise heilsam dieses Weihnachtserlebnis für mich war, so schmerzhaft ging es danach mit mir als Patientin weiter. Die Lungenentzündung stellte sich nicht als Haupterkrankung heraus, sondern als Symptom, das auf etwas Tieferliegendes verwies: auf eine »Raumforderung«, wie es zunächst vorsichtig neutral formuliert hieß. Im Klartext bedeutete das: In meinem rechten Lungenflügel gab es etwas, was sich dort breitmachte und die Bronchien verschloss. Im besten Fall eine Gefäßausbuchtung, im schlimmeren Fall ein Tumor und im allerschlimmsten Fall ein bösartiger Tumor. Am Silvestertag wurde ich schließlich mit der Diagnose »Es ist leider kein Gefäß« vorübergehend nach Hause entlassen. Weitere Klarheit hinsichtlich der Beschaffenheit des Tumors konnten nur spezielle Untersuchungen in der Uniklinik Erlangen bringen. Den 1. Januar und damit den ersten Tag der »Mutmacherei Semmlinger« werde ich nie vergessen: Ich verbrachte ihn von früh bis spät weinend auf dem Sofa – welche Ironie des Schicksals!

Wenn's ganz dick kommt: Bewusstsein auf Wanderschaft

Zwei Wochen später rückte ich in Erlangen ein und ließ sehr anstrengende Untersuchungen über mich ergehen. Die Angstatmosphäre in einem universitären Massenbetrieb zu beschreiben, erspare ich uns. Wieder war ich dankbar dafür, dass es mir schon eine Zeit vorher psychisch so schlecht gegangen war, dass ich keine andere Wahl hatte, als psychotherapeutische Hilfe in Anspruch zu nehmen. Im Rahmen dieser Therapie, die ich als eines der größten Geschenke meines Lebens empfinde, hatte ich das Konzept vom »Sicheren Ort« eingeübt. Dieses Hilfsmittel kann ich wärmstens empfehlen, weil es einen ein Stück weit unabhängig von äußeren Umständen macht. Verkürzt gesagt funktioniert es so: Man versetzt sich geistig an einen Ort, an dem man sich absolut in Sicherheit fühlt. Wichtig dabei ist, dass man nicht nur daran denkt, sondern sich mit allen Sinnen hineinversetzt: Wie riecht es dort? Wie ist die Temperatur? Ist es hell oder dunkel? Liege oder sitze ich? Und was sonst noch dazu gehört, um sich ganz in eine Begebenheit hineinzuspüren. Mein ursprünglicher »Sicherer Ort« war eine Sauna, und unter der fachkundigen Anleitung meines Therapeuten gelang es mir bald, mich in den unmöglichsten Situationen in die entspannende Saunaatmosphäre einzufühlen. Sie vermittelte mir Wärme und Geborgenheit sowie das gute Gefühl, endlich einmal in Ruhe gelassen zu werden. Im Lauf der Zeit verwandelte sich dieser Ort, und je mehr ich zu meinem Glauben zurückfand, desto klarer wurde das innere Bild: Es ist die Hand Gottes, in die ich mich hineinkuscheln kann und die mich trägt und hält, was auch immer kommen mag. Wohl der Patientin im Klinikbetrieb, die vorher gelernt hat, sich an einen guten und für sie passenden Ort zu imaginieren! Vieles, was ich während dieser Krankenhausaufenthalte erleben musste, war demütigend und verletzend. Wahrscheinlich müsste man jedem Patienten nach der Entlassung einen Traumatherapeuten zur Seite stellen, der mit ihm diese ganzen Verletzungen bearbeitet, sodass Heilung auch auf anderen Ebenen geschehen kann. Da das unrealistisch ist, können wenigstens psychoimaginative Verfahren wie das von mir beschriebene dazu beitragen, schlimmere seelische Schäden zu vermeiden. Fachärzte, die sich der Heilung des Körpers verschrieben haben, scheinen im Lauf ihres Studiums von solchen Schutzmaßnahmen für ihre Patienten allerdings nichts erfahren zu haben. Bei einer der Untersuchungen thematisierte ich es: Mir wurde bei vollem Bewusstsein ein Katheter in die Armvene eingeführt und bis in die Lunge geschoben, um mittels Kontrastmittel herauszufinden, ob es sich um ein Gefäß handelte, das sich entsprechend mit dem Mittel füllen würde, oder aber um eine Geschwulst. Zwischendurch fragte mich der untersuchende Arzt immerhin: »Geht's?« Woraufhin ich antwortete: »Ja, ich bin an einem sicheren Ort.« »Wie, ›sicherer Ort‹?«, fragte er verständnislos. Ich erklärte es ihm, und die Fragezeichen in seinem Blick und in dem der Kollegin an seiner Seite wurden nicht kleiner. Also beendete ich das Thema mit einem Wunsch: »Für den Fall, dass Ihnen jemals jemand in wachem Zustand in der Lunge herumstochert, wünsche ich Ihnen auch, dass Sie mit Ihrem Bewusstsein woanders sein können.« Es kam keine Antwort mehr, und ich hatte das Gefühl, den beiden, die von außen betrachtet eindeutig in der besseren Position waren, etwas sehr Wertvolles vorauszuhaben, das mir keiner nehmen kann.

Seit diesen Erlebnissen habe ich zwar kaum Angst vor dem Tod, wohl aber davor, vorher einem unmenschlichen Gesundheitssystem ausgeliefert zu sein und grausame Erfahrungen von Gedanken- und Lieblosigkeit machen zu müssen. Dabei verurteile ich nicht »die Schulmedizin«, wie es oft heißt. Vieles, was sie vermag, ist ein Segen für die Menschheit, und ich selbst weiß nicht, ob ich diese und vorhergehende Erkrankungen ohne kompetente Mediziner überlebt hätte. Ich verurteile jedoch, was aus diesem eigentlich klugen und hilfreichen System gemacht wurde. Allmachts- und Ausschließlichkeitsanspruch, Arroganz und Lieblosigkeit, unternehmerisches Kalkül und Profitgier – das sind die Auswüchse, die mich ängstigen, nicht nur für mich, sondern für jeden Menschen, der auf medizinische Hilfe und Versorgung angewiesen ist.

Begegnung am archimedischen Punkt

Was für ein Glück, dass es innerhalb dieses abgedrehten Systems noch Perlen gibt, die anders »ticken« und bei denen wirklich der Patient und dessen Wohlergehen im Vordergrund stehen. Auf genau so jemanden durfte ich mit meiner Lungenerkrankung stoßen. Die Untersuchungen in Erlangen hatten kein gutes Ergebnis gebracht: Der Tumor in meiner Lunge war fest mit dem Lungengewebe verwachsen und erwies sich als »nicht gutartig«. Dieses Ergebnis erfuhr ich, als ich nach dem Aufenthalt in der Uniklinik wieder zuhause war; die Nachricht erreichte mich telefonisch. Am selben Tag brachte mir meine Schwester meine druckfrischen Visitenkarten der »Mutmacherei« vorbei. Wie sehr hatte ich auf diesen Moment »hingefiebert« – leider im wahrsten Sinne des Wortes. Als die Päckchen mit den liebevoll gestalteten Karten nun vor mir lagen, war mein einziger Kommentar: »Die könnt ihr gleich als Sterbebilder verwenden.« Genauso fühlte es sich an: Leid statt Freude, Ende statt Anfang, *es ist vorbei* statt *jetzt geht's los!* Während der nächsten Wochen brauchte ich allen Mut für mich selbst und meinen eigenen Weg; Mutmacherin für andere zu sein, daran war vorläufig nicht zu denken. Von schulmedizinischer Seite stand sofort fest, dass eine Operation anstünde, der damalige Hausarzt hatte schon die Einweisung in die nahegelegene Klinik vorbereitet, in der ich das Weihnachtsfest verbracht hatte. Ich betete und betete, und mein Gefühl, das für mich in diesen leidvollen Wochen besonders deutlich mit der Stimme Gottes gleichzusetzen war, sagte mir: *Stopp, langsam!* Gott sei Dank hatte ich kein aggressives Bronchialkarzinom, bei dem Eile geboten ist. Vielmehr war es ein sehr langsam wachsendes Karzinoid, das, wie sich herausstellte, schon länger in meiner Lunge wohnte. Also einen Gang runterschalten und trotz aller Angst und Verzweiflung mit Bedacht die nächsten Schritte wählen! Das ist nicht einfach, wenn man von außen noch verrückter gemacht wird, als man es in dieser Situation ohnehin schon ist. Geholfen haben mir dabei mein Glaube und eine Handvoll ebenfalls gut verwurzelter Menschen, die mit mir verschiedene Handlungsalternativen ausgelotet haben. Nach meiner Entscheidung für die Operation suchte ich ausgiebig nach einem erfahrenen Lungenchirurgen. Warum sollte ich, wie von meinem damaligen Hausarzt empfohlen, mit dem Problem dieses lebensnotwendigen Organs ins nächstbeste Krankenhaus gehen und mich von einem Chirurgen operieren lassen, dem bestenfalls alle paar Jahre eine Lunge unters Messer kommt? Mein Weg führte mich ins Klinikum unserer Nachbarstadt Fürth und zum dortigen chirurgischen Chefarzt.[38] Die Begegnung mit diesem Mann war eines meiner Schlüsselerlebnisse auf dem Leidensweg. Er beschönigte nichts, als er meine Befunde sah, sondern stellte mit Klarheit und Autorität, dabei dennoch liebevoll zugewandt fest: »Das Ding muss raus und dabei zwangsläufig der ganze Unterlappen.« Der halbe Lungenflügel also, was für ein Schlag! Und doch saß ich diesem Mann gegenüber und war erfüllt von einem spürbaren Vertrauen, das im Verlauf des Gesprächs stetig wuchs. Das begann schon, als er auf meine Frage, ob er mich als Kassenpatientin überhaupt operieren würde, prompt antwortete: »Ich operiere Menschen, keine Kassen- oder Privatpatienten.« Wow! Als es dann um den Termin ging und er mit seinem Vorschlag ausgerechnet den Tag vor meinem Geburtstag erwischte, reagierte er auf mein Zögern sofort mit Verständnis: »Ein paar Tage können wir die OP auch nach hinten schieben.« Ich entschloss mich dann zwar doch für den Tag vor meinem Geburtstag, weil ich die Vorstellung dieses Neuanfangs bei weitem besser fand als die Aussicht auf eine »Feier«, bei der mir angesichts des Bevorstehenden jeder Bissen und erst recht das Lachen im Halse stecken bleiben würde. Aber ich fand es sehr wohltuend, dass dieser Mann Verständnis gehabt hätte, wenn ich nicht ausgerechnet meinen Geburtstag im Krankenhaus hätte verbringen wollen. Das ist es, was letztlich eine gute Heiler-Patient-Beziehung ausmacht: Verständnis für und Einfühlungsvermögen in den *ganzen* Menschen, nicht nur Interesse für das betreffende Organ oder sonstige Körperteil. Als schon alles Notwendige besprochen war, geriet das Gespräch auf eine Ebene, die mir den letzten Zweifel, ob ich hier richtig war, nahm: Ich versuchte, tapfer zu sein, und erwähnte, ich weiß nicht mehr genau, in welchem Zusammenhang und woher ich den Mut nahm, dass ich an Gott glaube und darauf vertraue, dass er mich durch diese Zeit begleitet. Woraufhin der Chirurg zu meiner Überraschung sinngemäß meinte: »Da haben wir etwas gemeinsam. Ich glaube auch an Gott und weiß, dass ich im OP absolut nicht die letzte Instanz bin.« Daraufhin fasste er an der Brust unter seinen Chefarztkittel, zog ein goldenes Kreuzchen hervor und bekannte, dass er nie ohne dieses Zeichen operiere und, wenn er die Kette morgens doch einmal vergessen sollte, sogar noch einmal umkehrte, um sie zu holen. Ab diesem Zeitpunkt wusste ich, dass Gott es war, der mich dorthin geführt hatte, und dass alles andere an dieser wahrlich nicht zur Luxusklasse gehörenden Klinik nebensächlich war. Die Innigkeit, fast möchte ich sagen, Intimität dieses Gesprächsmoments, in dem wir uns in unserem Glauben, ja, letztlich in Gott selbst, begegneten, war einer der entscheidenden Knackpunkte auf meinem Weg zur Heilung. Natürlich kam hinzu, dass der Mann ein hervorragender Operateur ist, der mir im Vorfeld voller Selbstvertrauen versprach, mir keine Rippen zu brechen und sogar die Naht so zu setzen, dass ich mich im Bikini noch würde sehen lassen können. Aber das alles war in dem Moment und in den Wochen danach nicht das Entscheidende für meine Seele. Wesentlich war dieser archimedische Punkt, an dem wir uns begegnet waren: Dieser Punkt außerhalb des Universums, von dem aus sich die Welt aus den Angeln heben lässt. Es ist der Punkt, den mein Operateur und ich Gott nennen.

Schräge Gestalten am Rande des Kreuzwegs

Das Wissen um diesen gemeinsamen Ankerpunkt war für mich zentral, um mich während der darauffolgenden Wochen immer wieder zu erinnern, weshalb ich mich für dieses Krankenhaus entschieden hatte. Es erwarteten mich schreckliche Erlebnisse, und ich konnte mich immer wieder aufs Neue nur fragen, woher die Gefühllosigkeit des Klinikpersonals kam. Besonders zermürbend fand ich die vielen Bilder, mit denen mir Angst gemacht wurde, vom Typ »In Ihnen tickt eine Zeitbombe«. Unglaublich aber wahr: Eines der mit solchen Bildern vor meinem geistigen Auge aufgebauten Horrorszenarien durfte ich erst vor kurzem loslassen. Im Vorfeld der Operation wurden allerhand Untersuchungen durchgeführt, von denen einer der damaligen leitenden Radiologen eine mit den Worten kommentierte: »Das machen wir, um herauszufinden, wie viel die da oben von Ihrer Lunge wegnehmen können, ehe Sie am Sauerstoffgerät hängen.« Danach hatte ich zehn Jahre lang jedes Mal, wenn ich unterwegs jemanden mit Schlauch in der Nase und Sauerstoffflasche im Rucksack laufen sah, den Angstgedanken: »O Gott, wenn jemals wieder etwas mit der mir noch verbliebenen Lunge sein sollte, blüht mir das auch!« Ich konnte den Gedanken nicht loswerden, bis ich frontal damit konfrontiert wurde: Ein Teilnehmer an einem Seminar, das ich mit meinem Mann zusammen besuchte, war in eben dieser Situation; das regelmäßige *Mitatmen* des Sauerstoffgeräts war im Gruppenraum unüberhörbar. Erst setzte ich alles daran, wegzuschauen und wegzuhören, bis der ältere Herr mir beim Mittagessen schließlich auch noch gegenübersaß. Deutlicher kann das Leben nicht sagen: »Schau hin!« Also fügte ich mich und erhielt einmal mehr die Bestätigung, dass Ängste sich auflösen, wenn wir uns mit ihnen auseinandersetzen, statt die Augen davor zu verschließen. Dieser Mann hatte nämlich eine faszinierende Ausstrahlung, und wir führten ein so großartiges Gespräch über sein umweltpolitisches Engagement, dass mir wie Schuppen von den Augen fiel: Es ist nicht das Ende der Welt, mit Sauerstoffgerät durchs Leben zu gehen! Selbst wenn mir das eines Tages widerfahren sollte, kann ich noch immer das tun, was mir so wichtig ist: tiefe Gespräche mit Menschen führen, teilhaben an einem erfüllten gesellschaftlichen Leben, mich in den mir wichtigen Bezügen engagieren. Das Leben hatte mir eine homöopathische Lehre erteilt: Ähnliches mit Ähnlichem heilen ist das Wirkprinzip der Homöopathie. Ich bin dankbar für diese Begegnung und dafür, dass wieder ein verängstigtes Stück in mir heilen durfte.[39]

Aber: War der Schaden überhaupt nötig gewesen? Musste ich diese völlig verzichtbare Zusatzinformation bekommen und ein Jahrzehnt lang mit dem daraus resultierenden Bild in meinem Kopf kämpfen? Ich denke, dieser Arzt wollte mir sogar etwas Gutes tun, indem er mir den Grund für die Untersuchung offenbarte. Wo aber ist das Einfühlungsvermögen in einen Menschen, dessen Knie vor Angst schlottern? Er hatte es offenbar im Lauf seiner Medizinerkarriere verloren, anders lassen sich auch die sonstigen Entgleisungen nicht erklären. Manches motivierte mich und stachelte mich an. So führte seine am Tag vor meiner Operation getroffene Prognose »Da ist dann nicht mehr viel drin mit sportlichen Aktivitäten« dazu, dass ich acht Wochen später die Zähne zusammenbiss, meine rechte Brust unter dem Oberarm festklemmte, damit der Schmerz nachließ, und wieder anfing zu joggen. Die erste Strecke belief sich auf ungefähr dreihundert Meter, und ich schnaufte wie eine altertümliche Dampflok. Drei Jahre später lief ich in Fürth bei einem großen Stadtlauf die Halbmarathondistanz mit, schnappte mir hinter dem Zieleinlauf das Mikrofon und ermutigte alle Menschen mit Handicap oder chronischer Erkrankung, üble Prognosen von Ärzten kurzerhand in den Wind zu schießen und diejenigen, die sie ausgesprochen hatten, gedanklich auf den Mond.

Mag sein, dass mich diese ärztliche Sportprognose beflügelte und mir damit letztlich zum Guten gereichte, für den dritten Hammer, mit dem dieser Mann mich niederknüppelte, gibt es meiner Meinung nach überhaupt keine Rechtfertigung: Bei einer langwierigen und für mich angstbehafteten nuklearmedizinischen Untersuchung, die ich nach der Operation über mich ergehen lassen musste, lag ich festgebunden und mit all den Schläuchen und Drainagen in einem jämmerlichen Zustand auf dem Röntgentisch. Der Nuklearmediziner kam herein und begrüßte mich mit den Worten: »So liebe ich die Frauen: in dieser wehrlosen Haltung!« Es sollte wohl ein Witz sein, und vielleicht übertünchte er damit sein eigenes Unbehagen im Hinblick auf die bevorstehende Untersuchung und den befürchteten neuerlichen Befund. Wahrscheinlich gewöhnt man sich auch als Arzt nie daran, einer Frau mit Mitte 30 schlimme Befunde eröffnen zu müssen – es kam nicht so, aber vor der Untersuchung hing die Befürchtung greifbar im Raum –, und so klang der Witz einfach nur schrill und unpassend. Ich kann mir vielerlei Verhaltensweisen erklären, mir leuchtet ein, woher sie rühren und wie sie zustande kommen. Ich kann Verständnis für den Menschen als solchen haben, sein Verhalten entschuldigen kann ich jedoch nicht. Ich denke, wenn ich als Arzt oder in einem anderen helfenden Beruf merke, dass mich das, was ich tue, emotional so belastet, dass ich mich permanent hinter einer pseudowitzigen Fassade verstecken muss, um es aushalten zu können, dann ist es an der Zeit, mir entweder selbst Hilfe zu holen oder meinen Job an den Nagel zu hängen. Oder beides.

Wo aber Gefahr wächst ...

Der Radiologe war in der Klinik leider kein Einzelfall; ich erlebte unsägliche Lieb- und Gedankenlosigkeiten bei mir und bei Mitpatienten. »Wo aber Gefahr wächst, wächst das Rettende auch«, schreibt Friedrich Hölderlin. Je schlimmer die Situation wurde, desto spürbarer und unverkennbarer wurde das Eingreifen Gottes. Ich hatte die Operation überstanden und erlebte die bunte »Happy Birthday«-Girlande, die eine Freundin quer über mein Krankenhausbett gespannt hatte, in einer besonderen und tiefen Qualität. Der 1. März 2006, der Tag nach der Operation, war in doppeltem Sinn ein Geburtstag. Von nun an, so dachte ich, könnte es nur noch aufwärtsgehen, in ein paar Tagen würde sich meine nun dezimierte Lunge wieder auffalten, sodass ich den Schlauch nebst Kasten, an dem ich hing, um den Unterdruck in meiner Lunge aufrechtzuerhalten, bald los sein würde. Im Vierbettzimmer mit drei anderen krebskranken Frauen tröstete ich mich damit, dass ich den schönsten Fensterplatz hatte und von da aus in aller Ruhe das Schneegestöber beobachten konnte, mit dem der März Einzug gehalten hatte. Das sichere Wissen, draußen zumindest nicht den Frühling zu verpassen, beruhigte mich. Doch mein schöner Platz und mit ihm der schwache Trost wurden mir nicht lange gegönnt. Von jetzt auf gleich hieß es, wir würden auf andere Zimmer verteilt, weil dieses Zimmer für Männer gebraucht würde. An diesem Punkt haderte ich wirklich mit Gott: Nicht genug, dass sich meine Lunge nicht so entfaltete, wie es von ihr an diesem Tag X nach der Operation erwartet wurde, und dass ich noch immer mit Schläuchen und Ungewissheit die meiste Zeit im Bett an der Druckluftzufuhr festhing. Jetzt wurde mir das, woran ich mich erfreute, nämlich mein schöner Fensterplatz und die Zimmergenossinnen, mit denen ich mich ganz gut verstand und ab und an sogar Spaß hatte, auch noch genommen. Ich schwankte zwischen Wut, Bitterkeit und Verzweiflung. Alles schien mir schlecht zu sein: das andere Zimmer, die neuen Mitpatientinnen und vor allem der Platz neben der Tür mit einer neuen Perspektive nach draußen, die ich mir quer durch das Zimmer hindurch suchen musste. Ich hatte den Eindruck, alles habe sich gegen mich verschworen, und ich würde unentwegt nur den Schwarzen Peter ziehen. Ob ich an dem Tag überhaupt betete? Ich weiß es nicht mehr. Falls ja, dann waren meine Gebete nicht sehr fromm, dessen bin ich mir sicher.

Tags darauf sollte ich erfahren, wie gut Gott für mich gesorgt hatte: Überraschend holte mich eine Ärztin ins gegenüberliegende Arztzimmer, wo mich mein Operateur mit sorgenvollem Gesicht erwartete. Die Atmosphäre und das »Setting«, wie man neudeutsch sagen würde, ließen in mir sämtliche Alarmglocken schrillen. Aus gutem Grund: Standardmäßig werden bei so einer Operation bestimmte Lymphknoten entfernt, und der Befund hatte ergeben, dass ein Teil von ihnen Metastasen enthalten hatte. Der Tumor, mein »Alfred«, wie ich ihn getauft hatte, um mich mit ihm ins Benehmen zu setzen und ihn zum sofortigen Auszug aus meinem Körper aufzufordern, hatte also gestreut. Was man mir nach der Eröffnung dieser Nachricht noch erklärte, erreichte mich nur bruchstückhaft und durch eine dichte Nebelwand: »... weitere Behandlung unklar ... höchst seltene Tumorart – Besprechung in der ›Tumorkonferenz‹ – möglicherweise Verlegung in Weimarer Spezialklinik ...« So ähnlich stelle ich mir das Empfinden vor, während man im Boxkampf nochmals richtig eine übergebraten bekommt, wenn man sowieso schon taumelt, und schließlich völlig am Ende in den Seilen hängt, bereit, sich auszählen zu lassen: »One ... two ... three ...«. Betäubt schlich ich aus dem Arztzimmer, »four ... five ... six«, und erreichte mit Mühe mein Bett am ungeliebten Wandplatz »seven ... eight ...«, wo ich mich auf den Bettrand sinken ließ. Wer oder was im Zimmer um mich herum los war, konnte ich nicht wahrnehmen. Ich wartete auf die letzten zwei Ansagen des Ringrichters, um endgültig zu Boden zu gehen. Da fiel mein Blick über den Raum hinweg durch das weit entfernt gelegene Fenster hinaus in die Ferne – und fand völlig unerwartet Halt: im schmiedeeisernen Kreuz eines Kirchturms, auf den ich von meiner neuen Bettposition aus schaute! Plötzlich wusste ich: Die Zimmerverlegungsaktion, über die ich so geflucht hatte, war alles andere als eine Schikane, um mich noch mehr zu zermürben. Es war genau das Gegenteil! Ich lag in einem städtischen Krankenhaus, und in den Zimmern gab es keine Kreuze. Doch selbst wenn eines an der Wand gehangen hätte, hätte es mich in diesem Moment tiefer Verzweiflung sicher nicht so erreicht wie dieser völlig neue Blickwinkel. In meinem Hadern mit dem Herumgeschobenwerden war mir der Kirchturm vorher nicht aufgefallen. Nun aber schien das Kreuz am Horizont direkt zu mir zu sprechen: »Richte jetzt unbeirrt den Blick auf mich! Fokussiere dich ganz auf mich, konzentriere dich nur noch auf deine Ausrichtung!« Durch das Kreuz hindurch schickte Gott mir seine liebevollste Umarmung: »Schau, wie ich in der Not für dich sorge! Ich rufe mich selbst bei dir in Erinnerung, um dir zu zeigen, dass ich bei dir bin und dich hindurchtrage durch alles, was jetzt vor dir liegt. Hab Vertrauen, ich gehe mit dir.«

Diese Gotteserfahrung in der größten Angst und der dunkelsten Nacht gehört mit zu den tröstlichsten Erlebnissen, die mir je zuteilwurden. Ich hatte in der Zeit danach wunderbare Helfer*innen. Menschen, die für mich da waren und sich mit ihren unterschiedlichen Gaben als wahre »Nothelfer« engagierten: von täglichen Besuchen über Ausdrucke aller im Internet auffindbaren Informationen zur Behandlung meiner Art von Tumor bis hin zu den sündhaft teuren Anrufen meiner damaligen Homöopathin[40], die sich zu dem Zeitpunkt zur Fortbildung in Belgien aufhielt und der es schlicht egal war, wie teuer die Handytelefonate zu mir in die Klinik für sie wurden. Das liebevolle Eingebundensein trug, davon bin ich überzeugt, maßgeblich zu meiner Heilung bei. Besonders tiefgreifend aber empfand ich die spirituelle Dimension, die viel präsenter war als jemals in einem gesunden, »normalen« Alltag. Von jetzt auf gleich war bei mir nichts mehr normal. Zu den Ängsten, die wohl jeden Betroffenen bei so einer Krebserkrankung ereilen, kamen die wirtschaftlichen Sorgen. Ich hatte soeben sehenden Auges einen sicheren, dem öffentlichen Dienst ähnlichen und für den sozialen Bereich verhältnismäßig vernünftig bezahlten Job nebst komfortabler Lohnfortzahlung im Krankheitsfall an den Nagel gehängt. Nach bestem Wissen und Gewissen hatte ich alles gut vorbereitet und dann freudig den Sprung in die Selbstständigkeit gewagt. Nun hatte ich nicht die leiseste Ahnung, wann ich jemals wieder würde arbeiten können, gesetzt den Fall, ich überlebte all dies überhaupt. Wären die Aufgabengebiete, die ich mir erschlossen hatte, noch da? Würde ich überhaupt wieder leistungsfähig werden und nahtlos an den geplanten Vorhaben anknüpfen können? Und immer wieder der quälende Gedanke: Hatte ich mich komplett verlaufen und bekam jetzt die »Quittung« für mein Ausbrechen aus dem mir allzu eng erschienenen Korsett der Festanstellung? Hatte meine innere Stimme mich in die Irre geführt? Hatte ich Gott falsch verstanden?

Weitergehen mit Blick auf das Kreuz

Dank der Menschen, die mit mir und für mich beteten, gelang es mir, den Blick immer wieder auf das Kreuz zu richten und jeden Tag aufs Neue wieder ins Vertrauen zu kommen. Schritt für Schritt hangelte ich mich weiter: Jeder Quadratzentimeter meines Körpers wurde untersucht, und es fanden sich keine weiteren Metastasen. Die Tumorkonferenz kam zu dem Schluss, dass »meine« Tumorart sowieso weder auf Bestrahlung noch auf Chemotherapie reagieren würde und man deshalb vorerst auf solch eine Behandlung verzichten könne.

In wirtschaftlicher Hinsicht tröstete ich mich mit dem Gedanken an den Existenzgründerzuschuss, den ich sechs Monate lang erhalten würde. Mein ursprünglicher Plan hatte vorgesehen, durch meine Arbeit von Anfang an so viel einzunehmen, dass ich diese Starthilfe für schlechte Zeiten auf die Seite hätte legen können. »Dann fange ich eben mit den schlechten Zeiten an!«, war ich schließlich in der Lage zu denken. Bei allem fixierte ich das Kreuz und hörte auf meine innere Stimme. Dadurch gelang es mir, die Zuversicht wiederzugewinnen und auch die vielen Minitraumatisierungen, die mir im Klinikbetrieb zugefügt wurden, einigermaßen zu verschmerzen. Es braucht schon eine gut gepolsterte Schutzhülle, wenn zwei Tage nach dem Metastasenbefund plötzlich eine freundliche Dame am Bett steht, die sich als Mitarbeiterin des Hospizvereins vorstellt und einem mit freudiger Stimme und stolzgeschwellter Brust mitteilt, sie würde einen von nun an bis ans Lebensende begleiten. Im »Normalbetrieb« bin ich nicht auf den Mund gefallen, aber in meiner damaligen Lage gelang es mir nur noch, sie des Zimmers zu verweisen, ehe ich weinend zusammenbrach. Im Nachhinein stellte sich heraus, dass eine wohlmeinende Pflegekraft mir die Dame vom Hospizverein geschickt und es »nur gut gemeint« hatte. Mit dem Gedanken verbrachte ich diese Wochen: »Gut gemeint – aber voll daneben!«

Abgesehen von meinem mich begleitenden privaten und beginnenden unternehmerischen Umfeld gab es noch jemanden, der mich nicht enttäuschte: mein Operateur, Prof. Rupprecht. Auch für jenen Moment werde ich ihm immer dankbar sein: Ich komme von der angstbesetzten stundenlangen Metastasensuchaktion zurück auf die Station und begegne ihm im Flur. Strahlend und mit Tränen der Erleichterung in den Augen rufe ich: »Da war nichts weiter! Die haben nichts gefunden!« Und er kommt auf mich zu, drückt mich fest und sagt, offenkundig genauso erleichtert wie ich, mit Blick zum Himmel: »Na, da hat aber jemand mitgeholfen!« Ich glaube nicht, dass religiöse Menschen immer die besseren oder mitfühlenderen sind. Allzu oft wurde ich gerade im kirchlichen Umfeld eines Besseren belehrt. Im Fall dieses Menschen jedoch war es so: Aus seiner Haltung, seinem ganzen Auftreten und Handeln sprachen Demut und Bescheidenheit, die ihn trotz seiner äußeren hochgestellten Position innerlich an einem Platz bleiben ließen, von dem aus er seinem Gegenüber geradewegs in die Augen und von da aus ins Herz blickte. Das Vertrauen in einen Arzt, der diese Haltung einnahm und mich aus seinem Verwurzeltsein heraus betrachtete und behandelte, trug maßgeblich zu meiner Heilung bei, und ich bin dafür sehr dankbar.

Ein evangelischer Pfarrer sagte einmal mit Blick auf einen seiner Kollegen, der auf der kirchlichen Karriereleiter beachtlich aufgestiegen und anschließend kaum wiederzuerkennen war: »Der Stuhl prägt den Arsch.« Abgesehen davon, dass ich solcherlei Ausspruch von einem Kirchenmann ziemlich amüsant fand, dachte ich lange über den Wahrheitsgehalt nach. Ich glaube, es müsste heißen: »Der Stuhl bringt den Arsch ans Licht.« Mit Macht und Einfluss können Menschen nur dann umgehen, wenn sie ihre Schatten bearbeitet und sich dem Dunkel der eigenen Seele zugewandt haben. Wenn ich in der Lage bin, mich selbst zu beobachten und meine Gedanken, Gefühle und Reaktionsmuster wahrzunehmen und kritisch zu reflektieren, kann ich anderen Menschen in ihrer Eigenheit und Einzigartigkeit respektvoll, ja, liebevoll begegnen. Natürlich ist das ein hehrer Anspruch, und jeder, der sich auf den Weg macht, sich selbst auf die Schliche zu kommen, wird zwischendurch immer wieder straucheln oder stecken bleiben. Aber jede und jeder, die oder der ernsthaft mit sich selbst und den Dämonen, die in jedem von uns stecken, ringt, wird Stück für Stück anderen Menschen gegenüber milder, sanfter und verständnisvoller einerseits, jedoch auch klarer im Aufzeigen von Grenzen andererseits.

Ich glaube, uns als Gesellschaft nutzt es überhaupt nichts, unsere Jugendlichen schneller durch Schule und Ausbildung zu schleusen, um sie dann möglichst jung ins Arbeitsleben hinein- und die Karriereleiter hinaufstolpern zu lassen. Wem ist damit gedient, unreife Personen statt echte Persönlichkeiten als Vorgesetzte oder »Führungskräfte« zu haben? »Persona« bedeutet »Maske« und in der Tat erscheinen Jungspunde in zu großen Businessanzügen und -kostümen mit ihren dreizeiligen Titeln auf edel geprägten Visitenkarten oft mehr wie verkleidete Jungs und

Mädels auf dem Faschingsball. Umgekehrt bedeutet das nicht, dass wir mit Zeitablauf weise werden. Der Spruch »Alter schützt vor Torheit nicht« bewahrheitet sich allzu oft. Das An-sich-Arbeiten macht den Unterschied, das bewusste Hinschauen auf die eigenen Schwachstellen, aber gleichzeitig auf Stärken und Gaben. Wenn ich mir immer mehr meines Potenzials im Sinne von »Fähigkeit, wirksam zu werden« bewusstwerde sowie gleichzeitig dessen, was mir nicht oder noch nicht so gut gelingt, kann ich mehr und mehr zum Segen für andere werden und werde dabei selbst immer glücklicher. Das scheint mir einer der zentralen Unterschiede zu oberflächlichen Glücksratgebern zu sein: Während es dort um das eigene Ego und das Freisein von Störgefühlen geht, meine ich eine Auseinandersetzung mit dem, was sich ungut anfühlt, sodass es sich verändern und allmählich verabschieden darf. Viele Menschen wollen das Angenehme, ohne sich mit dem Unangenehmen zu beschäftigen. Doch nur wer sich dem Leid zuwenden kann, kommt seinem Glück näher. Zu mir kommen oft Menschen mit dem Wunsch, etwas »loszuwerden«. Das ist verständlich, wenn man mit lästigen Körpersymptomen, Ängsten oder depressiven Verstimmungen zu tun hat. Doch alles, was wir loswerden wollen, heftet sich uns nur umso hartnäckiger an die Fersen, solange bis wir verstanden haben, was dahintersteckt oder welche Frucht wir daraus ziehen können. Da sind wir wieder bei der urchristlichen Botschaft: Nicht das Davonlaufen, das Ausweichen vor Schmerz und Leid ist der Schlüssel zum Glück, sondern das Hindurchgehen, die Annahme und schließlich Wandlung.

Im Bewusstsein des Getragenseins

In diesem Sinne hatte ich mich, begleitet von helfenden Freunden, durch diese Krankheit *hindurchgebetet*. Es ging glimpflich aus; mit den mir verbliebenen drei Vierteln meiner Lunge lebe ich gut. Zu den Untersuchungen, die ich danach hätte über mich ergehen lassen sollen, bin ich nie gegangen, ebenso lehnte ich eine Behandlung in einer Rehaklinik von mäßigem Ruf ab. Ich wollte mir weitere Verletzungen und Schreckensbilder in diesen Klinikbetrieben ersparen. Das heißt nicht, dass ich keine Nachsorge betrieben hätte. Im Gegenteil, ich war sehr aktiv und stellte mir meinen eigenen ambulanten »Rehaweg« zusammen: Auf organischer Ebene war das vor allem Atemtherapie bei einer Physiotherapeutin sowie meine allmählich sich in Tempo und Strecke steigernden Ausdauerläufe. Mindestens ebenso wichtig war für mich die Ebene darunter: Mit meiner weit über den schulmedizinischen Tellerrand hinaus blickenden Allgemeinärztin[41], meiner Homöopathin, meinem Psychotherapeuten und meinem geistlichen Begleiter hatte ich Wegbegleiter, die sich, obwohl sie sich nicht kannten, als Team fühlten.

Auf unterschiedliche Weise näherten wir uns der Frage, was wohl hinter der Erkrankung gestanden haben mag und vor allem, was ich an Hilfreichem und Förderlichem daraus mitnehmen konnte. Ersteres führte mich tief in meine Familiengeschichte hinein, und ich nahm die tiefen Bande wahr, die dazu führen, dass wir aus Solidarität oft uralte Sachen mit uns herumschleppen, die eigentlich niemand mehr tragen müsste. Letzteres war ein ganzer Strauß an Geschenken, den mir mein Tumor »Alfred« mitgebracht hatte. Ich weiß nicht, ob wir nur im Leid so feinfühlig und aufnahmebereit für Wohlmeinendes und Heilsames sind oder ob es uns in diesen Notsituationen tatsächlich mehr zuteilwird. Die unzähligen Liebesbeweise, die ich damals erhielt, begleiten und berühren mich noch heute. Noch immer kommen mir die Tränen der Dankbarkeit, wenn ich an Barbara Stelzer denke, die mir damals schrieb: »Ich möchte Ihren Schritt in die Selbstständigkeit unterstützen und Sie solange, bis Sie wieder arbeiten können, kostenlos homöopathisch behandeln.« Nicht, dass wir uns schon jahrelang kannten, ich war erst durch diese Krankheit bei ihr gelandet! Oder Pater

Kern, der mich nicht nur betend und segnend durch diese Krankheit begleitete, sondern auch meinen Platz in einem Kirchensanierungsprojekt, das wir miteinander stemmen wollten, freihielt und mir dadurch neben einem Herzensprojekt auch eine meiner damaligen Einnahmequellen sicherte. Meine Geschwister, die beide auf ihre Weise dazu beitrugen, dass ich an der Idee der »Mutmacherei« festhalten und meine Firma mit zunehmendem Gesundwerden weiter aufbauen konnte. Nicht zu vergessen die vielen Briefe, Anrufe und Besuche von treuen Freundinnen und Freunden, die mich ermutigten und trösteten. Neben all dieser Zuwendung jedoch gab es etwas noch Kostbareres, das ich vielleicht tiefer spürte denn je: Es war die Zusage Gottes, an meiner Seite zu sein und mich durch dieses Tal der Tränen zu geleiten. Wie deutlich vernahm ich gerade in der schwärzesten Nacht, in der tiefsten Trostlosigkeit und größten Verunsicherung seine liebende Stimme. Als flüsterte er mir ins Ohr, was so oft auch in der Bibel steht: »Fürchte dich nicht!« Manchmal konnte ich diese Stimme sehr deutlich und direkt hören; manchmal war die Nacht so dunkel, dass dieses Wort nur über Boten zu mir durchdringen konnte: über die mich begleitenden Menschen, die mir oft wie von Gott gesandte Engel erschienen, ein jeder in einem anderen Gewand. Ich weiß nicht, ob menschliche Hilfe allein mich so hätte trösten und tragen können. Menschliche Macht ist begrenzt, und Krankheit und Tod stehen wir hilflos und ohnmächtig gegenüber. Das darunterliegende Getragensein ließ mich innerlich zur Ruhe kommen und half mir, in Vertrauen und Zuversicht hineinzuwachsen: »Ich kann nicht tiefer fallen als in Gottes Hand.« Dieses Bewusstsein wärmte und beruhigte mich auf dem Grund meiner Seele. Es ist das größte Geschenk, mit dem ich durch mein Leben gehen darf.

5   GOTT FINDEN AUF DEM TIEFSTEN GRUND

> *»Die Wahrheit ist dem Menschen zumutbar.«*
>
> Ingeborg Bachmann

Manchmal erscheinen mir das Leben und die Suche nach den Zusammenhängen wie ein Spiel mit Matrjoschkas, jenen russischen Puppen, in denen sich immer wieder eine kleinere verbirgt und eine noch kleinere und noch eine und so fort, bis man endlich bei der letzten angelangt ist, die sich nicht mehr öffnen lässt. Immer wenn man meint, einen Sachverhalt oder ein Erlebnis bis ins Letzte durchdrungen oder verarbeitet zu haben, eröffnet sich eine neue Perspektive, die man vorher nicht ansatzweise erahnt hat. So geht es mir bis heute mit einem Bestandteil meiner Biografie, mit dem ich mich viel auseinandergesetzt habe und doch noch immer nicht sicher bin, am letzten Grund der Dinge angekommen zu sein und alle Blickwinkel darauf ausreichend eingenommen zu haben. Von meinem elften bis zu meinem sechzehnten Lebensjahr wurde ich regelmäßig vom katholischen Pfarrer meiner Heimatgemeinde missbraucht. Es erschreckt mich selbst, aber ich merke, dass sich – aller Verarbeitung zum Trotz – beim Schreiben wieder alte Verletzungen und Muster melden, von denen ich gedacht hätte, sie hinter mir gelassen zu haben. So fühle ich mich wieder wie damals als etwa 13- oder 14-Jährige und befinde mich mit einer Schulkameradin in der »Gruppenbeichte«. Als Schülerinnen der Nürnberger Maria-Ward-Schule gingen wir vor Weihnachten und Ostern in der schuleigenen Hauskapelle zum Beichten und durften das modernerweise auch in einem Gesprächszimmer statt im Beichtstuhl und zu zweit statt allein tun. Ich kann heute nicht mehr sagen, warum mir die sexuellen Handlungen des Herrn Pfarrer als Sünde und als in den Beichtstuhl gehörend erschienen – ich war zu verwirrt von dem Geschehen, das mich von Beginn meiner früh einsetzenden Pubertät an begleitete. Ich beichtete also unter Tränen »meine« Sexualkontakte mit dem damals 50-jährigen Priester. Ich denke, es war meine Art eines Hilferufs, und meine tiefsitzende Hoffnung, dass innerhalb dieser Institution jemand aufhorchen und dem Treiben ein Ende setzen würde. Weit gefehlt! Der Priester verwies uns des Beichtzimmers mit einer geharnischten Predigt über das heilige Sakrament der Beichte und darüber, dass dies ein Ort für Reue und Buße sei und gewiss keiner für schlechte Scherze. Während ich das schreibe, wird mir die Ungeheuerlichkeit dieses »Vorfalls im Vorfall« wieder so bewusst, dass ich unweigerlich denke: Das glaubt mir wieder kein Mensch! Da kann ich mich jedoch selbst beruhigen: Zum einen erinnert sich die damalige Freundin sehr genau an die Szene, und zum andern sind inzwischen so viele dieser Verleugnungen publik geworden, dass wir Betroffene nicht mehr befürchten müssen, kein Gehör zu finden oder gar der Lüge bezichtigt zu werden. In diesem Buch geht es mir nicht darum, jemanden an den Pranger zu stellen oder mich zu rächen, indem ich etwas an die Öffentlichkeit bringe, das über dreißig Jahre lang unter dem Deckel gehalten wurde. Mir ist es ein Anliegen, den Facettenreichtum eines solchen jahrelangen Geschehens aufzuzeigen, zumindest soweit er meinem Bewusstsein inzwischen zugänglich ist. Dank des Mutes einiger Kirchenmänner, allen voran des Jesuitenpaters Klaus Mertes SJ, der im Jahr 2010 den Mantel des Schweigens von den Missbrauchsfällen in der katholischen Kirche zog, bekamen wir Betroffene Rückenwind. Endlich konnten wir das Schweigen brechen und die Institution sowie die darin versammelten Täter mit ihren Taten und ihrer Schuld konfrontieren. Um so weit zu kommen und die innere Stärke für die zunächst eigene Konfrontation mit dem Thema zu entwickeln, sind viele Schritte notwendig. Mir selbst gelang es erst nach Jahren psychotherapeutischer Behandlung, mich diesem Geschehen zuzuwenden und es aus einer erwachsenen Perspektive heraus Schicht für Schicht und Schritt für Schritt zu bearbeiten. Erst durch die größere Öffentlichkeit, die Anfang 2010 durch das Aufdecken so vieler Fälle hergestellt wurde, konnte ich selbst immer mehr erkennen, wie wichtig es für meinen persönlichen Heilungsweg war, die Geschehnisse zumindest ansatzweise aus dem geheimen Dunkel heraus ans Licht zu holen. »Ansatzweise« deshalb, weil »mein Fall« zwar offiziell von den zuständigen Stellen bearbeitet wurde, innerhalb der katholischen Kirche aber nie wirklich Öffentlichkeit hergestellt und letztlich der Täter nur kirchenintern zur Verantwortung gezogen wurde. Sein Renommee – und damit das der Institution Kirche – wird bis heute weiter gut geschützt.[42]

Sexueller Missbrauch: Verwirrung ohne Ende

Meine ganze Pubertät hindurch verging sich der »Herr Pfarrer« an mir und mindestens einem weiteren Mädchen. Ich war Ministrantin und genoss es, viel Aufmerksamkeit von einem älteren geistlichen Herrn zu bekommen, dessen moralische Integrität in meinem Elternhaus und im sonstigen Umfeld qua definitione über jeden Zweifel erhaben war. Um es klar zu sagen: Es war keine Gewalt im Spiel, sondern ich liebte es, ins Pfarrhaus zu gehen, dort viel Zuwendung und Aufmerksamkeit zu bekommen und etwas Außergewöhnliches zu erleben, das ich meinen Altersgenossinnen, so ahnte ich, zweifelsfrei voraushaben würde. Das ist das besonders Perfide an sexuellem Missbrauch an Kindern: Sie sind nicht in der Lage, das Geschehen einzuordnen und können sich nicht vorstellen, dass das, was diese erwachsene Autoritätsperson da tut, nicht nur nicht richtig, sondern in höchstem Maße kriminell ist. Mein Gott – ich war 11, als das alles anfing! Die Folgen sind verheerend, und nicht alles ist reversibel, zumindest nicht in einem überschaubaren Zeitraum. Während ich mich anfangs noch »ganz normal« für gleichaltrige Jungs interessierte, wurde mein Männerbild im Lauf meiner vom »Herrn Pfarrer« komplett verkorksten Pubertät immer verwirrter. Als ich mich als 16-Jährige endlich aus der Pfarrei entfernte, hatte ich nur noch Augen für »interessante, reife Männer«; Jungen aus meiner Altersstufe hatten bei mir keine Chance mehr. Pfarrer, Lehrer, Vater, Freund – ich konnte das alles nicht mehr auseinanderhalten und ging fast drei Jahrzehnte lang nur Beziehungen zu extrem älteren Männern ein, die darüber hinaus im Geheimen bleiben mussten, ganz wie damals beim »Herrn Pfarrer«.

Die Empörung, die solche Missbrauchsfälle regelmäßig auslöst, wenn sie ans Licht kommen, greift zu kurz. Die Entrüstung über die Taten steht viel zu sehr im Fokus, sodass die Folgen für die Opfer zu wenig differenziert betrachtet werden. Die gnadenlose Verwirrung fängt schon damit an, dass man als Kind oder Jugendliche gar nicht begreift, dass man missbraucht wird, wenn keine Gewalthandlungen vollzogen werden. Erst viel später erfuhr ich, dass sexuelle Handlungen bei unter 16-Jährigen immer als Missbrauch bezeichnet und geahndet werden, weil man in diesen jungen Jahren noch nicht mündig entscheiden und die Konsequenzen nicht einschätzen kann. Es dauerte ewig, bis ich begriff, was mir widerfahren war und wie tief und folgenschwer dieser Eingriff in mein Leben hineinwirkte. Warum also verjähren solche Straftaten jemals? Als ich 2010 nach jahrelanger Therapie endlich in der Lage war, das Geschehen zur Anzeige zu bringen, war es bereits verjährt. Der Staatsanwalt eröffnete das Verfahren, konstatierte schweren sexuellen Missbrauch und stellte das Verfahren wegen Verjährung unmittelbar wieder ein. Das war mir natürlich vorher bewusst, doch ich wollte diesen Weg gehen, damit der Täter wenigstens kircheintern belangt würde und endlich die Schuld auf sich nähme. Auch das ist eine Facette des Missbrauchsgeschehens: Zumal wenn kein Zwang ausgeübt und keine Gewalt angewendet wurde, bleibt in einem selbst lange, wenn nicht immer, latent das Gefühl bestehen, man trüge Schuld an dem Geschehen. Es dauerte sehr lange, bis ich auch emotional begreifen konnte, dass weder eine Elfjährige noch eine 15- oder 16-Jährige auch nur ein Hauch von Schuld trifft. Wenn ich gedacht hatte, mit der Anzeige die Schuld endlich dorthin geben zu können, wo sie hingehört, nämlich einzig und allein zum Täter, hatte ich mich getäuscht. Der dachte gar nicht daran, seine Schuld anzuerkennen, geschweige denn sich bei mir in irgendeiner Form zu entschuldigen. Ein persönlicher Kontakt blieb mir zwar erspart, aber nach dem, was der damalige »Beauftragte für Missbrauchsfälle des Erzbistums Bamberg« – unglaublich, dass so eine Stelle überhaupt notwendig ist! – andeutete, versuchte diese infantile Persönlichkeit auch noch, seine Taten zu rechtfertigen. Abstreiten konnte er sie Gott sei Dank nicht, dazu gab es allzu glaubwürdige Zeugenaussagen. Apropos Zeugen, eines muss ich den damals Zuständigen des Bistums lassen: Die Zeugenaussagen schienen mir reine Formsache zu sein, die meine Aussagen nur unterstrichen. Man vermittelte mir in keinem der Gespräche auch nur einen Augenblick das Gefühl, mir würde nicht geglaubt. Darüber war ich heilfroh, denn ein zweites »Beichtstuhlerlebnis« hätte ich wirklich nicht gebraucht. Die »Strafe« – oder sollte ich lieber sagen: »Buße«? – für den Täter fiel dennoch aus meiner Sicht erbärmlich aus angesichts der Schwere seines Vergehens: In einem außergerichtlichen Verfahren ließ er sich letztlich zu einer Schmerzensgeldzahlung in Höhe von 20.000 Euro herab, die er selbst zahlen musste. So kann Kirche sagen, dafür seien keine Kirchensteuermittel geflossen. Doch das ist Augenwischerei, denn schließlich wurde sein Gehalt sein Leben lang aus Kirchensteuermitteln bezahlt, sodass natürlich letztlich auch dafür wir Kirchenschäfchen gezahlt haben.

Wurzelsuche

Als junges Mädchen war ich mir sicher, dass ich einmal vier Kinder haben würde. Es war weniger ein Wunsch als eine innere Sicherheit, ich wusste sogar schon die Namen, die ich ihnen, die Zustimmung meines Partners vorausgesetzt, würde geben wollen. Eine junge Mutter wollte ich sein, das war mir wichtig, denn ich selbst litt in meiner Kindheit und Jugend darunter, als Nachzüglerin bei uns in der Familie für damalige Verhältnisse relativ alte Eltern zu haben. Heute weiß ich, dass dieses Leid nur mittelbar etwas mit dem Alter meiner Eltern zu tun hatte und dass ihr Lebensalter eine dieser »Matrjoschkas« war, in die es gilt hineinzuschauen, um einen tieferen Einblick zu gewinnen. Mein Vater wurde 1924 geboren, meine Mutter 1929. Was meine Mutter als Kind in diesem grauenhaften Zweiten Weltkrieg erlebte, weiß ich überhaupt nicht. Ich weiß nur, dass ihre eigene Mutter durch das, was sie in zwei Kriegen erleben musste, und vielleicht zusätzlich durch weitere traumatische Erlebnisse, in jungen und mittleren Jahren eine strenge und unbarmherzige Frau gewesen sein muss; hart gegen sich selbst und ebenso hart in ihren Anforderungen an ihr Umfeld. Wie auch immer es genau gewesen sein mochte, ein liebevolles, warmes Nest erlebte meine Mutter sicher nicht. Das mag bei meinem Vater vielleicht anders ausgesehen haben; seine Mutter war deutlich weicher, milder und verständnisvoller. Doch ihn traf der Krieg mit voller Wucht selbst: Am 19. April 1943 wurde er einberufen, ein 18-jähriger Oberschüler, der gerade sein vorgezogenes »Notabitur« in der Tasche hatte. Von dem, was danach kam, erfuhren meine Geschwister und ich in unserer Kindheit und Jugend kaum etwas. Unser Vater gehörte zu den »Schweigern« unter den Kriegstraumatisierten. Ein paar Bruchstücke waren ab und an aus ihm herauszuholen: Das »Reisebüro Hitler« habe all seine Pläne durchkreuzt, Funker sei er gewesen, und die Gefangenschaft in Russland sei entsetzlicher gewesen, als man sich das auch nur entfernt vorstellen könne. Er wolle nie wieder etwas davon hören. Darüber hinaus konnte ich nur aus dem Geschichtsunterricht erahnen, was er durchlitten hatte, und kannte erst wieder die harten Fakten, die er vorfand, als er 1947 als gebrochener, todkranker 22-Jähriger nach Hause zurückkehrte: Sein Vater war 1946 verstorben, die vor dem Krieg florierende elterliche Weingroßhandlung nebst Wohnhaus in der Nürnberger Innenstadt lag in Schutt und Asche. Alles weg, alles zerstört. Einzig seine Mutter hatte das Grauen körperlich unbeschadet überlebt und war mit dem einzigen ihr aus dem Aufenthalt im Luftschutzbunker verbliebenen Koffer bei einer Gastfamilie untergekommen.[43] Mehr wusste ich nicht und auch dies mehr aus Erzählungen meiner Großmutter als von meinem Vater selbst. Was ich meine ganze Kindheit und Jugend über erlebte, war ein gebrochener, depressiver Mann, der viele Jahre im Außen hervorragend funktionierte und beruflich wie privat Aufbauarbeit leistete: Leitende Position bei einem Sportartikelhersteller, Hausbau in einer der besten Gegenden Nürnbergs, Frau und drei Kinder – von außen betrachtet alles bestens und innerlich für ihn mit Sicherheit ein gewaltiger Kraftakt. Doch für mehr reichte die Kraft nicht. Emotional war mein Vater für seine Familie ein Totalausfall. Damit steht er nicht allein: Sprichwörtlich Heerscharen von Kriegsteilnehmern waren so schwer traumatisiert, dass sie sich innerlich nie mehr von dem Geschehen abkoppeln konnten. Ein Teil ihrer Persönlichkeit, vor allem die Lebensfreude und die Aufmerksamkeit für das »ganz normale« zivile Leben, waren ihnen auf dem Schlachtfeld abhandengekommen.

In Familienaufstellungen, einem psychotherapeutischen Verfahren zum Aufdecken und Lösen hinderlicher Bindungen innerhalb von Familiensystemen[44], kann man das eindrucksvoll wahrnehmen: Männer, die im Krieg Schreckliches erleben mussten, stehen gefühlt zeit ihres Lebens mehr bei den Kriegserlebnissen als bei der Familie, zu der sie zurückgekehrt oder die sie später gegründet haben. In ihrem Bewusstsein und ihrer Emotionalität bleiben sie verbunden mit den gefallenen Kameraden, mit den Opfern, mit ihrer Schuld. Entsprechend erleben wir Ehemänner und Väter, die zwar da sind, aber zugleich völlig abwesend. So war es bei den Soldaten in der Hölle des Zweiten Weltkriegs, so war es bei den Soldaten in allen anderen Kriegs- und Krisengebieten, die wir seither auf der Welt hatten, und so ist es noch heute bei all denjenigen, die diese schrecklichen Erfahrungen von Krieg, Terror und Gewalt machen müssen und bei uns und in anderen derzeit sicheren Ländern Zuflucht suchen. Wir tun gut daran, uns mit unserer eigenen Geschichte – kollektiv und individuell – auseinanderzusetzen, um endlich mehr echtes Mitgefühl und hilfreiches Verständnis für die zu uns kommenden Menschen zu entwickeln und ihnen adäquat und mit der erforderlichen emotionalen und fachlichen Kompetenz begegnen zu können.

Ich wuchs also auf mit einem mir emotional völlig unzugänglichen Vater. Dieser Umstand allein hätte schon genügt, um mich orientierungs- und im Wortsinn haltlos werden zu lassen. Doch die Bomben, die fast alles zertrümmert hatten, was meinem Vater lieb und teuer war, wirkten auch auf seine spätere Ehe ein. Ich vermute, es lag ebenfalls an seiner inneren Versteinerung, dass meine Eltern keine glückliche Ehe führten und meine Mutter der scheinbar heilen äußeren Welt zum Trotz in einen Strudel aus Alkohol- und Tablettenabhängigkeit geriet. Wer weiß, welche Disposition sie dazu bereits aus ihrer Kriegskindvergangenheit mitbrachte; es gibt niemanden mehr, den ich in diesem Leben noch dazu befragen könnte. Was auch immer die beiden sonst erlebt haben mochten, sicher ist, dass dieser Krieg unheilvolle, irreparable Schäden in ihnen angerichtet hatte, an denen letztlich unsere ganze Familie zerbrach.[45]

Irreparabel waren nämlich auch die Schäden, die der jahrelange Alkoholmissbrauch im Gehirn meiner Mutter hinterlassen hatte. Ich war noch keine sieben Jahre alt, als sie ihren Leidensweg durch sämtliche Psychiatrien Mittelfrankens antrat, von wo aus sie nie wieder nach Hause kam. Sie starb 25 Jahre später in einem Pflegeheim. Ich habe das Bild von Dominosteinchen vor Augen: War mein Vater schon vorher am Rande, dann gab ihm der Komplettausfall meiner Mutter den Rest. Ich mag mich nicht in den Details der düsteren Atmosphäre, die in unserem Elternhaus herrschte, verlieren; noch heute merke ich, wie kraftlos mich das macht und wie stark die Neigung ist zu dissoziieren, mich abzuspalten von den belastenden Gefühlen, die sich in meinem Inneren bei diesen Erinnerungen breitmachen. Die sonntäglichen Zwangsbesuche bei meiner Mutter im Pflegeheim mit einer weinenden Oma und einem versteinerten Vater; die einsamen Abende mit einem nicht ansprechbaren, völlig ausgelaugten Vater, der bierbenebelt vor dem Fernseher einschläft; das Gefühl, selber gut funktionieren zu müssen, um alles nicht noch schlimmer zu machen, und genau mit diesem Anspruch heillos überfordert zu sein. Es ist nicht übertrieben, wenn ich sage: Es war grauenhaft. Ich weiß nicht, was am Schwersten wog: der frühe Verlust der Mutter oder der stete Kampf, doch noch die Aufmerksamkeit und spürbare Liebe meines Vaters zu gewinnen. Da zog ich alle Register: Bereits mit elf Jahren begann ich heftig zu pubertieren. Ich rauchte, beklaute meinen Vater und erlebte erste harmlose Knutschereien mit nur wenig älteren Jungs. Doch es half alles nichts: Mein Vater sprach mich auf nichts an; es gelang mit keinem noch so aus der Rolle fallenden Verhalten, seinen Fokus auf mich zu lenken. Etwas später versuchte ich es mit dem Gegenteil: Ich strengte mich wie verrückt an, wurde eine sehr gute Schülerin, Klassensprecherin, Schulsprecherin und eigentlich überall die gern gesehene »Anführerin«. Aber auch das war vergebene Liebesmüh, was ich auch tat, für meinen Vater schien alles einerlei zu sein. Das Fehlen meiner Mutter führte zugleich dazu, dass ich in meinem Inneren frühzeitig beschloss, auf eigenen Beinen zu stehen und meiner Wege zu gehen. Erst heute kann ich verstehen, dass diese frühe Eigenständigkeit, die mir im außerfamiliären Umfeld viel Lob einbrachte, aus der blanken Not geboren war. Erst in jüngster Zeit, inzwischen selbst fast 50-jährig, gelang es mir, meine Mutter-Liebe in Worte zu kleiden:

An meine Mutter
Ich hätte dich so gern kennengelernt
mit allen deinen Seiten:
Was mochtest du, was war dir lieb,
was konntest du gar nicht leiden?
Das Wenige, das ich weiß von dir
reicht längst nicht, um dich zu erfassen.
Wie ein Puzzle mit zu vielen fehlenden Teilen
wird sich das Bild nie fertigstellen lassen.
Die wenigen blassen Erinnerungen,
die ich im Herzen trage,
sind größtenteils schmerzhaft; sie tun so weh,
dass ich kaum hinzuspüren wage.
Nur immer, wenn ich mir Zöpfe flechte,
dann spüre ich deine Hand.
Im Teilen der Haare, im straffen Zug
fühl ich das mütterliche Band.
Jahrzehnte zurück liegt diese Berührung:
Die Mutter kämmt ihr Kind.
Ich dank meinem Körper, der alles speichert,
sodass ich in mir dich als Mutter find.
Aus dieser Berührung entstehen die Bilder
wie selbst in meinem Kopf:
die Kleine mit großen roten Schleifen
im säuberlich geflochtenen Zopf.
Die Schleifen, sie wehn vor meinem inneren Auge,
sind wie ein Band, das zwischen uns blieb.
Mit ihm winkst du mir fröhlich
vom Himmel herunter,
drauf steht geschrieben: Ich hab dich lieb!

Wurde ich von meinen Freundinnen nach meiner Mutter gefragt, antwortete ich meist ausweichend, denn tatsächlich wusste ich bis zu meinem vierzehnten Lebensjahr nicht, was der Auslöser für ihre schwere geistige und körperliche Behinderung war. Alkoholismus, das war in einer katholischen

Heile-Welt-Familie Mitte der 70er Jahre undenkbar. Das war etwas, was die Penner auf der Parkbank betraf, aber doch nicht uns! Der »Kleinen« erzählte man jahrelang, man wisse nicht, wodurch die Krankheit ihrer Mutter ausgelöst wurde; die Ärzte stünden vor einem Rätsel. Als Kind musste ich das glauben; was blieb mir anderes übrig? Doch Kinder sind sehr sensibel, und wenn etwas nicht stimmt, verursacht das in ihnen ein mulmiges Gefühl. Wenn mich also Erwachsene oder andere Kinder fragten, was denn mit meiner Mutter los sei, plapperte ich zwar nach, was mir zuhause vorgegaukelt wurde, hatte aber immer das ungute Gefühl, man würde mir nicht glauben. Zumindest bei einigen Erwachsenen wird das vermutlich so gewesen sein, und ich sehe noch heute ihr Stirnrunzeln und ihre fragenden Blicke. Das Geheimnis wurde für mich erst später gelüftet, auf eine Art und Weise, die eindrucks- und unheilvoll zugleich die Überforderung meines Vaters zeigt. Ich war 14 Jahre alt und bohrte mal wieder in meinen Vati hinein, dass ich nicht verstünde, was es mit der Krankheit meiner Mutti auf sich habe und ob man denn nicht irgendwo anders auf der Welt Ärzte konsultieren könnte, die mehr von ihrer Heilkunst verstünden. Meine Mutter war immerhin seit acht Jahren weg, und ich lebte noch immer mit dieser Lüge hinsichtlich ihrer angeblich so dubiosen Krankheit. Auf mein Fragen hin verzog mein Vater schmerzverzerrt das Gesicht – ein Minenspiel, das ich nur zu gut von ihm kannte und das mir permanent ein schlechtes Gewissen verursachte – und traf eine Entscheidung: »Kind, du bist jetzt alt genug, um zu wissen, was deine Mutter hat«, sagte er. Dann zog er einen kleinen Zeitungsartikel aus seiner Brieftasche, legte ihn vor mich auf den Wohnzimmertisch, stand auf – und verließ den Raum. Aus diesem Papierschnipsel, völlig alleingelassen und auf mich selbst gestellt, erfuhr ich den Namen der Erkrankung meiner Mutter: Korsakow-Syndrom, eine schwere, irreversible Komplikation, die sich beim Alkoholentzug einstellen kann. Ich war wie vom Donner gerührt. Was sich danach in mir abspielte, weiß ich nicht mehr. Ich weiß nur, dass niemand mit mir über diese Enthüllung und alles, was damit zusammenhing, sprechen wollte. Wenn ich meinen Vater darauf ansprach, reagierte er, als würde ich einen Dolch in sein Herz rammen; das lässt man als Kind dann lieber bleiben. Meine Geschwister sind sechs und zwölf Jahre älter als ich und nutzten die Gnade der in diesem Fall frühen Geburt und die sich daraus ergebenden Spielräume. In ihrer eigenen Überforderung konnten sie mir nicht mehr Stütze sein, als sie es punktuell zu sein versuchten; meist suchten sie das Weite und entflohen der Trostlosigkeit unseres Elternhauses. Blieb meine Oma, die ihre Taufpatenschaft für ihre jüngste Enkelin sehr ernst nahm, und darüber hinaus, dass sie uns den Haushalt führte, für mich als Ansprechpartnerin mit meinen Sorgen und Nöten da war. So konnte ich mit vielen Kümmernissen zwar zu meiner Oma kommen, doch als strenge, konservative Frau, die in ihrem Leben keine andere Wahl gehabt hatte als zu verhärten, hielt sich ihr Mitgefühl meist in Grenzen, und ihre Ratschläge fielen eher gleichförmig und meist erwartungsgemäß aus: »Man darf sich nicht gehen lassen«, »Man muss die Zähne zusammenbeißen«, »Du musst so leben, dass man sich für dich nicht schämen muss.« Das waren die Leitsätze, mit denen ich groß wurde. Besonders hart hatte sie natürlich die Suchterkrankung ihrer Tochter nebst den daraus resultierenden verheerenden Folgen getroffen. Meine Oma schärfte mir zeit unseres gemeinsamen Lebens ein, man müsse nach den Zehn Geboten leben und folglich immer bei der Wahrheit bleiben. Von dieser Regel gab es eine einzige Ausnahme: »Wenn dich jemand fragt, was deine Mutter hat, dann sag: ›MS‹.« Diesen Rat verstand ich überhaupt nicht. Erstens kannte ich diese Krankheit nicht, und zweitens verwirrte es mich vollends, dass meine fromme Oma mir unverhohlen eine Lüge in den Mund legte. Instinktiv ahnte ich, dass ich mit dieser Unwahrheit in meinem schulischen Umfeld und Freundeskreis nicht weit käme und alsbald von Arzttöchtern oder Verwandten und Bekannten meiner Eltern als Lügnerin entlarvt würde. Entsprechend befolgte ich die Anweisung nie, sondern wich den Fragen entweder weiterhin aus oder blieb noch jahrelang bei dem mir vertrauten *Man-kennt-die-Ursache-nicht*. Noch heute fällt es mir schwer zuzugeben, dass meine Mutter Alkoholikerin war. Noch immer empfinde ich es als Schande, und noch immer schäme ich mich für sie. Scham – was für ein Riesenthema, über das allein ich ein ganzes Buch schreiben könnte! Noch heute habe ich oft Angst, man müsse sich für mich schämen, weil etwas in meinem Benehmen für mein Umfeld peinlich ist. Eine der Regeln, die meine Oma aufstellte und kategorisch und mit Nachdruck vertrat, lautete: »Du musst so leben, dass die Leute nicht sagen: ›Da fehlt halt die Mutter!‹« Damit gab sie den Druck, unter dem sie selbst stand, an mich weiter: So sehr hatte sie den Anspruch, mir die fehlende Mutter zu 100 Prozent zu ersetzen und ahnte doch, welch aussichtsloses Unterfangen das war, dass ihr nur die Anweisung an mich blieb, *so zu tun, als ob*. Das wiederum unterstellte sie mir gern in anderen Bereichen, zu denen sie keinen Zugang hatte. Seit mir als Fünfjährige meine große Schwester das Lesen beigebracht hatte, war ich eine Leseratte, und schon bald hatte ich eine für eine Jugendliche stattliche Büchersammlung. Dazu hieß der wöchentliche Kommentar meiner Oma, für die Bücher sinnlose Staubfänger und Lesen blanke Zeitverschwendung war: »Ich möchte bloß wissen, was du mit all diesen Büchern willst. Du tust ja, als wärest du eine Lehrerin.« Lehrer, Pfarrer, Doktor, das waren die drei Berufsgruppen, denen sie Notwendigkeit und Sinnhaftigkeit regelmäßiger Lektüre zugestand. Aber ihrer Enkelin? Das sah für sie nach Hochstapelei aus. Meine Oma war eine 1905 geborene einfache Frau vom Land, da passte es nicht ins Weltbild, dass ein junges Mädchen eifrig Bücher studierte, statt den Staubwedel zu schwingen. Von diesem *Du tust ja, als ob* … steckt heute noch etwas in mir. Immer wieder überfällt mich der Gedanke, bald aufzufliegen; die zugehörige Angst raunt mir zu: »Jetzt kommt es raus, dass du nichts kannst und weißt. Jetzt kommt es ans Licht.« Am schlimmsten war es, als ich meine ersten Lehraufträge an einer Hochschule hatte. Äußerlich selbstbewusst und inhaltlich bestens vorbereitet lief ich durch die Gänge und war innerlich in heller Panik, weil jetzt das Ende der ganzen Hochstapelei in greifbarer Nähe sein musste. Lehrerin und dann auch noch an einer Hochschule! Mich verblüfft immer wieder, wie tief die in Kindheit und Jugend eingepflanzten Ängste und Selbstzweifel sitzen, und wie hartnäckig sie sich in jeder neuen Situation melden, die uns fordert und vor Herausforderungen stellt. Inzwischen bin ich an den Hochschulen eine »alte Häsin«, und die begeisterten Rückmeldungen der Studierenden kommen allmählich auch im letzten Winkel meines eingeschüchterten Kinder-Ichs an. Aber wehe, ich sehe mich mit einer neuen und vielleicht noch anspruchsvolleren Aufgabe konfrontiert, dann habe ich neben der thematischen Vorbereitung alle Hände voll zu tun, die Alarmglocken in mir zum Schweigen zu bringen, die mir suggerieren, dass ich eben *jetzt* endgültig auffliegen würde in meiner Hochstapelei. Irgendwann *musste* es ja kommen, ein Wunder, dass es so lange gut ging.

Ach, meine Oma. Ihr Bild hängt vor mir an der Wand, und aus ihm blickt mir der Teil entgegen, der mir meine ganze Kindheit und Jugend über Halt gab: Meine Oma war es, die immer für mich da war, die sich beim Mittagessen geduldig meine Schulerlebnisse anhörte, die mir mit einem anerkennenden Klopfen auf die Brust das »Diplom« verlieh, wenn die Schulnoten in Ordnung waren. Ihre Liebesbeweise finden sich in keinem Elternratgeber, und doch haben sie meine Kinderseele erreicht, gestreichelt und gestärkt. In gewisser Weise hatte sie meine Liebe zu Büchern mitbegründet und gefördert. Um mich im Blick zu behalten und gleichzeitig die Hausarbeit bei uns daheim machen zu können, hatte sie eine einfache Lösung: Sie bat mich, ihr während des Wäschebügelns etwas vorzulesen, damit es nicht so langweilig für sie wäre und ihr die Arbeit schneller von der Hand ginge. Auf diese Weise las ich meiner Oma ganze Bücher vor, und sie motivierte mich dazu, indem sie brennendes Interesse daran zeigte, wie die Geschichte denn nun wohl weiterginge. Dass ich im Vorlesen schon in der Grundschule immer die Beste war, verdanke ich diesem pädagogischen Einfall meiner wenig belesenen Oma. Mag sein, es hätte meiner seelischen Entwicklung gutgetan, wenn mir als Kind einmal jemand vorgelesen oder mir eine Geschichte erzählt hätte. Um solcherlei Kindererfahrungen beneide ich andere oft noch heute. Und doch möchte ich sie nicht missen, die innige Vertrautheit zwischen meiner Ersatzmama und mir während dieser stundenlangen Vorlesemarathons in einer warmen Atmosphäre, die vom Zischen des heißen Bügeleisens auf den feuchten Hemden und vom Geruch nach mit Weichspüler gewaschener Wäsche erfüllt war. Meine Oma war da wie ein Fels in der Brandung und zeigte mir, was es bedeutet, die eigene Lebensplanung hintanzustellen oder komplett über den Haufen zu werfen, wenn Not am Mann oder an der Frau ist. Ich habe viel von ihr gelernt und mir manches abgeschaut; ihre trockenen Bemerkungen kommen mir oft noch heute unbewusst über die Lippen. Neben Verlässlichkeit und Treue, Ausdauer und Tatkraft hat sie mir vor allem eines vermittelt: Was auch immer kommt und wie sehr dich das Leben beutelt, halte an deinem Glauben fest und bleibe unerschütterlich im Gebet mit Gott verbunden. Das lebte sie mir bis zum Schluss vor, und ich bin sehr dankbar, dass ich sie in dieser tiefen Frömmigkeit als Vorbild hatte und immer haben werde.

Vierzehn Engel um mich stehn

Ein Deutschlehrer mag allmählich mit den Füßen scharren und angesichts der Missbrauchsthematik, mit der ich dieses Kapitel begonnen habe, denken: »Thema verfehlt!« Nein, davon kann nicht die Rede sein. Ich habe mich entschieden, mit der innersten der mir zugänglichen »Puppen in der

Puppe« zu beginnen. Der kriegstraumatisierte Vater, die mir unter für mich völlig unklaren Umständen abhandengekommene Mutter, eine emotional überforderte und verzweifelte Großmutter, die alles daransetzte, eine Heile-Welt-Fassade aufrechtzuerhalten, das war das familiäre Umfeld, in dem ich als Zehnjährige versuchte, mich zurechtzufinden. Nach einer dank einer wunderbaren Lehrerin sehr behüteten Grundschulzeit an der Maria-Ward-Schule wechselte ich nahtlos zum dortigen Gymnasium und verlor damit eine mir mütterlich zugewandte Frau, die mich in meinen Fähigkeiten und vor allem meinem Selbstwert bestärkt hatte.[46] Selbst für Kinder aus behüteten Familien ist der Wechsel von der Grundschule mit einer relativ festen Bezugsperson hin zum anonymeren Betrieb der weiterführenden Schulen mit ihrem stündlich wechselnden Lehrpersonal oft schwierig. Ich muss mich noch ein wenig orientierungs- und hilfloser gefühlt haben, als vieles so fremd und neu war und die schulischen Anforderungen stiegen. Zuhause gab es nachmittags niemanden, der mit mir lernte; ich musste da schon selbst klarkommen. Eine feste Größe und ein Teil quasimütterlichen Halts war damals meine Klavierlehrerin, mit der ich, wie übrigens auch mit besagter Grundschullehrerin, noch heute freundschaftlich verbunden bin. Während die ein oder andere Freundin jammerte und klagte, weil sie den lästigen Klavierunterricht über sich ergehen lassen musste, freute ich mich auf jede Stunde. Heute weiß ich, dass das nicht allein meiner Begabung oder der Freude an der Musik geschuldet war, sondern vor allem der Tatsache, dass dort eine elf Jahre ältere warmherzige Frau auf mich wartete, die eine Stunde lang ausschließlich mir ihre Aufmerksamkeit schenkte. Sie war nur für mich da, und so manche Stunde erzählte ich mehr, als dass wir uns den Etüden und Bach'schen Fugen widmeten. In zehn Jahren Klavierunterricht durfte ich eine meiner ersten verlässlichen »Langzeitbeziehungen« erleben, und diese Erfahrung durfte sich über das Klavierspiel tief in mir verankern. Was bin ich dankbar für den Halt und   **143** die Kraft, die mir daraus erwuchs! Wie oft lachten meine geliebte Charlotte und ich Tränen, wenn wir beim vierhändigen Spiel an immer derselben Stelle der Diabelli-Sonaten hängenblieben und zum x-ten Mal von vorn anfingen! Unbeschwerte, fröhliche Stunden, wie ich sie zuhause nicht erlebte. Auf Gelächter, vor allem auf allzu lautes oder ausgelassenes, reagierte mein Vater meist allergisch mit dem Satz: »Bei uns gibt es nichts zu lachen!« Erst viel später begriff ich, dass ihm sein Lachen, das nur in bestimmten seltenen Situationen zu hören war, in der eisigen Hölle von Nowosibirsk abhandengekommen sein musste.

Es gab noch mehr Frauen, bei denen ich Mütterlichkeit erfahren durfte. Als mir das vor Jahren nach einer Familienaufstellung bewusst wurde, zählte ich nach und kam auf 14 Frauen, die alle in irgendeiner Weise etwas für mich getan hatten und sich dadurch unbewusst die Mutterrolle teilten. »Um ein Kind zu erziehen, braucht es ein ganzes Dorf.«, sagt der Volksmund. Bei mir trugen all diese Frauen dazu bei, dass ich nicht mangels mütterlicher Zuwendung zugrunde ging. Als ich das damals erkannte, schrieb ich den Namen jeder einzelnen Frau auf ein Kärtchen und stellte diese um mich herum auf. Ich kam mir vor wie in Humperdincks Oper »Hänsel und Gretel«: »Abends will ich schlafen gehn, vierzehn Engel um mich stehn ...«. Es waren Engel, die sich meiner angenommen hatten: Darunter waren Cousinen meiner Eltern, bei denen ich die Ferien verbringen durfte; die nette Nachbarin, mit deren kleinem Sohn ich an einsamen Nachmittagen spielen durfte; Freundinnen meiner Eltern und Verwandte, bei denen ich anfangs, als meine Mutter ausfiel, einmal pro Woche sein durfte. Das war eine der Kehrseiten des Dramas: In mancher Hinsicht hatte ich eine abwechslungsreichere Kindheit als andere, denn jede der Helferinnen gestaltete die gemeinsame Zeit anders und versuchte, mir so viel Gutes wie möglich zu tun. So rutschte ich vom Kindsein hinein in eine frühe Mädchen-Pubertät und bin dankbar für meine große Schwester, der ich all die Fragen stellen konnte, von denen ich ahnte, dass sie bei meiner Oma nicht an der richtigen Stelle gewesen wären.[47]

Woran es mangelte, war väterliche Zuwendung und Aufmerksamkeit. Die Lücke, die in unserem Familiensystem an dieser Stelle klaffte, war nicht so offenkundig, wie die unübersehbare Mutterlosigkeit. Mein Vater war da und kümmerte sich neben seinem anspruchsvollen und fordernden Job auch noch um Familieneinkauf, Arztbesuche mit den Kindern und alles, was für die Instandhaltung von Haus und Garten zu organisieren war. Zumindest solange er es konnte. Er entfloh frühzeitig auf seine Weise der Last, die zu viel für ihn war: Schon ab etwa seinem 50. Lebensjahr stellten sich erste Anzeichen einer Verwirrtheit ein, die sich später als etwas herausstellen sollte, das damals in der Gesellschaft noch weitgehend unbekannt war: Morbus Alzheimer, präsenile Demenz. Während ich als Jüngste verzweifelt um die Aufmerksamkeit meines Vaters kämpfte, sorgten zerebrale Abbauprozesse in ihm dafür, dass er sich innerlich immer mehr entfernen konnte. Hatte ich mich von früher Kindheit an für meine Mutter und ihre Krankheit geschämt, schämte ich mich bald auch immer mehr für die Fehlleistungen und Ausfallerscheinungen meines Vaters, auch wenn sie anfangs noch recht harmlos daherkamen und wir versuchten, sie mit »Überarbeitung« zu erklären. Heute würde man vermutlich von »Burnout« sprechen. Erst rückblickend kann ich erkennen, wie sehr wir alle in unserer Familie damit beschäftigt waren, unentwegt etwas zu vertuschen und einen Schein aufrechtzuerhalten. Wie sehr sehnte ich mich nach mütterlicher Geborgenheit und väterlichem Halt! Wie sehr wünschte ich mir einen Vater, der stolz auf mich gewesen wäre und diesen väterlichen Stolz vor aller Welt bekundet hätte! Wie sehr vermisste ich ein männliches Vorbild, an dem ich mich orientieren und auf das ich umgekehrt als Tochter stolz sein konnte! Stolz war ich nur auf den Beruf meines Vaters und darauf, dass er in der Arbeitswelt etwas darstellte. Als er seinen Beruf später aufgrund der zunehmenden Demenz vorzeitig aufgeben musste, war mir auch dieser innere Anker genommen.

Doch so weit war es noch nicht, als ich als Zehnjährige begann, an den »Gruppenstunden« in der katholischen Jugendarbeit meiner Heimatpfarrei teilzunehmen. Das war für mich eine spannende Erfahrung, denn als Maria-Ward-Schülerin ohne bisherige außerschulische Aktivitäten war ich bis dato nur von Mädchen umgeben gewesen und kam nun erstmals in Kontakt mit dem anderen Geschlecht. Parallel zur Pfarrei bildete sich um unseren Wohnort herum eine Clique aus Jugendlichen, in der ich mich ebenfalls wohl fühlte. Wir zogen gemeinsam durch den nahegelegenen Wald, verbrachten die Sommernachmittage im Freibad und machten jede Menge Blödsinn, wie ihn Heranwachsende eben machen. Ich gehörte immer zu den Jüngeren, wollte den Großen aber in nichts nachstehen, sodass ich schon vor meinem elften Lebensjahr die erste Zigarette mitpaffte und den ersten vorsichtigen »Zungenkuss« testete. Alles etwas früh, aber das kommt ja bei Nesthäkchen, die in allem den großen Geschwistern nacheifern, öfter vor und bewegte sich in einem harmlosen Rahmen. In der Pfarrei sollte es nicht bei den Gruppenstunden bleiben, sondern wir wurden ermuntert, uns als Messdiener zu engagieren. Ministrieren, am Altar stehen, das war genau nach meinem Geschmack! Von klein auf liebte ich die Sonntagsgottesdienste, und ich fand die Vorstellung, vorne am Altar dabei sein zu dürfen, großartig. Also meldete ich mich für dieses Amt und wurde von einem ein paar Jahre älteren, erfahrenen Ministranten in die Aufgaben eingewiesen. Der fand mich gleich so toll, dass er mir prompt Liebesbriefchen nach dem Muster »Willst du mit mir gehen?« schrieb. Es war alles sehr aufregend und herzerfrischend normal. So begann ich meinen Dienst als eifrige Ministrantin und konnte schon bald mein im Bügelkeller erworbenes Vorlesetalent als jugendliche Lektorin zur Geltung bringen. Darüber hinaus lernte ich viele Mädchen und Jungen kennen, und es entwickelten sich Freundschaften, die zum Teil noch heute Bestand haben. Abgesehen vom Altardienst verbrachten wir viel Zeit miteinander im »Jugendheim«, den pfarreieigenen Gruppenräumen, wo wir Tischtennis spielten, Partys feierten, harmlos ein bisschen knutschten und viel Spaß miteinander hatten. »Wir hatten eine tolle Zeit in den Jugendräumen von St. Karl«, schrieb mir eine Frau aus der damaligen Clique auf ein Erinnerungsplakat, das mir Freunde zum 40. Geburtstag gestalteten. Das Foto darüber zeigt uns bei einem Brettspiel – mit dem Herrn Pfarrer.

Spatz sucht Häschen

Neben dieser normalen Schiene, von der aus betrachtet sich mein Leben vielleicht hätte weiterentwickeln können wie das der anderen, gab es ein Parallelgleis, das mich auf einen folgenschweren Weg führte. Der damals 50-jährige »Herr Pfarrer« wurde dafür gerühmt, dass »er es so gut kann mit der Jugend«. Ja, er konnte es nur zu gut, vor allem mit den Mädchen. Bei jedem Altardienst strahlte er mich verzückt an ...

Pause mitten im Satz. Wenn auch nur ein Mensch glaubt, man könne über das, worüber ich jetzt berichte und was 35 Jahre zurückliegt, einfach so schreiben, wie man über sonstige Erfahrungen schreibt, irrt er gewaltig. Den ganzen Morgen schon ist mir übel und schwarz vor Augen, und ich lasse nichts unversucht, um mich vor der nächsten Passage zu drücken. Unwichtige Mails beantworten, noch einen Tee kochen, vielleicht doch ein kleines Brot essen gegen dieses schrecklich flaue Gefühl im Magen. Mein Blick fällt auf ein Bibelkärtchen, das auf meinem Schreibtisch steht: »Heile du mich, Herr, so werde ich heil. Hilf du mir, so ist mir geholfen.« (Jer 17,14). Ja, es geht immer noch um Heilung. Nach all den Schritten, die ich gegangen bin, gibt es in mir noch immer Teile, die völlig verstört sind. Also, Augen zu und durch, vielleicht ist das genau der letzte

Schritt, den ich brauche, damit es auch aus meinem Körper endlich draußen ist.

... und ich strahlte genauso verzückt zurück. Die *Zuwendung*, das Auf-mich-Schauen waren Balsam für meine vernachlässigte Kinderseele. So fühlte ich mich unglaublich geehrt und ging begeistert mit in die Privaträume des Herrn Pfarrer, und, ich gebe es ungern zu, aber es war so, genoss, was bald darauf begann: Ich war elf Jahre alt, das andere Mädchen war etwas älter, als der Herr Pfarrer uns zeigte, wie man ihn befriedigt, und sich an uns zu schaffen machte. Sein Glied nannte er »Spatz«, in Anlehnung an seinen jugendlichen Spitznamen, den er als Chorsänger bei den Regensburger Domspatzen bekommen hatte.[48] Meine Scheide nannte er »Häschen«, denn ich trug damals Kinderunterwäsche mit einem darauf abgebildeten kleinen Hasen. Das Spiel mit mir hieß also »Spatz sucht Häschen«, während er bei der Älteren und entsprechend körperlich weiter Entwickelten den Busen begrapschte.

Weitere Details erspare ich uns. Ich versuche, den nüchternsten Blickwinkel einzunehmen, der mir möglich ist, und von da aus in verschiedene Richtungen zu leuchten. Ja, wir genossen in unserer kindlichen Naivität diese Spiele und fingen überdies bald an, uns gegenseitig zu bekriegen, weil jede den Herrn Pfarrer für sich allein haben wollte. Wer sich Kindesmissbrauch immer nur unter dem offensichtlichen Gewalt- und Zwangsaspekt vorstellt, täuscht sich. Ich flog förmlich vor Begeisterung ins Pfarrhaus, weil ich da etwas so Besonderes erlebte und entsprechend – vielleicht erstmals in meinem Leben – das Gefühl hatte, selbst etwas ebenso Besonderes zu *sein*. Das ist die größte Sauerei an diesen widerlichen Übergriffen erwachsener, aber nur vermeintlich reifer Menschen, die es besser wissen müssten und die Folgen ihres Handelns abschätzen können sollten. Die Verwirrung, die durch solche Verbrechen entsteht, ist folgenreich. Dieser infantile Typ missbrauchte sogar Bibelzitate und suggerierte uns, durch die Nähe zu ihm kämen wir näher zu Christus:

»Ich bin doch nur die Tür!«, zitierte er gern in Anlehnung an das Johannesevangelium (Joh 10,9).

Die Missbrauchstaten wiederholten sich circa zwei bis drei Mal pro Woche, vermutlich in Abhängigkeit vom Samenstand des Herrn Pfarrer. In der Gemeinde gab es einige Menschen, die wohl etwas ahnten, aber keiner hatte den Mut, einzugreifen und den Dingen auf den Grund zu gehen. Eine ältliche Nonne, die damals im Kindergarten der Pfarrei beschäftigt war, stellte mich einmal zur Rede, ich vermute, ich war inzwischen etwa 14 Jahre alt. Ich dürfe nicht mehr mit dem Herrn Pfarrer vierhändig Klavier spielen, denn da käme ich ihm so unanständig nahe. Nicht der Erwachsene wurde also zur Rede gestellt, sondern die Jugendliche! So war es damals, nicht nur in der Pfarrei, sondern auch in unserer belasteten, hyperkatholischen Familie. Ein Priester stand qua Amt auf einem Podest und war völlig unantastbar und über jeden Zweifel erhaben. Mit dieser Doktrin war ich groß geworden, wie hätte ich jemals Zweifel an dem haben können, was da geschah? Professor Klaus M. Beier, Facharzt für Psychotherapeutische Medizin, Psychoanalytiker sowie Direktor des Instituts für Sexualwissenschaft und Sexualmedizin an der Charité in Berlin, schreibt dazu in seinem in der Zeitschrift »Stimmen der Zeit« erschienenen Artikel über »Pädophilie und christliche Ethik«: »Unstrittig dürfte in diesem Zusammenhang sein, dass geistliche oder kirchliche Würdenträger einen unvergleichbaren Vertrauensvorschuss allein aus ihrem Amt entlehnen können und zumal für Kinder unhinterfragte Autoritäten darstellen, von denen zuallerletzt angenommen wird, dass sie ihnen schaden könnten. Im Gegenteil: Sie gelten als diejenigen Menschen im Umfeld, die bemüht sind, ihre Entwicklung im christlichen Sinne, d.h. im Einklang mit der christlichen Ethik zu fördern.«[49]

Ich denke, im *inner circle* der Pfarrei hatten sich durchaus ungute Gefühle ausgebreitet sowie eine leise Ahnung, dass etwas im Busch war. Diese Ahnung nahm man leider etwas zu wörtlich und konzentrierte sich auf unsere Jugend-gruppe, in der wir uns im Sommer gern im Pfarrgarten in einer lauschigen Laube zusammensetzten. Die biederen Katholiken liefen Sturm. Das wäre eine »Liebeslaube«, die umgehend geschlossen werden müsste, woraufhin wir den Pfarrgarten nicht mehr betreten durften. Ach, hätten die sit-tenstrengen Wächter mal lieber *im* Pfarrhaus nachgesehen! Dort drinnen fand das verbrecherische Treiben statt, das es zu stoppen galt, nicht draußen im romantischen Geknut-sche der 14- bis 18-Jährigen, die ihre ersten zarten Bande zum anderen Geschlecht knüpften.

Ich selbst war auch im Pfarrgarten dabei: Die gleich-altrigen Jungs lockten mich während der ersten paar Jahre des unseligen Geschehens noch immer, und ich schwankte zwischen einer »normalen« Beziehung und dem Außerge-wöhnlichen, das ich von Beginn meiner Pubertät an mit dem 40 Jahre älteren Mann erlebte. Ein Jahr lang war ich mit einem vier Jahre älteren Jungen zusammen, der mich ver-götterte. Doch irgendwann schien mir das zu »banal«, und ich wandte mich ab. Das war der Punkt, ab dem ich keine »normalen« Beziehungen mehr auf die Reihe kriegte und das für sehr lange Zeit.

Dem Treiben ein Ende setzen

Ein einziger Mensch in meinem damaligen Umfeld hatte den Mut hinzuschauen und einzugreifen: meine sechs Jahre ältere Schwester. Sie ahnte, dass meine Begeisterung für die Pfarrei und alles, was damit zusammenhing, das Normal-maß überschritt und dass etwas nicht mit rechten Dingen zuging. Da ich auf ihre bohrenden Fragen nur ausweichend antwortete und ihr Verdacht immer stärker wurde, beging sie aus Liebe zu mir einen Vertrauensbruch, den ich ihr lange nicht verzieh: Sie las in meinem Tagebuch, wo sich ihr unerhörte Fakten schwarz auf weiß darboten. All ihren Mut zusammennehmend zeigte sie das Tagebuch meinem

Vater, mit der dringenden Bitte, diesem Treiben ein Ende zu setzen. Was dann geschah, ist ein besonders schmerzhaftes Kapitel für mich, aber auch dem kann ich inzwischen ins Auge schauen. Mein Vater war kaum in der Lage zu reagieren. Väter, mit denen ich über dieses Missbrauchsgeschehen und seine Enthüllung sprach, reagierten unisono entsetzt und mit Aussagen von »Ich weiß nicht, was ich dem angetan hätte« bis hin zu »Ich glaube, den hätte ich umgebracht«. Nicht so mein Vater. Es fällt mir schwer, das zu schreiben, weil er mein Vater ist und ich ihn liebe. Aus meiner professionellen Sicht kann ich sehen: Es war zu viel für ihn. »Das bitte nicht auch noch! Nicht so eine Auseinandersetzung in der Öffentlichkeit!« Genauso wenig wie er für uns Kinder emotional ansprechbar war, erreichte ihn in der Tiefe seiner Seele die Nachricht, dass seine kleine Tochter regelmäßig vom Pfarrer sexuell missbraucht wurde. Es kam nicht in ihm an und nichts und niemand hätte daran etwas ändern können. Auf das Drängen meiner Schwester hin gab es zwar ein kurzes Gespräch zwischen dem Täter und unserem Vater, doch das blieb folgenlos. In ihrer Zeugenaussage anlässlich des außergerichtlichen Verfahrens beschrieb meine Schwester ihre Fassungslosigkeit, als sie bei uns zuhause unseren Vater und den Herrn Pfarrer einträchtig beieinanderstehen sah: »Man hatte sich offenbar auf eine Art ›Stillhalteabkommen‹ geeinigt.« Ich bin meiner großen Schwester dankbar für ihren Mut, in unserem erzkatholischen Elternhaus zumindest zu versuchen, den Mantel des Schweigens wegzuziehen. Sie hatte mit Vater und Großmutter sowieso oft Ärger, weil sie mit Kirche und allem, was damit zusammenhing, nicht viel anfangen konnte. Ihr war klar, dass sie sich mit dieser Nachricht nicht beliebt machen würde. Damit, dass darüber hinaus überhaupt nichts geschehen würde, konnte sie nicht rechnen. Diese Erfahrung brannte sich tief ein, sodass sie bis heute ein ausgeprägtes Misstrauen der Institution Kirche und fast all ihren Würdenträgern gegenüber hat.

Ganz in der Tiefe

Meine Gefühle im Hinblick auf die Untätigkeit meines Vaters in dieser Angelegenheit sind vielschichtig. Ganz im Innersten der ineinandergeschachtelten Puppen stoße ich auf tiefes Verständnis: Wenn er anders hätte handeln können, hätte er es getan. Ich weiß, dass er mich liebte, auch wenn er nicht so für mich da sein konnte, wie er es sich als Vater gewünscht hätte. Nicht immer gelingt es mir jedoch, in diesem tiefen Verständnis zu sein. Eine Ebene darüber fühlt es sich anders an: Da ist eine grenzenlose Wut auf einen Mann, der seiner Verantwortung seiner Tochter gegenüber nicht gerecht wurde, der mich nicht beschützt, sich nicht mit aller Klarheit und Entschiedenheit vor mich gestellt hat. Noch heute werde ich oft neidisch, wenn ich Väter erlebe, die sich bedingungslos für ihre Töchter einsetzen. Je mehr ich mich mit der Thematik beschäftige, desto weniger allerdings werden diese heftigen Gefühle, und ich freue mich beispielsweise von Herzen für die drei Töchter meines Bruders darüber, dass sie einen kraftvollen, gesunden Vater haben, der in der Lage ist, sich für sie einzusetzen und das ohne Wenn und Aber tut.

Es dauerte lange, bis ich den Neid auf andere Vater-Tochter-Beziehungen überhaupt als solchen entlarven konnte. Wenn man solche Gefühle unbearbeitet lässt, führt das leicht in wirkliche Missgunst, die anderen das gleiche Schicksal wünscht, das man selbst erlitten hat. Das kann man im Zusammenhang mit der derzeitigen Flüchtlingsthematik erleben. Menschen, die vor vielen Jahren selbst große Entbehrung gelitten haben, stellen sich oft auf den Standpunkt: »Uns hat damals auch keiner geholfen.« Unabhängig davon, ob das den Tatsachen entspricht, sind sie so verhärtet, dass sie ihren Mitmenschen die Hilfe in einer Notlage nicht gönnen. So werden Traumatisierungen und Mangelerlebnisse von Generation zu Generation weitergegeben, statt den Nachfolgenden zu wünschen, sie mögen es doch besser haben. Durch das Missbrauchsgeschehen ist meine Geschichte vielleicht etwas krasser als andere Biografien der Kinder der durch den Zweiten Weltkrieg traumatisierten Männer und Frauen. Die Grundprobleme aber sind oft die gleichen: Viele von uns wuchsen mit emotional abwesenden oder versteinerten Eltern und Großeltern auf und leiden häufig noch heute an den Folgen. Sie fühlen sich unzulänglich und irgendwie falsch, minderwertig und wirkungslos. Viele schuften wie wahnsinnig mit dem Gefühl, es sei nie genug. Bei näherer Betrachtung stehen da die Söhne und Töchter der traumatisierten Kriegsgeneration, deren überlastete innere Systeme ihnen suggerieren: »Wenn ich mich nur noch ein bisschen mehr anstrenge, einen weiteren akademischen Grad hole oder in irgendeiner anderen Weise deutlich aus dem Rahmen falle, dann endlich wird das Eis gebrochen sein, und meine Eltern werden ihre Gefühle für mich zeigen.« Das ist eine Illusion, und wir tun gut daran, erwachsen zu werden und sie aufzugeben.[50] Ich weiß heute: So sehr ich mir gewünscht hätte, mein Vater hätte sich schützend vor mich gestellt und wie ein Löwe für mich gekämpft: Es war ihm schlicht nicht möglich. Und zwar nicht deshalb, weil ich es ihm nicht wert war oder weil ich in irgendeiner Weise ungenügend gewesen wäre. Ich bin seine kleine Tochter, und er hat alles, was in seiner Macht stand, für mich getan. Mehr war beim besten Willen nicht drin.

Wenn ich ab und an mal wieder eine Ebene höher »rutsche« und sich erneut Wut und Trauer breitmachen, genügt mir ein aufmerksamer Blick auf das, was mein Vater zwischen 1943 und 1947 erlebt haben muss. Ich kann nur jeder und jedem, dessen Eltern oder Großeltern diese grauenvollen Kriegserlebnisse durchmachen mussten, empfehlen, sich Einblick zu verschaffen, soweit es heute noch möglich ist. Wenn keine Zeitzeugen mehr greifbar sind oder diese nicht erzählen können oder wollen, kann es hilfreich sein, sich an offizielle Stellen zu wenden. So kann man zum Beispiel bei der »Deutschen Dienststelle für die Benachrichtigung der nächsten Angehörigen von Gefallenen der ehemaligen deutschen Wehrmacht«[51] Auskunft über die individuellen Kriegsverläufe bekommen, auch von den Soldaten, die überlebten. Das geht ganz einfach per Onlineformular und kostet nur ein paar Euro Verwaltungsgebühr und einige Monate geduldige Wartezeit. Die Einblicke in die Stationen des Krieges, die mein Vater durchlaufen musste, erschütterten mich in mehrfacher Hinsicht: Im November 2005 hatte ich den Antrag auf Einsichtnahme in die Akten gestellt. Im Dezember zog es mir Hals über Kopf und völlig aus heiterem Himmel die Füße weg durch die beschriebene Krebserkrankung. In der Zeit meiner Krankheit hatte ich dann andere Sorgen als die Frage, was mein Vater wohl im Krieg erlebt hatte, und ich vergaß völlig, dass ich diesen Antrag auf Einsicht in die Akten gestellt hatte. Als ich Mitte März 2006 um einen halben Lungenflügel ärmer aus dem Krankenhaus nach Hause kam, fand ich ein dickes Kuvert vor, das per Einschreiben aus Berlin gekommen war. Ich dachte, die damalige Bundesversicherungsanstalt für Angestellte würde mir wegen meines Reha-Antrages schreiben. An den Moment, als ich sah, was wirklich zum Vorschein kam, erinnere ich noch heute mit Schaudern: In dem Kuvert waren sämtliche Akten enthalten, die die Wehrmacht damals für meinen Vater angelegt hatte, inklusive einem Passbild vom Tag seiner Einberufung sowie einem von ihm handgeschriebenen Lebenslauf. Schon diese Dokumente brachten mich dem damals noch nicht einmal 20-Jährigen und der Angst, die er ausgestanden haben muss, näher, als alle historischen Filme oder Geschichtsbücher es je vermocht hatten. Was mich jedoch in meinem damaligen Zustand bis ins Mark erzittern ließ, waren die vielen Lazarettberichte. Ihnen entnahm ich, dass mein Vater während des ganzen Krieges immer wieder an Lungen- und Rippenfellentzündungen gelitten hatte und deshalb mehrmals »außer Gefecht« gesetzt worden war. Was für ein Band zwischen uns, die ich seit Monaten wegen einer Lungenerkrankung außer Gefecht war! Wir hatten beide überlebt, und meinem Vater hatten die wiederkehrenden Pneumonien vielleicht sogar das Leben gerettet, wer weiß. Hätte er doch im Mai 1945 nochmals daran gelitten, dann wäre ihm vermutlich Sibirien erspart geblieben.

Vielleicht mag manch einem der Bogen zu weit gespannt erscheinen, und er fragt sich: Was soll das denn alles mit dem Missbrauch zu tun haben? Doch, es hat damit zu tun, nur eben ganz am Anfang der Ereigniskette. Eine noch heute gute Freundin aus der damaligen Pfarreizeit sagte einmal zu mir: »Ich habe damals nie verstanden, warum ihr immer mit ins Pfarrhaus gegangen seid.« Klar konnte sie das nicht verstehen, denn was hat eine Heranwachsende, die weiß, was elterliche Zuwendung bedeutet, für ein Interesse, bei einem 50-Jährigen auf dem Schoß zu sitzen oder in dessen Bett zu liegen? Die Verführbarkeit ist ungleich größer, wenn man bedürftig und emotional ausgehungert ist. Der Schaden, der in diesen suchenden Kinderseelen angerichtet wird, ist immens.

Dieser verantwortungslose, völlig unreflektiert handelnde Mensch hat sich, um es religiös auszudrücken, in einer Weise versündigt, die durch nichts wiedergutzumachen ist. Diese infantile Persönlichkeit ist offenbar noch heute nicht in der Lage, ihre Schuld zu erkennen, einzugestehen und zu bereuen. Als erwachsener Mann war er voll für seine Taten verantwortlich, und ich wünschte, er wäre nicht so glimpflich davongekommen. Und doch gibt es auch hier eine Ebene darunter: Dieser Mensch wurde 1929 geboren, und ich weiß nicht, was er als Kriegskind erleben musste, das vielleicht dazu beitrug, dass er diese Neigungen entwickelte. Auch diejenigen, die den Krieg als Kinder miterlebten, leiden heute häufig an den Folgen der unbewusst erlebten Traumatisierungen und einer harten, oft lieblosen Kindheit mit traumatisierten, kriegsgeschädigten Eltern. Auch religiöser Fanatismus in Familien kann schwere Störungen hervorrufen; bezeichnenderweise war der Bruder des Täters ebenfalls Priester und seine Schwester Nonne. Und natürlich darf nicht ausgeblendet werden, wie viele Menschen mit besonderen sexuellen Neigungen im Schoß der Mutter Kirche Platz finden; der Zwangszölibat lässt ihre Blüten unter Umständen erst richtig austreiben. Ich weiß nichts über die Kindheit und Jugend dieses Mannes, mir ist nur eine Erzählung im Ohr geblieben: Im Priesterseminar seien sie als Studenten gehalten gewesen, in der Badewanne eine Badehose zu tragen, damit sie sich nicht selbst »unsittlich berührten«. Wundert es einen, dass da Persönlichkeiten mit einem gestörten Verhältnis zu Körperlichkeit und Sexualität herauskommen, die ihren Sexualtrieb sozusagen wörtlich nicht im Griff haben? Ich weiß nicht, wie das heute in der Ausbildung katholischer Priester aussieht, ich kann nur bei Gott hoffen, dass sich die Zeiten und mit ihnen die dortigen Lehrer geändert haben. Ich will auch die kirchlichen Missbrauchsfälle nicht auf den Zölibat reduzieren, das wäre viel zu kurz gedacht. Natürlich ist das ein Pulverfass, wenn jemand ohnehin schon Schwierigkeiten mit seiner sexuellen Orientierung hat und er dann nicht einmal »normalen« Sex haben darf. Aber die Ursachen dafür, dass jemand über Jahre hinweg seinem gestörten Handeln freien Lauf lässt und es selbst im Alter nicht als solches erkennt, liegen mit Sicherheit viel tiefer und sind deutlich vielschichtiger.[52] So stehe ich also im Geiste vor diesem Täter – was ich in der Realität nie wieder erleben möchte –, betrachte ihn aufmerksam und frage mich: Was muss jemand erlebt haben, dass er derartig entgleist und mindestens ein Kind und eine Heranwachsende jahrelang schamlos missbraucht? Was müsste geschehen, damit er Einsicht hätte in die große Verwirrung, die er mit seinem Verhalten in einer Kinderseele gestiftet hat? Ich schaue diesen Menschen an und sage: »Ich weiß es nicht, und ich werde es auch nie wissen.« Dann zwinge ich mich, lange in seine Augen zu schauen und dem infantilen Blick standzuhalten, bis ich irgendetwas Menschliches darin wahrnehme. Schließlich kann ich sagen: »Vater, vergib ihm, denn mir scheint, er wusste wirklich nicht, was er tat.« Dann halte ich mich keine Sekunde mehr bei diesem Mann auf, der mich schon viel zu viel kostbare Lebenszeit gekostet hat.

Unter dem Deckmantel des Schweigens

Es war ein weiter Weg, bis hierher zu gelangen; zu dem Punkt, an dem ich die Dinge in dieser Differenziertheit und Klarheit sehen und letztlich immer wieder an den heilsamen Punkt gelangen kann, an dem ich frei von Vorwurf bin. Die große Klarheit erstreckt sich aber auch auf das allgemeine Problem des sexuellen Missbrauchs in unserer Gesellschaft. Als Betroffene scheine ich, auch ohne darüber zu sprechen, Ratsuchende anzuziehen, die selbst Missbrauch erlebt haben. So weiß ich inzwischen, dass diese Vorfälle viel verbreiteter sind, als inzwischen bekannt ist. Wir brauchen dabei nicht nur mit dem Finger auf Kirche oder speziell auf die katholische Kirche zu deuten; Missbrauch im familiären Umfeld ist mindestens ebenso verbreitet. Was ich aber auch weiß und am eigenen Leib erfahren habe: Wenn die katholische Kirche oder eher ihre für die »Missbrauchsfälle« zuständigen Vertreter behaupten, sie wären an einer schonungs- und lückenlosen Aufklärung interessiert und würden daran mitarbeiten, dann ist das schlicht eine Lüge. Das Gegenteil ist der Fall: Es wird alles darangesetzt, die Verfahren in die Länge zu ziehen und die Täter und ihre Reputation zu schützen. Mir wurde anfangs weisgemacht, der Täter würde trotz der strafrechtlichen Verjährung vor dem Kirchengericht kirchenrechtlich verurteilt. Das ist nie geschehen. Das Einzige, was ich von den Kirchenoberen jemals erhielt, war ein »Entschuldigungsschreiben« des Bamberger Erzbischofs Dr. Ludwig Schick, in dem er beteuert, dass der Täter nicht mehr »öffentlich die Eucharistie feiern und die Sakramente spenden und keine Amtshandlungen mehr vornehmen darf«. Wörtlich heißt es weiter: »Damit ist er mit der härtesten Bestrafung belegt, die einen Priester treffen kann.« Ich fürchte, der Herr Erzbischof meint das ernst. Da lebt dieser Mensch mit völlig unbeschadetem Renommee weiter, und ich möchte nicht wissen, ob er nicht doch noch in einem Altersheim oder betreuten Wohnen als Hausgeistlicher tätig ist; die Vokabel »öffentlich« wurde für meinen Geschmack allzu oft benutzt und betont, auch von der inzwischen für die Missbrauchsfälle im Bistum Bamberg zuständigen Juristin. Wer Vertreter der Institution Kirche kennt, die mit der angeblichen »Aufarbeitung« der Missbrauchsfälle betraut sind, lernt, zwischen den Zeilen zu lesen. Ist ein Seniorenheim »öffentlich«? Wahrscheinlich nicht. Wie auch immer: Andere kommen für weit weniger hinter Gitter, und der gute Mann ist mit der härtesten Strafe belegt, weil er nicht mehr »öffentlich« die Heilige Messe feiern darf? Das Schreiben des Herrn Erzbischofs scheint übrigens ein Standardbrief zu sein, oder sollte ich gleich von einem Serienbrief sprechen? Der persönliche Brief an mich datiert vom 29.09.2010. Dr. Schick bringt darin sein Bedauern zum Ausdruck, dass ich solches Leid erfahren musste und entschuldigt sich namens der Kirche bei mir. Im Jahr 2012 erschienen exakt die gleichen Formulierungen in der Presse, die damit aus einem Entschuldigungsschreiben des Erzbischofs an die Missbrauchsopfer eines ehemaligen Bamberger Domkapitulars zitierte. Wie kann man es sich nur so leicht machen! Glaube niemand, der Bischof hätte es für nötig gehalten, ein persönliches Gespräch zu suchen. Kennt er eigentlich ein Missbrauchsopfer? Hat er einer oder einem Betroffenen jemals in die Augen geschaut und sich mit dem Geschehen mit all seinen Konsequenzen auch nur einmal schonungslos konfrontiert, so wie wir selbst es tun müssen, um allmählich heil zu werden? Über den damaligen Missbrauchsbeauftragten des Bistums erfuhr ich schließlich sogar, dass der Täter sich damit rühmte, er habe Glück gehabt, denn er sei kurz vor meiner Anzeige im Krankenhaus gewesen und habe somit gesundheitliche Gründe für seinen Ausfall am Altar vorschützen können. Für vieles kann ich nach eingehender Betrachtung und langer innerer Arbeit

Verständnis entwickeln. Aber vor dem Hintergrund solcher Versuche seitens der Kirche, sich aus der Affäre zu ziehen, habe ich weder Verständnis noch Nachsicht. Tatsächlich habe ich – auf einer rationalen Ebene – mehr Verständnis für den Täter selbst, der in seinen vermutlich letzten Lebensjahren versucht, sein Renommee zu retten und als unbescholtenes Blatt aus dieser Welt zu scheiden. Aber das Verhalten dieses verlogenen Packs, das vor Jahren, als die Missbrauchswelle dank eines mutigen Jesuiten so richtig hochkochte, Stein und Bein schwor, alles rückhaltlos ans Licht der Öffentlichkeit zu holen, das macht mich wirklich wütend. Mag sein, dass diese heilige Wut, die mich da packt, mit meiner gesamten Biografie zu tun hat und damit, dass ich es unerträglich finde, wenn unter dem Deckel gehalten wird, was an die Öffentlichkeit muss. Wie viel Unheil muss denn noch passieren, bis wir endlich aufhören, Feindbilder aufzubauen, wo sie nicht hingehören, und die zu schützen, die schuldig geworden sind? Natürlich hagelt es dann wieder Kirchenaustritte, und natürlich ist man in Bamberg und darüber hinaus froh, dass weitgehend Ruhe eingekehrt ist. Aber das macht die »Fälle« nicht ungeschehen und die Opfer nicht heil.

Als mir im Lauf der letzten Jahre allmählich dämmerte, dass es sich hier nicht um eine zeitliche Verzögerung handelte, sondern dass schlicht keine Konsequenzen mehr zu erwarten waren, hakte ich 2014 nochmals bei der inzwischen für »uns« im Bistum als Missbrauchsbeauftragte zuständigen Rechtsanwältin nach. Daraufhin erfuhr ich das Gleiche, was mir der Bischof schon geschrieben hatte, eben wieder mit dieser zweifelhaften Formulierung des »öffentlichen Messelesens«. Darüber hinaus sprach der ehemalige Missbrauchsbeauftragte, mit dem ich 2010 bei den Verhandlungen zu tun gehabt hatte, in einem Telefonat plötzlich von Rom: Der Herr Erzbischof habe entschieden, die Sache nicht nach Rom weiterzuleiten, da die »Fälle« aus Rom ohnehin zurückkämen in die Zuständigkeit des Bischofs. »Rom« **159** steht in diesem Fall für die von Seiten der Kirche tatsächlich höchste Strafe, die einen Priester treffen kann, nämlich die Versetzung in den Laienstand, die sich beim besten Willen nicht geheim halten ließe. Das wäre ein Beweis für den Willen zur schonungslosen Aufklärung, alles andere ist Getue und gnadenlos unehrlich.

Das alles war in der Zeit vor Papst Franziskus. Bekanntlich beginnt der Fisch immer am Kopf zu stinken; ich hoffe, das gilt für Wohlgeruch genauso, denn jetzt scheinen wir ein kirchliches Oberhaupt zu haben, das mutig und entschlossen in den eigenen Reihen aufräumen will. Ich kann daher nur hoffen und beten, dass Opfer, die den ganzen Weg, der hinter mir liegt, noch vor sich haben, künftig anders behandelt werden, und dass diese Kirche endlich ernst macht mit der Zusage, die Täter nicht mehr zu decken und zu schonen. Ich kann andere Betroffene nur ermutigen, ebenfalls mit ihren Erlebnissen aus der Deckung zu kommen. Wir tun damit nicht nur etwas für unsere persönliche Heilung, sondern leisten auch einen Beitrag dazu, dass sich endlich etwas ändern und Licht in ein sehr dunkles Kapitel von Menschsein kommen darf.

»Prävention« – das neue Deckmäntelchen?

An dieser Stelle kann ich mir und Dir als Leser*in einen Nachtrag nicht ersparen, der den Rahmen einer Fußnote von Umfang und Inhalt her bei weitem sprengen würde. Seit ich obige Zeilen geschrieben habe, ist mehr als ein Jahr vergangen, und meine Einschätzung fällt heute längst nicht mehr so optimistisch aus. Das Buchmanuskript und die Bestrebung, es zu veröffentlichen, führten mich nach Rom zu Pater Hans Zollner SJ, Leiter des Kinderschutzzentrums der Päpstlichen Universität Gregoriana und einer der führenden Männer im Bereich Prävention von Missbrauch durch Geistliche. Bei diesen Kontakten und meinen weiteren Recherchen wurde mir die neue Strategie der katholischen Kirche klar: Man hängt sich jetzt das »Präventions-mäntelchen« um und versucht auf diese Weise, den Blick wegzulenken von dem, was geschehen ist und vermutlich bis heute reihenweise geschieht. Das passiert auf allen Ebenen. So ist etwa der Website des Erzbistums Bamberg nicht einmal mehr die zuständige »Missbrauchsbeauftragte« zu entnehmen; man liest dort nur noch über Prävention. Ironie des Schicksals: Als ich während der Überarbeitung dieses Manuskriptes nochmals in mich ging und überlegte, ob es nicht barmherziger wäre, mit der Veröffentlichung dieses Buches den Tod des Täters abzuwarten, recherchierte ich im Internet nach, ob er zwischenzeitlich bereits verstorben sei. Ich traute meinen Augen nicht: Im Netz ist ein Pfarr-brief meiner früheren Heimatgemeinde veröffentlicht, in dem freudig von der Feier des 85. Geburtstages des ehemaligen Gemeindepfarrers berichtet wird. Im Bild zu sehen: Der Herr Pfarrer im liturgischen Gewand, beglückwünscht von zwei kleinen Mädchen (!), die ihm eine Kerze und eine Rose überreichen. Das war 2014, vier Jahre nach meiner Anzeige. Von wegen Zelebrationsverbot! Ich berichtete bei meinem Gespräch in Rom Pater Zollner von der Entdeckung, woraufhin er mir riet, den Bamberger Erzbischof davon in Kenntnis zu setzen. Wieder dachte ich wochenlang nach: Einer der obersten Abgesandten des Papstes zum Thema Missbrauch ermuntert mich, seinen Mitbruder beim zuständigen Bischof anzuprangern. Meine brennenden Fragen: Warum müssen immer wieder wir Betroffene selbst tätig werden? Wann werden innerhalb dieses kranken, verkommenen Systems endlich Strukturen geschaffen, die es uns abnehmen, einzeln und auf eigene Faust immer wieder aufs Neue zu versuchen, uns Gehör zu verschaffen? Hätte das Bild des Täters, der sich im Priestergewand öffentlich feiern und von zwei kleinen Mädchen anhimmeln lässt, nicht augenblicklich dazu führen müssen, dass der Ober-Präventions-Fachmann zum Telefonhörer greift und einen Stein ins Rollen bringt? Nichts dergleichen geschah. Nach langem

Abwägen informierte ich im Oktober 2016 schriftlich Erzbischof Dr. Schick über das veröffentlichte Bild; eine Kopie dieses Schreibens sandte ich an die Missbrauchsbeauftragte des Bistums. Seither ist wieder mehr als ein Jahr vergangen, und bis heute erhielt ich auf meine Zeilen keine Reaktion. In einem in der »Zeit« im Februar 2016 veröffentlichten Artikel schreibt Zollner: »Der Kampf gegen sexuellen Missbrauch wird noch lange dauern. Dabei müssen wir Abschied nehmen von der Illusion, dass bloße Regeln und Leitlinien genügen. Wir brauchen echte Umkehr: Gerechtigkeit für die Opfer und umfassende Prävention müssen gewollt sein. Sie dürfen nicht als lästig abgehakt werden, sobald die Öffentlichkeit wieder wegschaut. Alle Räume der Kirche müssen privilegierte Schutzräume sein. Warum ist es so schwer, diese Botschaft zu vermitteln? Weil es schmerzt, sich einzugestehen, wie viel Leid ausgerechnet Vertreter der Kirche den Jüngsten und Verwundbarsten angetan haben. Wie viel Widerstand herrschte, wie viel Feigheit, bloß um ein ›unbeschadetes‹ Bild der Kirche zu erhalten.«[53] Zollner schreibt in der Vergangenheit: »angetan haben«. Als wäre es vorbei, als würde das nicht heute noch genauso tagtäglich vorkommen: hinter Klostermauern, in Gemeindesälen und Pfarrhäusern, in den ach so privilegierten Schutzräumen von Kirche. Auch für die Medien ist das Sujet derzeit nicht von Interesse, die Wogen sind verebbt, das Thema Missbrauch durch Kleriker interessiert nicht mehr.

Das zeigte sich auch bei meiner Suche nach einem Verlag für das hier vorliegende Buch. Ein kirchennaher Verlag, der am Thema Gotteserfahrungen kein Interesse hatte, prüfte lediglich, ob sich das Missbrauchsthema gewinnbringend ausschlachten ließe. Nach der Prüfung ließ mich das Lektorat sinngemäß wissen, man könne – wenn überhaupt – nur etwas aus der Story machen, wenn ich bereit wäre, die Details aufzurollen, was ich ja nicht wolle, um keine voyeuristischen Interessen zu befriedigen. Zudem sei das Thema Missbrauch durch Geistliche nicht neu und das mediale Interesse mittlerweile gering. Dann die üblichen verbindlichen Worte, man wünsche mir viel Glück und bei einem anderen Verlag würde es bestimmt klappen, und so weiter und so fort. »Sex sells«, lautet ein Marketinggesetz. Das dürfte einer der Gründe dafür sein, weshalb es einer italienischen Betroffenen gelungen ist, ihre von einer Journalistin aufgeschriebene Geschichte als Buch zu veröffentlichen.[54] Die Frau schildert darin detailliert ihre jahrelangen Missbrauchserlebnisse durch den Gemeindepfarrer. Ich habe die Lektüre dieses Buches nach gut einem Drittel abgebrochen, zumal die Parallelen zu dem, was ich selbst erlebte, frappierend sind. Aus meiner Sicht braucht die Welt diese akribischen Schilderungen nicht. Ich selbst habe einige Details des Geschehens in der Anklageschrift dargestellt. Für die persönliche Aufarbeitung erscheint mir das Schreiben sehr hilfreich, aber braucht es die große Öffentlichkeit? Mir erscheint ein tieferer Blick, ein Beleuchten der Hintergründe gewinnbringender, nur eben leider nicht unbedingt im Hinblick auf klingelnde Verlagskassen. Den Umschlag des italienischen Taschenbuches ziert eine Banderole mit einem Zitat von Pater Zollner: »Le vittime devono essere ascoltate.«[55] Die Opfer müssen gehört werden. Diesen Satz ließ er im Gespräch mit mir öfter fallen und berichtete auch sichtlich gerührt, wie entlastet Betroffene nach einer Audienz beim Papst seien. Ein Händedruck vom Papst! Hätte ich um dessen segensreiche Wirkung gewusst, hätte ich mir glatt zehn Jahre analytische Therapie erspart. Es ist nicht zu fassen, was die Männer innerhalb dieses Systems sich einreden und woran sie offenbar selbst glauben.

Ein paar wohlmeinende kirchennahe Erstleser*innen meines Buches rieten mir, an manchen Stellen die Schärfe etwas herauszunehmen. Angesichts dieser neuerlichen Erfahrungen, die ich mit der Institution Kirche machen musste, sage ich laut und deutlich: Nein! Ich werde nicht mit dem Weichzeichner über diese Zeilen gehen, und ich werde nicht abschwächen und verwässern, was zum Himmel schreit. Im Gegenteil: Ich stelle laut und dezidiert einige Fragen, die aus meiner Sicht zu beantworten sind, wenn die katholische Kirche sich ernsthaft mit dem Missbrauch von Kindern und Jugendlichen durch Geistliche auseinandersetzen will:

- Wie steht es um die Körperlichkeit und Sexualität katholischer Priester? Was werden die Verantwortlichen in diesem System künftig dazu beitragen, dass sich auch bei zölibatär lebenden Menschen eine erwachsene Sexualität entfalten kann?[56]

- Wann endlich wird der Zwangszölibat abgeschafft?

- Wann endlich sind katholische Priester bereit, sich selbst von ihrem Thron zu stürzen, aus ihrem Elfenbeinturm zu kommen und zu bekennen: Ich bin ein ganz normaler Mann mit sexuellen Bedürfnissen und einer großen Sehnsucht nach Nähe zu anderen Menschen, und diese Sehnsucht möchte ich gerne ausleben.

- Wann endlich kommt auch in der katholischen Kirche die Botschaft Jesu an, die mit Leibfeindlichkeit und Abspaltung jeder Körperlichkeit nicht das Geringste zu tun hat? Wann öffnet sich diese Glaubensgemeinschaft für die Schönheit von Beziehung, Liebe und Intimität?

- Wann endlich kommt mehr echte Außenperspektive in die Aufdeckung der Missbrauchsfälle? Anders gefragt: Wann endlich ist die katholische Kirche bereit, sowohl Aufklärung als auch Prävention in die Hände von Fachleuten zu legen, die außerhalb des Systems Kirche stehen?

Zum Ende dieses Nachtrages gebe ich das Wort dem Theologen und Psychologen Wunibald Müller, leidenschaftlicher Verfechter einer lebendigen Sexualität und zugleich Kämpfer für die Entkopplung von Priestertum und Zölibat. Er schreibt in seinem wunderbaren Büchlein »Vom Kusse seines Mundes trunken. Sexualität als Quelle der Spiritualität«: »Ich weiß um jene Seite von Vergnügen und Lust, wenn diese nicht mit Respekt und Verantwortung einhergehen. Ich weiß um die dunklen Seiten von Berührung, wenn Grenzen nicht beachtet, andere für meine Zwecke und Bedürfnisse missbraucht werden. Doch das darf – um Gottes willen oder Gottes wegen – nicht dazu führen, dass wir Vergnügen und Lust aus unserem Leben verbannen; die königliche Weise, in der Gegenwart zu leben, uns vorzuenthalten, indem wir sie verteufeln. Wir beschneiden damit die Qualität unseres Lebens, lagern einen fundamentalen Bereich unseres Menschseins aus unserem Leben aus. Wir löschen damit eine wunderbare Erfahrungsweise von Leben und damit aber auch von Gott selbst aus.«[57]

All den zölibatär lebenden Männern, die die Entscheiderpositionen innerhalb des Systems Kirche bekleiden, wünsche ich eines von Herzen: dass sie die Größe haben, den Weg freizumachen für nachfolgende Priestergenerationen, die diese Erfahrung von Sexualität als Quelle der Spiritualität nicht mehr im Geheimen machen müssen, sondern sie in aller Freiheit und Offenheit erleben dürfen. Vielleicht gelingt das leichter, wenn wir kollektiv die Leistung dieser heute größtenteils alten Männer anerkennen, die in dem Glauben aufwuchsen, sich für das Leben mit Gott oder mit einem Partner entscheiden zu müssen. Viele, vielleicht sogar die meisten von ihnen haben sich redlich gemüht. Jetzt gilt es bitte anzuerkennen, was ein Schweizer Jesuit im Hinblick auf ein (pflicht-)zölibatäres Leben einmal so trefflich formulierte: »Das ist ein Auslaufmodell.«

Versuch eines Panoramablicks

Was also hat all dies mit mir gemacht, und wo stehe ich heute? Die Auswirkungen dessen, was ich erlebt habe, sind so komplex, dass mir das Bild von den Matrjoschka-Puppen dafür nicht mehr ausreicht. Vielmehr fühle ich mich wie auf einem Hochplateau, auf dem man nur dann behaupten kann, man kenne die Landschaft einigermaßen, wenn man die 360 Grad ausgeschöpft und den Blick in alle Richtungen hat schweifen lassen. Vielleicht das Wichtigste zuerst: Ich fühle mich nicht als Opfer. Natürlich war ich es in gewisser Weise, denn wo ein Täter ist, da ist ein Opfer, und wer würde bei einer Elfjährigen in Häschenunterwäsche, an der mehrmals pro Woche sexuelle Handlungen vollzogen wurden, nicht von einem Opfer sprechen? Als mir Schritt für Schritt klar wurde, wie einschneidend die Erfahrungen waren, die ich als Pubertierende machen musste, fühlte ich mich selbstverständlich als Opfer, und das war nicht nur gerechtfertigt, sondern vor allem notwendig, um endlich die Vorstellung eigener Schuld loslassen zu können. Als dieser Mann mir dann auch noch über seinen Anwalt ein Stillschweigeversprechen abringen und die Schmerzensgeldzahlung erpresserisch daran knüpfen wollte, fühlte ich mich zunächst auch als Opfer – als das frühere Mädchen und die heutige Frau, die das Pech hatte, in die Hände eines Perversen zu fallen, der offenbar jedweden Anstand und jedes Rechtsgespür im Lauf seines Lebens verloren hatte. Das war nochmals ein zentraler Punkt in der Verarbeitung der Geschehnisse, und ich danke den Menschen um mich herum, die mich in meiner Entscheidung bestärkten, mich diesem ungeheuerlichen Ansinnen nicht zu beugen. Im Gegensatz zu früher bin ich heute eine erwachsene Frau, die die volle Verantwortung für ihre Entscheidungen und ihr Leben übernehmen kann. Ich fühle mich nicht als Opfer, sondern als mündige Bürgerin, die alles tut, um lebenshindernde Folgen des damaligen Missbrauchs weiter abzubauen. Diese Schilderung ist für mich ein Beitrag dazu.[58]

All die anderen Schritte, die ich unternahm, dienten ebenso meinem Heilwerden auf verschiedenen Ebenen. Ich hatte es schon angedeutet: Nachdem ich als etwa 16-Jährige endlich dem Pfarrhaus fernblieb, gelang es mir nicht mehr, mich in gleichaltrige oder nur wenig ältere Jungs zu verlieben. Schon frühzeitig merkte ich, dass etwas nicht mehr mit mir stimmte und wollte mir Hilfe holen. Doch ich geriet zunächst an eine Therapeutin, die mich mit wenig ermutigenden Prognosen abspeiste: Während der Pubertät würde das Bild des Geschlechtspartners geprägt, und sie könne mir kaum Hoffnung machen, dass ich aus dieser Konditionierung je wieder herauskäme. Der Schlag saß. Zu dem Zeitpunkt war ich 19, maximal 20 Jahre alt und hatte eine geheime »Beziehung« zu einem sehr viel älteren Mann. Ich nehme es vorweg: Das ging noch viele Jahre so, und ich denke, es war nicht nur dem Missbrauch geschuldet, sondern auch der Tatsache, dass ich noch immer sehr bedürftig auf der Suche nach väterlichem Halt war. Die Alzheimer-Demenz meines Vaters schritt damals rasch fort, meine Geschwister waren aus dem Haus und meine Großmutter inzwischen zu alt und gebrechlich, um sich noch um uns zu kümmern. Im Gegenteil: Der »Kümmerer« der Familie war ich so lange, bis mein Vater 1991 starb – ich war 22 Jahre alt – und vier Jahre später meine Oma. Die älteren Herren, die mich noch zwei Jahrzehnte durchs Leben begleiteten, hielten auch keine Grenzen ein und machten das Verwirrspiel mit, in dem ich selbst feststeckte. Papa, Chef, Lehrer, Priester, Freund – im »Who-is-who« der Männerwelt kam ich nicht zurecht. Von daher hatte die Pessimistentherapeutin, die ich übrigens nach dieser ersten niederschmetternden Stunde nie wieder aufsuchte, schon recht. Trotzdem wollte ich mich nicht auf die Prägung einer Konrad Lorenz'schen Graugans reduzieren lassen und hatte immer den Wunsch, irgendwann eine »normale« Beziehung eingehen zu können. Mehrere Anläufe scheiterten; ich schickte die »Jungs« nach kürzester Zeit in die Wüste, weil sie mich schlicht langweilten. Zum einen war sicher nicht »der Richtige« dabei. Zum anderen brauchte ich noch lange den Halt einer starken Vaterfigur, und den gaben mir die beiden Persönlichkeiten, mit denen ich jeweils 13 Jahre meines Lebens verbrachte. Abitur, Berufsausbildung, Universitätsstudium, erfolgreiche Berufstätigkeit in sehr interessanten Arbeitsbereichen – ohne die starken quasiväterlichen Arme hätte ich das alles nicht geschafft. Das ist die eine Seite. Die andere: Hätte ich mir früher bewusst gemacht, wer welche Rolle in meinem Leben gespielt hat, wäre es vielleicht doch früher gelungen, einen ebenbürtigen Partner an meine Seite zu bekommen, der nicht zusätzlich die Vaterrolle übernehmen muss. Aber es war eben anders, und ich bin beiden Männern dankbar für ihre Begleitung und väterliche Liebe.

Bezeichnenderweise holen einen die erlebten Katastrophen und erlittenen Mängel meist erst ein, wenn im Außen alles ganz geregelt und relativ normal zu sein scheint. So war ich schon Mitte 30, als bei mir absolut nichts mehr ging und ich mich mit einer schweren Depression in psychotherapeutischer Behandlung wiederfand. Was dann kam, war mühsame Kleinarbeit, und mehr als einmal hatte ich die Nase voll davon, mich den ganzen Schrammen und Blessuren zu widmen, die meine Seele im Lauf ihres Lebens davongetragen hatte. Heute weiß ich: Die mehr als zehnjährige Psychotherapie, der ich mich unterzog, ist ein echtes Geschenk und die nachhaltigste und wichtigste Qualifikation, die ich in meinem Leben erworben habe. Was hatte ich für ein Glück mit dem Therapeuten[59], zu dem mich Gott über Umwege führte! Noch im größten Schmerz brachte er mich mit seinem guten Humor zum Lachen, und wenn ich wieder einmal weinend beklagte, dass meine innerlich mühevoll aufgestellten Dominosteinchen mit einem Schlag in sich zusammengestürzt waren, meinte er mit sanftem Lächeln: »Dann bauen wir sie eben wieder auf!« Des Wertes dieser Unterstützung war ich mir von Anfang an bewusst. Was ich erst vor nicht allzu langer Zeit begriff, war die große Bedeutung dieser langen Therapiejahre bei einem mir durch und durch sympathischen Mann, der vom ersten bis zum letzten Tag nicht einen Millimeter von seiner Therapeutenrolle abwich. Natürlich hatte ich mich im Lauf der Therapie in diesen Mann verliebt; man braucht kein Freudianer sein, um zu wissen, dass das nicht ausbleiben konnte. In einem schlauen Buch las ich, dass solche Gefühle, wenn sie unausgesprochen bleiben, den Therapieverlauf verzögern können.[60] Entsprechend nahm ich all meinen Mut zusammen und sprach es an. Der Fachmann ging damit um wie ein Zauberer mit einem rohen Ei: Er drehte und wendete mein »Geständnis« ein wenig mit mir im Gespräch hin und her, nahm mich mit meinen Gefühlen dabei sehr ernst und – schwuppdiwupp – lösten selbige sich auf und ich begriff: Das ist mein Therapeut; nicht weniger, aber auch nicht mehr. So erschloss sich mir ein besonderer Sinn von Langzeittherapie: Zum ersten Mal in meinem Leben erfuhr ich, was es heißt, eine stabile Bindung zu einem Mann aufzubauen, in der Grenzen gewahrt bleiben und jeder verlässlich in seiner Rolle bleibt. Endlich durfte ich einen Mann erleben, der mir signalisierte: Ich bin für dich da, solange du mich brauchst, und du kannst immer zu mir kommen. Aber genau in diesem Rahmen, in diesem Sprechzimmer, mit diesem Abstand zwischen uns und mit dem distanzwahrenden »Sie« als Anrede. Nur zwei Mal begaben wir uns miteinander in einen anderen Rahmen: einmal zu einer Ko-Therapeutin, die mir mit einer bestimmten Art der Familienaufstellung weiterhalf. Das zweite Mal habe ich in besonders dankbarer Erinnerung: Mein ärztlicher Therapeut begleitete mich zu der kircheninternen Vernehmung im Zusammenhang mit meiner Anzeige des Missbrauchsgeschehens. Es war ein höllisch heißer Tag, und er saß neben mir und goss mir ein Glas Wasser nach dem anderen ein. Dieses *Mit-mir-Sein* und diese anrührende Geste der Fürsorglichkeit waren das, was auch ein liebevoller Vater getan hätte, der nicht mit seinen eigenen Traumatisierungen zu kämpfen hat. Von daher vertrat mein Therapeut damals in gewisser Weise meinen Vater, der mir 25 Jahre zuvor nicht hatte zur Seite stehen können.

Die Früchte dieser Therapie sind vielfältig – es wurde im Lauf der Jahre ein ganzer Obstkorb! Der wiederum konnte sich nur füllen, weil mir vorher all das Leid widerfahren war; wenn es mir nicht so schlecht gegangen wäre, hätte ich diesen langen Weg der Heilung nicht gebraucht. Auf ihm habe ich wundervolle Menschen kennengelernt in einer Tiefe, die in einem anderen Kontext nicht möglich oder zumindest unüblich ist. Ich durfte Werkzeuge kennenlernen, die nicht nur meinen Horizont erweiterten, sondern mein ganzes Weltbild auf den Kopf stellten und die mich erahnen lassen, wie reich unser Bewusstsein werden kann, wenn wir uns mehr und mehr für die Bewusstwerdung öffnen. Zu mir kommen Menschen mit den verschiedensten Anliegen, und obwohl sie bisher von meiner Geschichte wenig bis gar nichts wussten, fühlen sie sich von mir verstanden, angenommen und gut begleitet. Vielleicht liegt es daran, dass ich selbst so viel erlebt habe: der frühe Verlust schwer traumatisierter, »sprachloser« Eltern, Missbrauch, Depression, Krebs, in der Herkunftsfamilie Alkoholismus und Alzheimer – fast könnte ich sagen: Nichts Menschliches ist mir fremd. Doch Leid allein genügt nicht, um eine gute Begleiterin zu werden, genauso wenig wie Lehrbuchwissen allein genügt. Worauf es meines Erachtens ankommt, ist die Fähigkeit, die Wandlung des Leids zuzulassen und die darin verborgene kostbare Perle zu entdecken. Das ist der tiefe Sinn von Kreuz und Auferstehung: Ohne Kreuz, ohne Leid und Schmerz, ohne Golgota kein österlicher Jubel.

»Nur für eine kleine Weile habe ich dich verlassen« (Jes 54,7)

Wo war Gott in all diesen Erlebnissen, mag manch einer fragen. Immer wieder ist es die Frage nach der Theodizee, die die Menschen umtreibt: Wie kann ein gütiger Gott all das Schreckliche, das uns widerfährt, zulassen? Ich persönlich finde darauf nur eine Antwort, wenn ich aufhöre, die Welt in Gut und Böse, Freud und Leid, Himmel und Hölle aufzuspalten. Ja, Gott ist da, und er ist im tiefsten Leid ebenso wie im höchsten Glück. Es mag unglaubwürdig oder vielleicht pathetisch klingen, aber unter dem Strich bin ich dankbar für alles, was mir widerfuhr. Es hat mich zu der gemacht, die ich bin, und mich an den Platz geführt, an dem ich heute leben darf. Lange Zeit konnte ich das nicht so sehen, und es war mir auch nicht möglich, an einen Gott zu glauben, von dem ich das Bild hatte, er hätte sich ausgerechnet bei den Gebeten, die aus unserer Familie kamen, blind und taub gestellt. Interessanterweise führte mich das tiefste Dunkel, die Zeit der schwärzesten Depression, Schritt für Schritt zu einem Glauben, der um ein Vielfaches reifer und reflektierter ist als der Glaube im ersten Teil meines Lebens. Mein Glaube an Gott und die reichen Begegnungen und Erfahrungen, die ich damit verbinde, sind tatsächlich das Wichtigste in meinem Leben, und ich bitte inständig darum, dass mir dieses Geschenk erhalten bleibt, was auch immer mein Leben sonst noch bringen mag. Zur Institution Kirche habe ich ein gespaltenes Verhältnis. Vieles darin ist eine grauenvolle Ansammlung an Dünkel, Macht, Verlogenheit, Grausamkeit und Ignoranz. Doch wie bei allem, so gibt es auch bei der Kirche eine Kehrseite, und ich bedauere, dass nicht mehr Menschen in der Lage sind, auch diesen Bestandteil unserer Gesellschaft differenziert zu betrachten. Ich glaube, Kirche, wie sie ursprünglich gedacht war und von den frühen Christengemeinden gelebt wurde, wäre eine große Bereicherung für unsere halt- und orientierungslose und in vielem verkommene Gesellschaft. Was wir brauchen, sind überzeugende Menschen, die uns Werte vorleben und sie uns zeitgemäß vermitteln. Wir brauchen Gemeinschaften, in denen wir spüren, dass etwas trägt, und dass dieses »Etwas« eine Ebene tiefer, unter dem menschlichen Miteinander, liegt. Wir brauchen gemeinsame Rituale, in denen wir uns miteinander, mit den Feldern und Systemen, aus denen wir kommen, und mit denen, in denen wir jetzt leben, verbinden können, und darüber hinaus mit dem uns alle tragenden Grund. Wir brauchen eine neue Sinnlichkeit, die uns neben aller Ratio und allem Begreifen in eine Welt eintauchen lässt, von der wir spüren, dass sie *mehr wert* ist als alles, was wir an der Oberfläche erfahren und erleben. **171**

Wir brauchen echte Diakonie im Sinne einer nicht wertenden Fürsorglichkeit und barmherzigen Nächstenliebe, wie Christus sie uns vorgelebt hat. Mit jedem Glockenläuten, das ich mitten in der Stadt, draußen auf dem Land oder in einer der uns noch verbliebenen klösterlichen Oasen höre, bitte ich Gott, dass diese Vision von Kirche Wirklichkeit werden darf. Papst Franziskus lässt mich hoffen; es liegt ein gutes Stück Arbeit vor ihm. Für ihn sollten wir beten: um Schutz und Kraft auf seinem mutigen und entschlossenen Weg des Klärens und Aufräumens im Außen sowie der inneren Erneuerung.[61]

Ich selbst bin wie schon gesagt nach langer »Abstinenz« 2004 sehr bewusst in die katholische Kirche wieder eingetreten, eben genau deshalb: Weil ich an die Grundidee dieser Gemeinschaft glaube und nicht weiß, wer stattdessen die Inhalte unserer Religion mit ihrer tiefen Weisheit tradieren sollte. Ich möchte nicht in einer Gesellschaft alt werden, in der junge Menschen völlig abgetrennt von den spirituellen Wurzeln des Christentums groß werden. Gebe Gott, dass Kirche sich in eine Richtung bewegt, wo sie wieder attraktiv im Wortsinn wird. Eine Bekannte äußerte einmal die Befürchtung, sie müsse sich irgendwann vor Gott rechtfertigen, nicht etwa, weil sie aus der Kirche ausgetreten sei, sondern im Gegenteil: weil sie dieser Kirche weiter angehört, statt ihr den Rücken zu kehren. Die Vorstellung eines so gearteten »Jüngsten Gerichts« amüsiert mich einerseits, stimmt mich andererseits aber nachdenklich. So weit sind Christinnen und Christen also schon, dass sie Gottes Zorn befürchten, wenn sie »ihrer Kirche« treu bleiben. In der Tat: Man lese nur das 2015 erschienene Buch von Gianluigi Nuzzi, dem italienischen Journalisten, der schonungslos die Finger in die Wunden der vatikanischen Machtstrukturen legt. Nach der Lektüre von »Alles muss ans Licht. Das geheime Dossier über den Kreuzweg des Papstes«[62] überlegte ich erstmals, ob es nicht doch aus moralischen Gründen dringend geboten sei, aus dieser Institution wieder auszutreten, statt dieses System ideell und finanziell weiter zu stützen. Wenn ich heute von Gott wegen meiner Kirchenzugehörigkeit zur Rede gestellt würde, würde ich ihm sagen: Ich gedulde mich noch ein wenig und bleibe, in der Hoffnung, noch zu erleben, wie Verkrustetes aufbricht und ein lebendiger Neuanfang daraus erwachsen darf. Die Hoffnung stirbt bekanntlich zuletzt.

»Du hast meine Klage verwandelt in einen Reigen« (Ps 30,12)

Meinen Glauben an Gott durfte ich also wiederfinden und mit ihm allmählich auch den Glauben an mich selbst und an die große Kraft, die in mir wohnt. Ich begann wieder zu beten und bestürmte Gott, mich allmählich aus dem Dunkel von Depression und Einsamkeit herauszuführen, hinein in ein glücklicheres und erfüllteres Leben. »Du hast meine Klage verwandelt in einen Reigen. Du hast mich mit Freude gegürtet«, jubelt der zwölfte Vers im Psalm 30, auf den mein Blick beim Schreiben fällt. Es dauerte eine gefühlte Ewigkeit, aber mein Gebet wurde erhört: Vor fünf Jahren trat der Mann in mein Leben, an dessen Seite ich alt werden möchte und hoffentlich darf. Als ich damals in meinem Freundeskreis zaghaft andeutete, dass es da jemanden gibt, lautete die erste Frage prompt: »Wie alt?« Verständlich, ich hätte als Außenstehende das Gleiche gefragt. Wenn ich schmunzelnd antwortete: »Fünf Jahre älter als ich«, sah ich förmlich, wie alle mit dem Daumendrücken begannen: »Wenn das mal gut geht!« Es ging, und es geht! Mit Thomas an meiner Seite erkenne ich mein eigenes Leben kaum wieder, und am Anfang »holperte« es in der Tat etwas, so neu war die Erfahrung einer wirklichen Partnerschaft für mich. Je mehr ich begriff, was für ein Geschenk mir das Leben mit diesem Mann nun endlich bereitet hatte, desto mehr wuchsen zunächst die Ängste, ich könnte ihn wieder verlieren. Es war doch gar nicht denkbar, dass ich dauerhaft so glücklich sein könnte!

Seit drei Jahren sind wir verheiratet, und inzwischen glaubt auch der letzte Winkel meiner Seele, dass dieser Mensch an meiner Seite bleibt und ich an seiner. Zum ersten Mal in meinem Leben kann ich im Brustton der Überzeugung sagen: Ich bin glücklich! Der weite Weg mit all seinen Mühen hat sich gelohnt, und ich wünschte, die Therapeutin, die mich damals so entmutigt hat, erführe davon. Wichtiger jedoch ist mir die Botschaft an andere Menschen, denen Leid zugefügt wurde oder die in Mangel und Entbehrung, wie auch immer geartet, aufwachsen mussten: Glaubt an Euch und gebt Eure Wünsche und Hoffnungen nicht auf! Macht Euch auf den Weg, sucht Euch gute Begleiter*innen und habt den Mut, Euch mit Schmerz und Leid auseinanderzusetzen, um ihm die Chance zur Transformation zu geben! Nicht alles ist reversibel, und nicht all Eure Bedürfnisse werden dabei vielleicht erfüllt. Auch ich muss lernen, mit einer der großen Enttäuschungen meines Lebens zu leben: Bei aller inneren Arbeit habe ich es nicht mehr geschafft, die Kurve zur Mutterschaft zu kriegen. Die Vision von vier Kindern hatte ich mit zunehmendem Lebensalter schon aufgegeben. Doch auf zumindest *ein* Kind hatte ich bis vor kurzer Zeit noch gehofft. Als mein jetziger Ehemann in mein Leben trat, keimte diese Hoffnung auf; mit 45 Jahren war ich zwar hart an der Grenze, aber sowohl die biblischen Geschichten von Sara oder Hannah als auch einige aktuelle Beispiele betagterer Mütter machten mir Mut. Angesichts eines so tiefen Herzenswunsches nimmt man die Bibel schon mal gern beim Wort. Aber Thomas als Vater von zwei Töchtern aus erster Ehe hätte sich letztlich nur mir zuliebe auf ein weiteres Kind eingelassen, und zu einer glücklichen Elternschaft gehören schließlich zwei, die sich das wirklich wünschen. Zugegeben: Mit dem Thema hadere ich bis heute immer mal wieder; da habe ich meine endgültige »befriedete« Position noch nicht gefunden. Aber das ist nicht schlimm, denn das Wichtigste scheint mir zu sein, die »Baustellen«, die wir in unserem Inneren noch haben, wahrzunehmen und sich ihnen freundlich und geduldig zuzuwenden. Wer weiß: Vielleicht hätten meine Kinder und Enkel mit dem, was ich zu geben habe, nicht viel anfangen können. Nun freue ich mich über die Jugendlichen, Frauen und Männer, die zu mir zur Beratung und in meine Seminare kommen und sich dankbar und wertschätzend von mir begleiten lassen. Je mehr es mir gelingt, sie alle als von Gott gesandt wahrzunehmen und jeder und jedem das für ihn Wichtige aus meinem Erfahrungsschatz und aus dem darüber hinaus erlernten theoretischen Wissen mitzugeben, desto mehr wird sich Dietrich Bonhoeffers Wort auch in meiner Biografie bewahrheiten: »Es gibt erfülltes Leben trotz vieler unerfüllter Wünsche.«

6 IN ZEICHEN UND WUNDERN GOTT ERAHNEN

»Es gibt zwei Arten, sein Leben zu leben:
entweder so, als wäre nichts ein Wunder, oder so,
als wäre alles eines. Ich glaube an Letzteres.«
Albert Einstein

Sowohl der Reformation als auch der Aufklärung bin ich von Herzen dankbar. Mit wie viel »Volksdümmelei« wurde von diesem Zeitalter an endlich aufgeräumt! Was für ein Segen, dass mehr und mehr auch vermeintlich einfache Leute anfangen konnten, ihren Verstand zu gebrauchen und sich nicht mehr so leicht in Angst und Schrecken versetzen ließen. Dank der Pionierarbeit vieler kluger Köpfe können wir heute frei entscheiden, was wir glauben und annehmen wollen und was nicht. Wir müssen nicht mehr gefangen sein in Vorstellungen vom Höllenfeuer, in dem wir einst schmoren werden, wenn wir uns in diesem Leben nicht normgerecht verhalten und das tun, was andere uns in ihrem Machtanspruch und ihrer Besserwisserei meinen, vorschreiben zu können. In der westlichen Welt sind wir größtenteils des Lesens und Schreibens mächtig und können uns über alle möglichen Quellen und Kanäle Informationen beschaffen. Und erst die Meinungsfreiheit, was für ein Geschenk! Ich frage mich oft, wovor sich Menschen hierzulande noch immer fürchten und warum nicht viel mehr Leute ungeschminkt die Wahrheit und ihre Meinung sagen. Wovor haben wir Angst? Wir landen nicht auf dem Scheiterhaufen oder in der Folterkammer, wir in Mitteleuropa müssen keine Todesstrafe fürchten und keinen Ausschluss aus dem Familienclan. Zumindest nicht real und im Außen. Unbewusst scheinen wir oft zu fürchten, wir könnten die Gruppenzugehörigkeit verlieren, wenn wir ausscheren aus dem üblichen Verhalten und den in einer

Gruppe unausgesprochen geltenden Regeln und Normen. So halten wir hinter dem Berg mit unseren Überzeugungen und mit dem, was wir in der Tiefe als richtig und wichtig erkannt haben. Mehr Mut zur Authentizität, das ist es, was ich uns wünsche.

Dazu gehört aus meiner Sicht auch anzuerkennen, dass es Dinge gibt, die unser menschliches Begreifen übersteigen. Aller Aufgeklärtheit zum Trotz gibt es Begebenheiten, Erscheinungen oder Wahrnehmungen, die über das hinausgehen, was wir mit unserem begrenzten Bewusstsein wahrnehmen und erklären können. Viele weigern sich strikt, das anzuerkennen und wehren sich mit Händen und Füßen gegen das Offensichtliche. Weshalb ziehen Menschen richtiggehend eine Mauer hoch und lehnen alles ab, was nicht bis ins Letzte begreifbar (in doppeltem Wortsinn) und messbar ist? Ich glaube, es gibt verschiedene Gründe für dieses »Mauern«. Einer davon könnte nackte Angst sein. Angst, man könnte die Kontrolle verlieren und das Weltbild, in dem man sich eingerichtet hat, könnte Risse bekommen und müsste hinterfragt und eventuell revidiert werden. Wer wäre ich, wenn ich plötzlich anders dächte? Hätte mein bisheriger Lebensweg vor meinem inneren Richter noch Bestand, oder hätte ich vor dem neuen Erfahrungshintergrund manche Entscheidung anders getroffen und wäre an mancher Weggabelung in eine andere Richtung abgebogen? Könnte es sein, dass sich mir plötzlich Zusammenhänge erschlössen, die ich während der ersten Lebenshälfte übersehen habe (und das vielleicht mit gutem Grund)? »Man kriegt die Zahnpasta nicht in die Tube zurück.« Dieser Satz, den die Theologin und Buchautorin Marion Küstenmacher während eines Seminars fallen ließ, kommt mir oft in den Sinn. Tatsächlich können wir unser Bewusstsein nicht zurückdrehen und so tun, als hätten wir bestimmte Erkenntnisse nicht gewonnen. Außer wir verdrängen sie gewaltsam und packen sie in unserem Unterbewusstsein in einen fest verriegelten Hochsicherheitstrakt. Die möglichen Folgen

sind vielfältig: eingeschränkte Biografien ohne Weiterentwicklung und Entfaltung, wiederkehrende Krankheiten und
Symptome, Macht- und Autoritätsgehabe, soziale Kälte,
schrilles Geplärr und Übertönen dessen, was so mühsam
unter dem Deckel gehalten wird und immer wieder, mal
zaghaft, mal deutlicher, von innen an unsere Bewusstseins-
tür klopft.

Angst vor der Prä-Trans-Verwechslung?

Eine andere Angst könnte die vor einem möglichen Rückfall
sein: Einem Zurück in prärationale Zeiten mit der Folge,
dass man sich wieder für dumm verkaufen und sich ein X
für ein U vormachen lassen müsste. Diese Befürchtung kann
ich gut nachvollziehen, und sie hat eine reale Grundlage. Die
Menschheit ist auf Evolution ausgerichtet, auf Entfaltung.
Ein Zurück (»Involution«) wäre in der auf eine Vorwärtsbewegung hin angelegten Menschheitsgeschichte kontrapro-
duktiv. In der Spiritualität findet sich dieses Weltbild schon
bei dem berühmten Theologen und Naturwissenschaftler
Pierre Teilhard de Chardin (1881–1955), der mit seinem Begriff der »Kosmogenese« genau diese zielgerichtete Dynamik
des Universums beschreibt. Daran knüpfen die Vertreter der
sogenannten »Integralen Philosophie« an, wie etwa Don
Beck, Clare Graves oder Ken Wilber. Sie sprechen gern von
der »Prä-Trans-Verwechslung«[63]: Unser Ziel kann nicht in
einem Zurück zu prärationalen, quasi »voraufklärerischen«
Denkstrukturen und Weltanschauungen bestehen, sondern
es geht um eine Weiterentwicklung hin zu transrationalen
Bewusstseinszuständen, so wie sie auch im ersten Korin-
therbrief beschrieben sind: »Als ich ein Kind war, redete ich
wie ein Kind, dachte wie ein Kind und urteilte wie ein Kind.
Als ich ein Mann wurde, legte ich ab, was Kind an mir war.
Jetzt schauen wir in einen Spiegel und sehen nur rätselhafte
Umrisse, dann aber schauen wir von Angesicht zu Angesicht.
Jetzt erkenne ich unvollkommen, dann aber werde ich durch

und durch erkennen, so wie ich auch durch und durch erkannt worden bin.« (1 Kor 13,11-12)

Wir sollen nicht zurückfallen in kindliche Glaubenssätze, Erklärungsmuster und Verhaltensweisen, aber auch nicht stehen bleiben beim »Stückwerk unseres Erkennens« (vgl. 1 Kor 13,9). Das Ziel ist ein Voranschreiten auf die Erkenntnis hin, die unser eingeschränktes Alltagsbewusstsein bei weitem übersteigt. Hüten wir uns davor, wie die Dreijährigen in die Welt der Feen, Elfen, Zauberer und Engel zurückzufallen, oder in Blitz, Donner und sonstiger Unbill einen strafenden Gott zu sehen, dessen Zorn wir uns durch Fehlverhalten zugezogen haben. Doch hüten wir uns genauso davor, bei unserer eingeschränkten rationalen Sicht der Dinge stehen zu bleiben und uns jeder Weiterentwicklung unseres Bewusstseins zu verschließen. Geben wir uns selbst die geistige Freiheit, die unser aufgeklärtes Zeitalter uns einräumt: weiterzugehen und Erfahrungen zuzulassen, die wir mit den uns bisher bekannten wissenschaftlichen Methoden (noch?) nicht belegen und begründen können.

»Lass keinen Tag ohne Zeichen vergehen; irgendwer wird sie brauchen«, legt uns Elias Canetti nahe. Zeichen und Symbole erleichtern das Leben, regeln unser Zusammenleben und können in Kürze Inhalte vermitteln, für die wir sonst weitschweifige Erklärungen bräuchten. Denken wir an das Kleinkind, dem die Mutter für den Weg in Kindergarten oder Schule die Bedeutung des in der Fußgängerampel zu sehenden roten Männchens einschärft. Ohne dieses Symbol mit seiner eindeutigen und leicht verständlichen Bedeutung wäre das Kind im unübersichtlichen Straßenverkehr mit seinen Gefahren heillos überfordert. Die einfache Regel »Rot bedeutet stehen bleiben« dient der Sicherheit des Kindes und erspart ihm umständliche Erklärungen, deren Sinn und Tragweite es unter Umständen nicht ermessen könnte. Eines Tages aber wachsen wir über diese unumstößliche Norm hinaus, weil wir die Gefahren an einer übersichtlichen Kreuzung oder Straßenüberquerung selbst **179** einschätzen können. Dann sind wir so weit, eigenständig entscheiden zu können, ob wir stehen bleiben und das Umspringen der Ampel auf »Grün« abwarten oder nicht. Mich belustigen typisch deutsche Ermahnungen von Passanten vom Stil »Es ist rot!«, wenn ich bei rotem Signal über die Straße gehe. Kein Franzose käme auf die Idee, als Fußgänger an einer einsamen roten Ampel stehen zu bleiben, wenn weit und breit kein Auto kommt! Erst recht fiele ihm nicht ein, andere auf ihr vermeintliches Fehlverhalten aufmerksam zu machen oder sie zu belehren. Selbst die Sicherheit der Kinder ist in Frankreich kein Argument für die Anweisung »Rot ist rot und bedeutet unter allen Umständen, dass du stehen bleiben musst!« Im Gegenteil: Man will die Kinder zu mündigen Bürger*innen und Verkehrsteilnehmer*innen erziehen und vermittelt ihnen, sobald sie es verstehen können, dass es gilt, Risiken abzuschätzen und erst loszugehen, wenn es gefahrlos möglich ist. Je reifer, erwachsener und mündiger man wird, umso mehr kann man den Sinn und Zweck von Symbolen und Normen einschätzen und sein Verhalten selbst bestimmen, weil man den tieferen Sinn all dessen verstanden hat und deshalb kein Schwarz-Weiß-Denken mehr braucht.[64]

Das Kreuz mit dem Kreuz

Spätestens im Erwachsenenalter geht es darum, differenziert zu denken, sich eigene Urteile zu bilden und Vorschriften, Regeln, Normen und Symbole hinter sich zu lassen, über die man hinausgewachsen ist, oder sie mit einer neuen Bedeutung zu belegen, die einem gereiften Bewusstsein eher entspricht.[65] Eines dieser Zeichen, das dringend einer erwachsenen Deutung bedarf, ist das Zeichen des Kreuzes. Zwei im rechten Winkel übereinandergelegte Balken haben zunächst überhaupt keine Bedeutung, und jemand, der noch nie von der christlichen Lehre gehört hat, könnte mit einem Kreuz gewiss nichts anfangen. Es hätte für ihn vermutlich weder eine positive noch negative, sondern schlicht keine Bedeutung. Anders sieht es aus, wenn das Symbol einen an den Balken genagelten Menschen zeigt, dann wird sich ein unbedarfter Betrachter entsetzt abwenden. Für uns christlich sozialisierte Menschen kann das Kreuz verschiedene Bedeutungen haben und entsprechend unterschiedlichste Assoziationen und Emotionen hervorrufen. Wenn wir im Geschichtsunterricht aufgepasst haben, wissen wir, was für Gräueltaten im Zeichen des Kreuzes verübt wurden und wie sehr es missbraucht wurde für expansives Machtstreben und den Kampf gegen das Fremde und vermeintlich Böse. Nicht Religion an sich führt zu Hass, Krieg, Folter und Terror, sondern der Missbrauch von Macht und Einfluss und ein falsches Verständnis dessen, was eigentlich gemeint ist. Das gilt bis heute und tritt derzeit in vielen Teilen der Welt schmerzlich zutage.

Doch kann das Kreuz eine völlig andere Bedeutung haben. Für viele Christ*innen ist es das Zeichen für die Überwindung aller Leblosigkeit, allen Abgestorbenseins, allen Unrechts. Für mich liegt in kaum einem Symbol so viel Hoffnung wie im Kreuz. Das hat damit zu tun, dass ich trotz des Missbrauchs durch den Priester mit dem Kreuz an sich keine unangenehmen Erfahrungen verbinde, sondern im Gegenteil dankbar auf bereichernde Erlebnisse zurückblicken darf. [66] Bei anderen Menschen sieht das oft anders aus; beim Blick auf das Kreuz werden belastende Erinnerungen an leidvolle Erfahrungen wach, die ihnen im kirchlichen Umfeld zugefügt wurden.

Ich bin mit dem Symbol des Kreuzes aufgewachsen. In meinem Elternhaus hing in jedem Wohnraum eines, und darüber hinaus bekreuzigten wir uns in guter katholischer Tradition beim Beten, so etwa beim Tischgebet. Als Kind und Jugendliche habe ich mir darüber keine differenzierten Gedanken gemacht; es war einfach so und gehörte dazu. Eine besondere Begegnung mit dem Zeichen des Kreuzes berührt mich bis heute: Bevor mein Vater abends zu

Bett ging, kam er in mein Zimmer, um nach mir zu sehen. Wenn er mich schlafend wähnte – und wirklich nur dann – segnete er mich mit dem Kreuzzeichen auf Stirn, Mund und Herz. Es ist eine der wenigen bewussten Berührungen zwischen meinem Vater und mir, und ich stellte mich oft schlafend, um diese liebevolle Segensgeste erfahren zu dürfen. In diesem kleinen achtsamen Ritual steckte so viel, was er mit Worten nicht ausdrücken konnte: Mir liegt an dir, ich will, dass es dir gut geht, ich stelle dich unter den Schutz des Höchsten.

Ich glaube, solche Rituale sind heute ziemlich aus der Mode gekommen; wahrscheinlich gibt es andere, vielleicht zeitgemäßere Mittel und Methoden, um den eigenen Kindern dieselbe Botschaft zu vermitteln. Natürlich hätte es mir gutgetan, mir hätte in meinem Elternhaus einmal jemand direkt gesagt, dass er mich liebt, aber was nützt es mir, in diesem Gefühl des Mangels steckenzubleiben und dem nachzuweinen, was nicht möglich war? So konzentriere ich mich lieber auf das, was in einer besonderen Weise an Liebesbezeugung möglich war und von dem ich bis heute zehren kann. Ehe ich als erwachsene Frau zur Lungenoperation in die Klinik ging, segnete mich eine alte Dame auf genau die gleiche Weise. Für mich fühlte es sich an, als hätten meine Eltern mich durch sie hindurch gesegnet. Unbewusst hatte sie eine Art Stellvertretung für meine längst verstorbenen Eltern übernommen.

So verbinden wir mit religiösen Symbolen und Ritualen die unterschiedlichsten Erfahrungen. Was in einem Menschen leidvolle Erinnerungen auslöst, kann einem anderen ein Lächeln ins Gesicht zaubern. Deshalb ärgern mich undifferenzierte Behauptungen oder Diskussionen, wie sie zum Teil durchs Internet geistern: Mit dem Kreuzzeichen auf der Stirn des Täuflings verschlössen die Vertreter der Kirche den Säuglingen schon bei der Taufe das Stirnchakra, damit sie ihren unmittelbaren Zugang in die geistige Welt verlören, ist da zum Beispiel zu lesen. Das ist keineswegs ein Einzelstatement, sondern wird lang und breit in Foren und Chats erörtert, inklusive der Frage, ob es ein Gegenmittel gäbe, das diesen Fluch wieder von einem nehmen könne. Sicher könnte man das als Spinnerei abtun, doch was mich daran erschüttert, ist die Tatsache, dass derartige Zuschreibungen Menschen tief verstören können. So wie ich mich im Zeichen des Kreuzes beschützt fühle, so fühlt sich der andere verflucht und gebrandmarkt, und ich muss sagen: Selbst wenn weder das eine noch das andere Realität sein sollte, durfte ich doch mit der bei weitem angenehmeren Vorstellung groß werden. Nach meinem Empfinden wurde bei meiner Taufe nicht etwa das Stirnchakra verschlossen, sondern ich wurde für mein Leben gesegnet. Ich empfinde die Taufe als sehr kraftvolles Ritual mit einer herrlichen Symbolik von lebendigem Wasser, heiligem Öl, strahlendem Licht und dem weißen Kleid als »Zeichen der Würde«. Es wird uns in diesem Taufritus unsere persönliche Würde zugesprochen, und auch wenn andere uns im Lauf unseres Lebens würdelos behandeln, so gilt doch diese Zusage, dass uns die Würde, geliebtes Kind zu sein, niemand nehmen kann. Viele Eltern lassen ihre Kinder nicht taufen, mit der Begründung, sie sollten später selbst entscheiden können, ob sie das wollten. Ich glaube, das ist der schwierigere Weg. Wenn ich als Kind getauft wurde und in Kita, Schule und vielleicht sogar Gemeinde eine religiöse Sozialisation erfahren habe, kann ich mich im Jugendlichen- oder Erwachsenenalter noch immer gegen ein religiöses Leben entscheiden. Umgekehrt ist es schwieriger und verlangt ein längeres Suchen und im Wortsinn *Nach-holen* dessen, was uns vorenthalten wurde. Wir leben nun einmal in dieser Kultur und christlichen Tradition, die ohnehin nicht spurlos an uns und unseren Kindern vorübergehen kann. Wie erklärt man einem Kind den Sinn des Weihnachtsfestes, wenn es nie etwas vom eigentlichen Weihnachtsgeschehen mit seiner tiefen Botschaft gehört hat? Verkommt Weihnachten endgültig zum sehnlich erwarteten Tag des Weihnachtsmannes, der mit **183** geräuschvollem »Ho ho ho« das neueste iPhone-Modell aus dem Sack zaubert? Dazu ein paar unliebsame Familienfeiern und jede Menge Kalorien auf die Hüften, sodass jede und jeder am 27. Dezember erleichtert aufatmet: Gott sei Dank ist es wieder vorbei!

Der Geschäftsführer einer evangelischen Bildungseinrichtung beschrieb in einer Weihnachtsrundmail[67] ein bedrückendes Erlebnis: Im vorweihnachtlichen Getümmel Hamburgs läuft eine mit Geschenktüten beladene Mutter mit ihrem Kind. Der Blick des Kindes fällt auf ein altes Gebäude, in dem gerade ein Tannenbaum geschmückt wird, und es sagt zu seiner Mutter: »Schau mal, Mama, die feiern sogar in der Kirche Weihnachten!«

Ich glaube, je mehr wir über unsere eigene Religion wissen und je mehr wir ihren Sinn begreifen, desto offener können wir anderen Kulturen, Religionen und Weltanschauungen gegenüber sein.[68] Deshalb ist ein guter Religionsunterricht im Christentum genauso wichtig wie im Islam oder jeder anderen Religion. Nur wenn wir über fundierte theoretische Grundlagen verfügen, können wir uns ein differenziertes Urteil bilden und sind weniger anfällig für fundamentalistische Tendenzen und Strömungen. Nur wenn ich um die intendierte Bedeutung eines Zeichens oder eines Rituals weiß, kann ich als eigenständig denkender Mensch entscheiden, ob ich diese Deutung für mich übernehme oder mich davon distanziere.

Den Urgrund des Seins mit allen Sinnen erfahren

Einer der unseligsten Auswüchse eines falsch verstandenen und vom Streben nach Macht und Unterdrückung gespeisten Katholizismus ist leider dessen ausgeprägte Leibfeindlichkeit. Viel Unheil resultierte daraus und wirkt bis heute nach. Dabei haben wir schon in den herkömmlichen katholischen Ritualen so viele Möglichkeiten, Gott mit allen Sinnen zu erfahren.[69] Wer je ein feierliches Hochamt mit Orchestermesse, mehreren Zelebranten, einer Schar Messdiener*innen, Weihrauch, üppigem Blumenschmuck und schönen Gewändern miterlebt hat, der weiß, was ich mit Sinnlichkeit meine. Auch die ausgedehnten Rituale der Ostkirche sind an sinnlichen Elementen kaum zu überbieten: Ellenlange, nach der Art eines Mantras wiederholte Gesänge, Bekreuzigungen und Kniebeugen in rascher Abfolge, von den bezaubernden Ritualen, die die Priester durchführen, ganz zu schweigen. Warum meinen wir hier im Westen in unserem aufgeklärten Zeitalter, wir bräuchten all das nicht mehr und könnten es wegrationalisieren in allzu wörtlicher Bedeutung?

Unsere Körperzellen speichern unser ganzes Erleben. Alles, was uns in unserem Leben widerfährt, ist in unserem Körpergedächtnis Zeit unseres Lebens fest verankert. Warum klammern wir in unserem spirituellen Erleben unseren Körper aus? Für mich ist ein klassischer evangelischer Gottesdienst, in dem die einzige Körperbeteiligung darin besteht, dass man sich zu einigen wenigen Gebetsanlässen erhebt, schwer zu ertragen. Mir fehlt da etwas zu einer ganzheitlichen Glaubenserfahrung. Ich unterstreiche gern meine Demut und Hochachtung mit einer Verbeugung oder Kniebeuge, ich falle gern auf die Knie, wenn mich etwas ergreift (wie eine ansprechend gestaltete Eucharistiefeier es regelmäßig tut), und ich habe auch ab und an das Bedürfnis, mich bäuchlings auf den Boden zu werfen angesichts der erhabenen Größe und Weisheit dieses Kosmos, in den wir eingebettet sind und den ich Gott nenne. Ich liebe es, mich zu bekreuzigen und damit zum Ausdruck zu bringen: Mein Denken, mein Sprechen, meinen Körper, meine ganze Haltung stelle ich unter das Zeichen des Kreuzes, und alles, was von nun an kommt, soll geschehen im Namen des Vaters, des Sohnes und des Heiligen Geistes. Dadurch, dass ich diese Worte mit einer simplen Körpergeste begleite, unterstreiche ich sie und signalisiere auch meinem Körper die intendierte Ausrichtung. Natürlich kann man dafür ein anderes Ritual wählen, aber mir erscheint die Beteiligung des Körpers zen-

tral, um über das Bewusstsein hinaus auch das Unterbewusstsein zu erreichen. Wie sehr wünsche ich mir eine gute
Verbindung von geistvollem Wort und sinnlicher Gestaltung
in christlichen Gottesdiensten, und wie selten dürfen wir
das erleben! Wenn es uns gelingt, Althergebrachtes mit
Neuem zu verbinden, dann könnte Wirklichkeit werden,
wonach ich mich so sehne.

Mit dem Vier-Quadranten-Modell unterwegs zum Sowohl-als-auch

»Es geschehen noch Zeichen und Wunder.« Warum weigern
wir uns, diese Vorstellung wenigstens als Möglichkeit zuzulassen? Wir meinen, wir müssten uns entscheiden: zwischen
Wissenschaft und Glaube, Erklären und Staunen, Ratio und
Emotion. Darin besteht das große Missverständnis. Wir
müssen uns eben nicht auf eine Seite schlagen, brauchen
uns nicht zu positionieren im *Entweder-oder*, sondern können getrost von einem *Sowohl-als-auch* ausgehen. Ein hilfreiches Erklärungsmodell für dieses *Sowohl-als-auch* ist das
Vier-Quadranten-Modell von Ken Wilber.[70] Vereinfacht lässt
es sich so darstellen:

Ich innen	Ich außen
Wir innen	Wir außen

Jede Begebenheit und jede Überlegung kann ich aus diesen
vier Facetten beleuchten: Links oben sind meine Emotionen
angesiedelt, meine Urteile, meine ganze Befindlichkeit, kurz:
alles, was mich subjektiv ausmacht. Rechts oben symbolisiert
den objektiven Teil meines Ichs, alles, was sich messen – zählen – wiegen lässt, was sich fotografieren oder in anderer
Weise von außen ablesen lässt. Im linken unteren Quadranten

sind unsere Beziehungen im engeren Sinne angesiedelt: die Bezüge, in denen wir in unserer subjektiven Welt leben und die unsere Haltung und unser Handeln beeinflussen. Schließlich steht das rechte untere Eck für die großen Systeme, in die wir eingebettet sind, etwa unsere Nation, unser (Welt-) Wirtschaftssystem oder auch das religiöse oder moralische Wertesystem, an dem wir unser Handeln ausrichten. Ein Beispiel mag verdeutlichen, wie sich dieses Modell nutzen lässt, um eine beliebige Gegebenheit ganzheitlich zu betrachten. Nehmen wir an, eine im 21. Jahrhundert in Deutschland lebende junge Frau (der Einfachheit halber ohne Migrationshintergrund) wird ungewollt schwanger, ohne verheiratet zu sein. Rechts oben ist die Sachlage klar: In Labortests wird als erstes ein bestimmtes Hormon nachgewiesen, dann ist der Embryo auf dem Ultraschallbild zu sehen und ein paar Wochen später ist die Schwangerschaft auch mit bloßem Auge erkennbar. Eine objektiv nachweisbare Tatsache. Links oben kann »Schwangerschaft« Verschiedenes bedeuten: Von »O Gott – wie schrecklich!« bis »Juhu, ich werde Mama!« ist alles drin mit den zugehörigen Ängsten, Sorgen und Bedenken oder aber Freuden bis hin zu ekstatischen Zuständen. Unten links wimmelt es nur so vor unterschiedlichen Reaktionen: Der künftige Papa, die vielleicht aus allen Wolken fallenden künftigen Großeltern, die Freundinnen, Arbeitskollegen ... Eine Vielzahl möglicher Reaktionen prasselt auf die junge Frau ein, sobald sie die Nachricht publik macht. Schließlich rechts unten: In unserem freizügigen System ist es heutzutage kein moralisches Problem mehr, als unverheiratete Frau Mutter zu werden. Ein paar Jahrzehnte früher sah die Sache anders aus und ein paar Tausend Kilometer weiter weg müssen Frauen heute noch mit schlimmen Sanktionen rechnen, wenn sie »Schande über die Familie gebracht« haben. Wichtig sind die Rückkoppelungen zwischen den Quadranten: Ob sich mein Umfeld mit mir freut (links unten) oder sich von mir abwendet, wenn ich ungeplant Mutter werde, wirkt sich auf meine Befindlichkeit (links oben) aus. Dies wiederum beeinflusst meinen Hormonhaushalt und sämtliche Hirn- und sonstigen Stoffwechselvorgänge (rechts oben). Und wenn ich gar befürchten muss, gesteinigt zu werden, weil ich das Pech habe, in einem totalitären Regime mit einem starren Wertekanon und einer Missachtung von Menschenrechten zu leben (rechts unten), werde ich kaum eine freudvolle Schwangerschaft erleben, in der mein Gehirn meinen Körper mit Glückshormonen überschwemmt. So kann ein und dieselbe Tatsache die unterschiedlichsten geistigen und seelischen Prozesse in einem Menschen auslösen, und in unserem Beispiel tut ein Gynäkologe gut daran, vorsichtig vorzufühlen, was dieses Ereignis für die Frau bedeutet, ehe er ihr strahlend die freudige Nachricht verkündet. Somit kann uns dieses Modell helfen, vorschnelle Schlüsse und Urteile zu vermeiden und Gegebenheiten nicht einseitig zu bewerten.

Beim Umgang mit dem Thema psychische Erkrankungen verdeutlicht das Quadrantenmodell ebenfalls anschaulich das *Sowohl-als-auch*: Natürlich handelt es sich bei Depressionen um Gefühle im subjektiven Teil des »Ich«, also links oben. Zugleich korrespondieren damit allerlei chemische Vorgänge. Der Haushalt der Neurotransmitter, also der Botenstoffe, die für den Austausch zwischen den Zellen zuständig sind, ist durcheinandergeraten, und die Reizübertragung zwischen den Neuronen funktioniert nicht in der gewünschten Weise oder dem notwendigen Umfang. Da nutzt es nichts, der betreffenden Person zu sagen, sie möge sich zusammenreißen (links oben) oder sie darauf hinzuweisen, dass sie doch alles habe, was sie brauche: Menschen, die sie lieben, eine gute Arbeitsstelle mit netten Kolleg*innen etc. (links unten). Vielleicht braucht sie zunächst ein Medikament, um erst einmal den rechten oberen Quadranten auf ein bestimmtes Level anzuheben, so dass man psychotherapeutisch an ihren den Emotionen zugrundeliegenden Dynamiken überhaupt erst arbeiten kann. Umgekehrt scheinen Stimmungsaufheller oder Tranquilizer (rechts oben) nicht die Mittel der Wahl zu sein, wenn jemand in einem belastenden Arbeitsverhältnis feststeckt oder in einer schwierigen Partnerschaft (links unten). Trotz aller Wechselwirkungen lässt sich vielleicht ein »Hauptproblemfeld« ausfindig machen und es macht Sinn, den »Problemlösehebel« dort anzusetzen.

Transrationaler Regenbogen

Was hat das alles mit Zeichen und Wundern zu tun? Wie so oft geht es mir um das *Sowohl-als-auch*. Selbstverständlich gibt es für viele Erlebnisse und Begebenheiten sachliche und objektiv belegbare Erklärungen. Trotzdem kann ich persönlich sie als »Wunder« empfinden, weil sie sich in meiner persönlichen Lebenswirklichkeit auf so überraschende Weise ereignen, dass ich sie beim besten Willen nicht nur als harte Fakten interpretieren kann. Mein Mann erzählt immer wieder staunend von einem bemerkenswerten Zeichen, das ihn seit dem schwersten Schicksalsschlag seines Lebens begleitet: Seine ältere Tochter erlitt im Alter von 13 Jahren unvermittelt eine Hirnblutung und verstarb. Das Drama ereignete sich in England, wo sie zusammen mit ihrer zwei Jahre jüngeren Schwester während der Sommerferien auf einer Sprachreise war. Den Zustand, in dem die selbstredend so schnell wie möglich angereisten Eltern und die Schwester auf der Heimreise waren, mag und kann man sich kaum ausmalen. Auf der Rückfahrt sprachen sie über die Beerdigung der Tochter und wählten als eines der Musikstücke das »Regenbogenlied« aus, ein Lied, das das Mädchen gern und oft auf der Klarinette gespielt hatte. Seit dieser Entscheidung zeigt sich in Situationen, die in irgendeiner Weise mit dem verstorbenen Kind zu tun haben, überzufällig oft ein Regenbogen. Es begann schon während der Autofahrt in England, wo sich das Himmelsschauspiel zum ersten Mal präsentierte. Ein paar Tage später während der Beerdigung war die ganze Stadt von einem derart gewaltigen Regenbogen überspannt, dass es im Zusammenhang mit dem gesungenen oder wohl mehr geschluchzten Lied auch innerhalb der Trauergemeinde auffiel. Das liegt nun mehr als acht Jahre zurück, und dem Vater des verstorbenen Kindes zeigt sich bis heute immer wieder in Situationen, die in unmittelbarem Zusammenhang mit der Tochter stehen, ein Regenbogen: Er wandert allein und ausdrücklich im Gedenken an sie zu einer Hütte in Südtirol, zu der er früher einmal mit ihr zusammen gewandert war – und erblickt den tröstlichen Regenbogen. Er fährt bei strahlendem Sonnenschein durch ein bestimmtes Tal und ist ihr in innigem Gedenken besonders verbunden, da er sich an ein gemeinsames Erlebnis erinnert – es beginnt urplötzlich kurz und heftig zu regnen, und der Regenbogen zeigt sich. Er stattet nach längerer Zeit ihrem Grab einen Besuch ab, nimmt am Heimweg eine andere Route als sonst, was dazu führt, dass er an einer bestimmten Stelle einen Blick zurück auf das Haus eines Bekannten wirft – und durch das Seitenfenster den bunt schillernden Bogen entdeckt. Für ihn ist die Bedeutung klar: Seine Tochter ist da und zeigt sich ihm in diesem wunderschönen Naturschauspiel mit seiner per se schon tröstlichen Botschaft. Natürlich gibt es für jeden Regenbogen eine naturwissenschaftliche Erklärung, und Meteorologen können die Bedingungen für das Zustandekommen genau erklären (Quadrantenmodell: oben rechts). Doch darüber hinaus haben diese Naturerscheinungen für diesen einen Menschen eine viel tiefere Bedeutung, und in der Häufigkeit, in der sie immer in diesem »Tochter-Kontext« auftauchen, kann man nur von einem Wunder sprechen, wenn man sich nicht aus Prinzip verschließt gegen die Möglichkeit von Ereignissen, die unser Begreifen übersteigen.

Die lange Suche nach dem Ausweg

Eines der größten Wunder, die ich selbst erleben durfte, war meine Heilung von meiner extrem hartnäckigen Nikotinsucht. Als Elfjährige hatte ich die erste Zigarette gepafft und bereits mit 13 war ich richtig suchtkrank.[71] Mit einem Zigarettenkonsum von zwei Päckchen am Tag war ich als junge Erwachsene Kettenraucherin, und um mein 30. Lebensjahr herum wurde mir klar, dass mein Körper das nicht mehr lange aushalten würde. Also beschloss ich aufzuhören. Es heißt ja immer, wenn man das wirklich will, wäre es kein Problem. O ja, ich wollte! Und ich war es gewohnt, mit viel Anstrengung und Ausdauer alles zu schaffen, was ich mir vorgenommen hatte. Also würde das mit dem Rauchstopp genauso funktionieren. Da wurde ich bald eines Besseren belehrt. Ich war wild entschlossen, strengte mich unglaublich an – und wurde immer wieder rückfällig. Der Kampf zog sich über Jahre und wurde ein echter Leidensweg. Es gibt kaum ein Mittel, mit dem ich mir nicht zu helfen versuchte, vom Nikotinkaugummi über Akupunktur bis hin zur mentalen Rückführung, allein, es half alles nichts, ich griff immer wieder zum Glimmstängel. Schließlich nahm ich am Nürnberger Klinikum an einem Nichtraucherseminar teil. Gearbeitet wurde mit der sogenannten »Schlusspunktmethode«, das heißt für einen festgelegten Tag beschlossen alle Teilnehmer*innen den sofortigen Rauchstopp. Ich erinnere mich gut an die anderen Teilnehmenden und vor allem an meinen eigenen Hochmut: »Wenn die das schaffen, schaffe ich das schon lange!« Weit gefehlt: Gerade die, denen ich es am wenigsten zugetraut hatte, warfen ihre letzte Zigarettenschachtel einfach weg und kamen zum nächsten Treffen mit der Frage: »Wo ist das Problem?« Ich hingegen hatte mich in diesem inzwischen schon jahrelangen Kampf intensiv mit der Wirkweise von Nikotin beschäftigt und hätte einen Vortrag darüber halten können, wie tief es in unser limbisches System eingreift und an Nervenzellen Rezeptoren besetzt, die wir dringend für andere Botenstoffe brauchen. Das Problem war nämlich, dass sich, sobald ich auf meine tägliche Nikotindosis verzichtete, bei mir heftige depressive Verstimmungen zeigten. Nein, das ist beschönigt: Ich entwickelte eine ausgeprägte Depression. So lernte ich bei meinen theoretischen Studien, dass Nikotin antidepressiv und als Stimmungsaufheller wirken kann. Das war mir all die Jahre über nicht bewusst gewesen; in der öffentlichen Debatte über die gesundheitsschädigenden Folgen des Tabakkonsums und in der Stigmatisierung nikotinabhängiger Menschen wird das nicht erwähnt. Meine Nikotinsucht, die verzweifelten Rauch-Stopp-Versuche und die sich zusehends verschlimmernde Depression führten mich schließlich in die bereits erwähnte psychotherapeutische Behandlung. Ich vermute, dem ärztlichen Therapeuten, der sich dann zu meinem bereits beschriebenen Langzeit-Tiefenpsychologen entwickeln sollte, war ab der ersten Sitzung klar, dass der Kampf gegen die Sucht nur die Spitze des Eisberges war. Es galt, den darunterliegenden Berg an Schmerz und Leid, der sich in mehr als drei Jahrzehnten aufgetürmt hatte, abzutragen, Schicht für Schicht, Geröllbrocken für Geröllbrocken, Stein für Stein. Da der Fachmann sah, wie sehr ich mit dem versuchten Rauchstopp kämpfte und an dem immer wiederkehrenden Scheitern litt, riet er mir zunächst, vorerst weiterzurauchen. Eine überraschende Empfehlung von einem Arzt und in meiner Situation sehr weise und entlastend. Allerdings war der Rat gar nicht so einfach umzusetzen, denn zum einen konnte ich vor mir selbst mit dieser Kapitulation kaum bestehen, zum anderen schämte ich mich vor meinem Umfeld in Grund und Boden. Die taffe, erfolgreiche Akademikerin, die jede Aufgabe mit Bravour meistert und sich von außen keine Schwäche anmerken lässt, schafft es nicht, das Rauchen aufzugeben! Die Scham gipfelte darin, dass ich mich vor meinen damals miteinander in der Raucherecke qualmenden Kolleg*innen versteckte – und heimlich in einer anderen Ecke rauchte. Nie vergesse ich, wie ich einmal nach einer solchen geheimen Rauchpause in den Betrieb zurückkam und der Pförtner mich hämisch grinsend mit den Worten empfing: »Na, hat das Zigarettchen geschmeckt?« Dass der Bereich, in dem ich jenseits der offiziellen Raucherecke qualmend Unterschlupf gesucht hatte, videoüberwacht wurde, hatte ich nicht bedacht. Ich hätte im Erdboden versinken können!

Ich hing also irgendwo zwischen Raucherin und Nichtraucherin in der Luft und weinte mir zweimal pro Woche in der Therapie die Augen aus dem Kopf. Nicht dass ich dort schon bei tieferliegenden Schichten meines ganzen Kummers angelangt gewesen wäre; nein, zunächst ging es nur darum, mich so weit zu stabilisieren, dass ich meinen Alltag einigermaßen aufrechterhalten konnte. Ich unternahm auch einen Anlauf zu einer medikamentösen Unterstützung. Doch als ich ab der ersten Einnahme eines Antidepressivums eklatant dessen grässliche Nebenwirkungen spürte, die Hauptwirkung jedoch auch nach ein paar Wochen noch auf sich warten ließ, beschloss ich: Das ist nicht der Weg, den ich gehen möchte. Auch eine psychosomatische Klinik schaute ich mir an. Dort ging mir eine betuliche Psychologin gleich beim ersten Infogespräch tierisch auf den Wecker, und ich beobachtete Patient*innen kurz vor der Entlassung, denen es deutlich schlechter zu gehen schien als mir. Da wollte ich mich auf keinen Fall einreihen, also setzte ich tapfer meine ambulante Therapie fort und quälte mich weiterhin täglich in ein damals sehr unangenehmes Arbeitsverhältnis. Im Nachhinein denke ich, das war genau der richtige Weg für mich. Ich schaffte es *on the job*, konnte mich so dem ganzen Schmerz phasenweise aussetzen und wohldosiert auf meinen seelischen Baustellen arbeiten. Hätte ich aufgehört zu arbeiten und mich nur noch mit meinen inneren Wunden und Verletzungen konfrontiert, wäre ich vielleicht viel mehr darin versunken und hätte den Ausweg gar nicht mehr gefunden. Von vielen Menschen in meinem beruflichen und privaten Umfeld bekomme ich mit, wie rasch Ärzte Patient*innen auch für längere Zeiträume krankschreiben. Oft ist das bestimmt nötig, wenn die Betroffenen spüren, dass bei ihnen gar nichts mehr geht. Doch immer ist es, denke ich, nicht hilfreich, wenn man nicht mehr dem Zwang unterliegt, morgens aufzustehen, sich in Gesellschaft zu be-

geben und sich mit etwas anderem zu beschäftigen als mit
dem eigenen Seelenhaus oder auch mit einem körperlichen
Schmerz.

»Aber sprich nur ein Wort, so wird meine Seele gesund!«

So schlug ich mich mehr schlecht als recht im Job durch
und investierte viel Zeit und vor allem Kraft in die Themen,
die ich in der Therapie bearbeitete. Allmählich wandten wir
uns meiner Kindheit und dem frühen Verlust der Eltern zu.
Mehr und mehr wurde mir bewusst, dass ich sowohl meine
Mutter als auch meinen Vater nur als kranke, gebrochene
Menschen gekannt hatte, die dringend meiner Hilfe bedurft
hatten.[72] Auf meinem damaligen therapeutischen Weg ging
es zunächst darum, die Fährte zu meinen gesunden Eltern
aufzunehmen, was nicht so einfach ist, wenn die auf den
ersten Blick sichtbaren Spuren nur noch auf dem Friedhof
zu finden sind. Ich brach also auf und nutzte alle mir zugänglichen Quellen, um etwas über diese beiden Menschen
in Erfahrung zu bringen, durch die das Leben zu mir gekommen war und die vermutlich einmal glückliche und
gesunde Zeiten miteinander erlebt hatten. Dabei halfen
zum Beispiel ein Album mit Familienfotos, das mir meine
Schwester gestaltete, Gespräche mit einer sich an alte Zeiten
erinnernden Cousine meines Vaters, die seine Rückkehr aus
der Kriegsgefangenschaft miterlebt hatte, und ein Gang ins
Nürnberger Stadtarchiv, wo man Bilder der Stadt vor ihrer
Zerstörung am 2. Januar 1945 einsehen kann. Dort entdeckte ich Fotos von der Weingroßhandlung meines Groß-
vaters, die bei diesem Bombenangriff nebst Wohnhaus in
Schutt und Asche gelegt worden war. Die Kindheit meines
Vaters, von der ich nur bruchstückhaft ab und an von seiner
Mutter etwas erfahren hatte, nahm ein wenig Gestalt an,
und damit allmählich auch meine Wurzeln, die ich vorher
überhaupt nicht hatte spüren können. Je mehr ich heraus-

fand und je mehr ich mir im wahrsten Sinne ein Bild von meinen Vorfahren machen konnte, desto mehr verließ mich das belastende Gefühl, vom Himmel gefallen zu sein und ganz allein in der Welt zu stehen. Es war meine persönliche Wurzelsuche, und ich kann jedem, der wenig über seine Herkunft weiß, nur empfehlen, sich auf die Suche zu begeben, um dadurch ein vollständigeres und bunteres Bild von sich selbst zu bekommen.

Die Spur meines Vaters führte mich schließlich in die Nürnberger Frauenkirche. Aus Erzählungen wusste ich, dass er dort als kleiner Junge eifriger Ministrant gewesen war. Besagte Cousine hatte mir inzwischen erzählt, dass er vor dem Krieg geplant hatte, Theologie zu studieren und Pfarrer zu werden. Eine interessante Information, der ich entnahm, dass ich mein Leben in gewisser Weise diesem unheilvollen Krieg verdanke, denn als katholischer Priester hätte mein Vater mich sicher nicht in die Welt gesetzt, zumindest nicht in dieser Konstellation mit meiner Mutter und damit folglich nicht als den Zellhaufen, als der ich auf die Welt kam. Ich ging also in die Frauenkirche und versuchte mir vorzustellen, wie mein Vater als kleiner Junge dort den Altardienst verrichtet hatte, der mir viele Jahre später ebenfalls so viel Freude bereitete. Inzwischen war ich jedoch in einer Lebensphase angelangt, in der ich weder mit Glaube und Gott etwas anfangen konnte noch mit Kirche und allem, was dazu gehört. Ich verließ mich einzig auf meinen messerscharfen Verstand und hielt Religion für ein mentales Geländer für Schwächlinge, die ihr Leben ohne die Vorstellung einer höheren Macht nicht auf die Reihe kriegten. Offen gestanden war es mir sogar unangenehm, den Kirchenraum zu betreten, denn ich hatte Angst, aus meinem linksintellektuellen Umfeld könnte mich jemand sehen, was mir sehr peinlich gewesen wäre. Ehe ich die Kirche betrat, blickte ich mich um und stellte sicher, dass mich dabei niemand »erwischte«. Bei einem dieser Besuche geriet ich eines Tages zufällig in einen Gottesdienst.

Ich setzte mich hinten außerhalb des Kirchengestühls auf ein Bänkchen und betrachtete das mir aus meiner Kindheit und Jugend so vertraute Schauspiel, zu dem ich, wie ich meinte, jeden Bezug verloren hatte. Noch immer ging es mir zu dieser Zeit psychisch miserabel, und beim Schlafengehen wünschte ich mir oft, am nächsten Morgen nicht mehr aufwachen zu müssen. Nun war damals in dieser Gemeinde ein Pfarrer tätig, der die Gabe hatte, in seinen Predigten auch den Menschen etwas mit auf den Weg zu geben, die mit Gott nichts am Hut hatten.[73] Ich weiß nicht mehr, worüber er an jenem Sonntag sprach; ich erinnere mich nur daran, dass ich seinen Worten einen Impuls entnahm, der meine Stimmung deutlich aufhellte. Auch wenn ich mit dem sonstigen »Brimborium«, als das es mir damals erschien, nichts mehr anfangen konnte, so zog es mich doch allein wegen dieser Predigten von da an regelmäßig in den Sonntagsgottesdienst. Noch mehr als bei meinen vorhergehenden Kirchenraumbesuchen war ich dabei darauf bedacht, unentdeckt zu bleiben, und achtete penibel darauf, beim Betreten der Kirche von niemandem aus meinem Bekanntenkreis gesehen zu werden. Kirche – und dann auch noch katholisch, wie peinlich! Anfangs outete ich mich einzig bei meinem Therapeuten als Kirchgängerin und erzählte ihm oft von den guten Gedanken, die ich mir dort am Wochenende abgeholt hatte. Bis mich in einem dieser Gottesdienste ein mir so vertrauter Satz plötzlich aufhorchen ließ: »... aber sprich nur ein Wort, so wird meine Seele gesund.« Konnte das sein? Sollte es wirklich Menschen geben, die darauf vertrauten, dass ein einziges Wort aus der »richtigen« Quelle ihren seelischen Schmerz zu heilen vermochte? Und konnte vielleicht tatsächlich etwas dran sein? Läge es im Bereich des Möglichen, dass es auch für mich ein Wort gäbe, das mir Linderung verschaffen könnte oder sogar Heilung? So begann Gott allmählich, wieder zu mir durchzudringen, und ungläubig beobachtete ich mich selbst, wie ich Schritt für Schritt wieder gläubig wurde. Immer mehr wurde mir bewusst: Nicht nur meine familiären Wurzeln waren es, die ich mehr und mehr entdeckte und spüren lernte, sondern auch meine religiösen Wurzeln, von denen ich mich als junge Erwachsene getrennt hatte. Mit einem Mal hatte ich ihn wiedergefunden, meinen Bezug zu dieser allumfassenden, uns tragenden und freundlich umhüllenden Weisheit, die all meine Vorfahren »Gott« genannt hatten. Wenn man diese innige Beziehung in Kindheit und Jugend schon erfahren durfte, fällt es leicht, daran wieder anzuknüpfen. Und doch ist diese neuerliche Liebesbeziehung reifer, bewusster und von einer Klarheit und Entschlossenheit, die für das eigene Seelenheil sehr wohltuend ist. So bekannte ich allmählich in meinem Freundeskreis meine innere Umkehr und begann darüber hinaus, auch zu meiner spirituellen Praxis zu stehen. Gott und der Glaube an ihn ist das eine, Kirche das andere. Ich hätte auch einfach zu Gott zurückfinden können. Tatsächlich aber zog es mich auch in die Institution zurück, und ich plante, begleitet von Jesuitenpatres und ihren Mitarbeitern, meinen Wiedereintritt in die römisch-katholische Kirche.

Während dieser ganzen Phase, die sich etwa über ein Jahr erstreckte, hielt ich mich noch immer verzweifelt am Glimmstängel fest und begriff endgültig: Aus eigener Kraft komme ich davon nicht los, trotz meines starken Willens. Mein wiedergewonnener Glaube eröffnete mir nun eine ganz andere Möglichkeit: Ich begann, dafür zu beten, von diesem Dämon befreit zu werden.[74] Tatsächlich erinnerte mich so manche Heilungsgeschichte in der Bibel immer wieder an meine eigene Suchterkrankung, und ich bat Gott inständig um ein Wunder.[75] Wer nun meint, »klar, psychologisch gesehen hat sie damit losgelassen und war dadurch im selben Moment von der Sucht befreit«, täuscht sich. Tatsächlich änderte sich zunächst gar nichts, und es gab manch schwache Raucherstunde, in der ich zweifelte, ob meine neu gewonnene Gebetspraxis irgendwo in diesem Kosmos auf Resonanz stoßen würde.

Back to the roots: Wiedereintritt
in die katholische Kirche

In diesem Zustand des Schwankens zwischen Vertrauen
in meine wiederbelebte Gottesbeziehung und den Zwei-
feln, ob ich in meiner Not nur nach einem illusionären
Transzendenzstrohhalm griff, bereitete ich mich auf die
Wiederaufnahme in die Institution Kirche vor. Dabei war
es mein ausdrücklicher Wunsch, diesen Schritt nicht als reinen Verwaltungsakt zu vollziehen, indem ich eine Unterschrift unter ein Papier setzte. Vielmehr wollte ich meinen
neu entdeckten Glauben in einem feierlichen Gottesdienst
im Wortsinn vor Gott und der Welt bekennen. Schon die
Vorbereitung dieser Messe war eine helle Freude, konnte
ich doch zurückgreifen auf den Erfahrungsschatz aus meiner Kindheit und Jugend und diesen gemeinsam mit dem
Jesuitenpater Karl Kern um neue Elemente eines gereiften,
erwachsenen Glaubens erweitern. *Re-ligio* im besten Sinne!
Den Termin für den Gottesdienst hatten wir auf Sonntag,
den 26. September 2004 festgesetzt. Mein weiterer Wunsch
war es, vorher zur Beichte zu gehen. In anderem Zusammenhang[76] hatte ich ein grausames Beichterlebnis beschrieben.
Das Sakrament der Beichte kann aber auch sehr entlastend
und wohltuend sein. Vielleicht haben wir heutzutage andere
Methoden, um uns von belastenden Schuldgefühlen und
Erfahrungen des Scheiterns mit den oft negativen Folgen
zu befreien. Mag sein, dass manche psychotherapeutische
Praxis heute den Beichtstuhl ersetzt oder doch zumindest
unbewusst als Ersatz dafür aufgesucht wird. Und natürlich
kann es ehrlicher, hilfreicher und vor allem mutiger sein,
mit jemandem, dem ich vielleicht geschadet oder den ich
schlecht behandelt habe, ins Gespräch zu gehen und ihn um
Vergebung zu bitten. Doch ein reines »Sündenabbüßen« ist
ein falsches und überholtes Verständnis von Beichte. Eine
zeitgemäße Fragestellung wäre eher: Mit welchem meiner
Schritte oder Gedanken habe ich mir selbst geschadet und

mich von meinem göttlichen Kern, meinem höchsten inneren Selbst, entfernt? Oft wird die Antwort zu einem Verhalten anderer Menschen gegenüber hinführen, oft aber geht es um einen schlechten Umgang mit sich selbst. Diese Gewissenserforschung, psychotherapeutisch-philosophisch würden wir heute eher von *Schattenarbeit* sprechen, ist an sich schon sehr entlastend. Noch heilsamer empfand ich jedoch bereits als Kind das Sakrament der Lossprechung von diesen »Sünden«. Ich erinnere mich genau an das gute Gefühl, das ich schon als Neunjährige nach der Beichte hatte: Man verließ den Beichtstuhl oder das Beichtzimmer leicht wie eine Feder, in dem Bewusstsein, neu anfangen zu können. Als würde jemand alles, was man verbockt hat, auf »Null« setzen und man könnte auf einem blütenweißen Blatt von vorn beginnen. In der Schule hielt dieses gute Gefühl meist etwa bis zur Pause, in der man sich doch wieder mit der Freundin gezankt oder vorher den Lehrer bezüglich der »vergessenen« Hausaufgabe angeschwindelt hatte. Dennoch: Die Erfahrung von Vergebung und Neuanfang war für mich beglückend und erleichternd. Natürlich »verzeiht« uns Gott auch auf direktem Weg – selbst das ist ja in gewisser Weise eine kindliche Vorstellung von einem im Außen »sitzenden« Gott, der uns etwas vorhält und entsprechend verzeiht –, doch diese »Freisprechung« durch einen menschlichen Stellvertreter zu erlangen, ist ein sehr kraftvolles Ritual.

Der Befreiungsschlag

Ich bat also Karl Kern, noch vor meiner Wiederaufnahme in die Kirche zum Beichtgespräch kommen zu dürfen. Als Termin vereinbarten wir Freitag, den 24. September 2004, ein Tag, den ich bis heute als einen meiner höchsten persönlichen Feiertage im Kalender ankreuze. Ich arbeitete am Vormittag in meinem damaligen Beruf als Marketingreferentin in einer Bildungseinrichtung. Wieder einmal hatte ich ein nicht zu bändigendes Verlangen nach Nikotin und bat im Lauf des Vormittags eine Kollegin zweimal um eine Zigarette. Als ich mittags die Arbeit verließ, war ich verzweifelt ob meines neuerlichen »Schwachwerdens« und beschloss, am vor mir liegenden Wochenende auf meine Nichtraucherpläne zu pfeifen und nach Herzenslust zu rauchen. Ich hatte einfach keine Kraft und keinen Nerv mehr, mich so anzustrengen und ewig weiterzukämpfen. Ich erinnere mich genau an meinen Gedanken: »Ehe ich jetzt zu diesem Pater gehe, kaufe ich mir lieber keine Zigaretten, – inzwischen bemerkte ich ja selbst, wie schrecklich man als Raucher*in stinkt! – aber gleich danach!« Mit dem dringenden Verlangen nach Nikotin und diesem Entschluss ging ich in mein Beichtgespräch, dem ersten seit vielen Jahren. Meine Sucht war dabei kein Thema; ich wusste zwar, dass ich mich damit allmählich umbringen würde, war aber inzwischen so weit, dass ich mich nicht mehr dafür tadelte, sondern das Rauchen als hartnäckige Suchterkrankung enttarnt hatte. Ich sprach also über die Themen, die mich meiner Meinung nach während all der Jahre von mir selbst und meiner wahren Bestimmung weggeführt hatten. Es war ein warmherziges, wohltuendes Gespräch in der gemütlichen Gesprächsecke des seelsorgerlichen Büros, und wieder hatte ich den Impuls, der von außen betrachtet reaktionär und konservativ erscheinen mag: Ich fragte, ob ich mich zur Lossprechung niederknien dürfe. So kniete ich in dem Büro, und der Priester legte mir, während er mir dieses Sakrament spendete, die Hände auf den Kopf. Hand aufs Herz: Wann hat dir zuletzt jemand beide Hände auf den Kopf gelegt?[77] Es ist eine sehr intensive Erfahrung, und ich frage mich, warum wir einander nicht öfter in dieser Weise segnen.

Danach fühlte ich mich wie neu geboren. Wie in Trance verließ ich das Büro des Seelsorgers – und habe seit diesem Tag nie wieder eine einzige Zigarette angerührt! Und das nicht etwa, weil ich den verzweifelten Kampf weitergeführt und schließlich gewonnen hätte, sondern dieser Dämon war einfach verschwunden. Er war und ist seither weg, halleluja!

Man muss vorsichtig sein mit Superlativen, und ich hoffe, dass ich nichts übersehe, wenn ich schreibe, dass dies das größte Wunder war, das ich je erlebt habe. Ich kann die vorherigen Kämpfe nicht intensiv und verzweifelt genug beschreiben, als dass man ermessen könnte, was es bedeutete, plötzlich von diesem grausamen Verlangen befreit zu sein. Sicher, in Ausnahmefällen gelüstet es mich noch heute ab und an nach einer Zigarette, aber das sind kleine, fast nostalgische Momente der Erinnerung an alte Zeiten, wie sie fast jede*r Ex-Raucher*in kennt. Sie haben nichts zu tun mit der Wucht des »Craving«[78], der ich bis zu jenem denkwürdigen Tag hilflos ausgeliefert war. Eine rein rationale Erklärung kann ich für diesen Befreiungsschlag nicht finden. Sicher lässt sich tiefenpsychologisch und/oder verhaltenstherapeutisch das ein oder andere Erklärungsmodell finden. Untersuchung verdient auf jeden Fall der Zusammenhang von Sucht, Suche und Spiritualität. Doch auch hier schließen sich Ratio und Geheimnis nicht aus: Für mich wirkte Gott ein Wunder und schrieb mit mir meine persönliche Heilungsgeschichte, in der etwas in mir berührt wurde, das mich zum Aufatmen und Loslassen brachte. Beides sind Voraussetzungen für den Weg in ein entspanntes, drogenfreies Leben.

Zeit für ein Wunder

Unter dem Motto »Zeit für ein Wunder« feierten mein Mann und ich im Sommer 2015 unsere kirchliche Hochzeit. In der Tat empfinden wir unsere Begegnung bis heute als wundersames Geschehen, mit dem wir beide in dieser Form nicht gerechnet hatten. Von dem schrecklichen Ereignis, das ihn und seine frühere Frau aus der Bahn geworfen hatte, habe ich berichtet. Letztlich zerbrach am Tod der Tochter auch die Ehe; zu verschieden waren die Bewältigungsstrategien und daraus resultierenden Wege, die die beiden damaligen Eheleute einschlugen. Für mich war Thomas damals ein entfernter Bekannter, dem das Schicksal übel mitgespielt hatte, und ich wäre nicht im Traum darauf gekommen, dass er einmal mein Ehemann werden könnte. Wir lebten in sehr verschiedenen Welten, und ich hätte mir meinen Partner ganz sicher nicht als einen in einer Bank arbeitenden Diplom-Kaufmann mit Leidenschaft für Fußball, Schach und Golf vorgestellt. Dabei *hatte* ich mir meinen Partner vorgestellt – und wie! Allzu lange war ich schon Single, wünschte mir sehnlichst eine Partnerschaft und unternahm viele Schritte, damit sich dieser Wunsch endlich würde erfüllen dürfen. Obwohl ich das Gefühl hatte, dass die gängigen Methoden der Partnersuche mich nicht zum Ziel führen würden, ließ ich fast nichts unversucht. Schließlich wollte ich nicht selbst an meinem Unglück »schuld« sein, und sogar mein damaliger geistlicher Begleiter meinte, ich solle mich nicht nur aufs Beten verlegen, sondern auch ganz weltliche Schritte unternehmen. Also überwand ich meine Vorbehalte, brachte meine innere Stimme und das von ihr zum Ausdruck gebrachte Grauen zum Schweigen und unternahm allerhand zum Teil kuriose Schritte: Single-Treff, Kontaktanzeige, »Speed blind date«[79] ... Es war grauenhaft, und mit jedem neuerlichen Flop ging es mir elender, und ich dachte, für mich gäbe es auf der ganzen Welt niemanden, mit dem ich den Rest meines Lebens würde teilen können.

Das Gefühl hundertprozentiger Stimmigkeit hatte ich nur bei einem einzigen Schritt in Richtung Partnersuche, und der war alles andere als Mainstream. Es war eine Bewegung rein auf geistiger beziehungsweise spiritueller Ebene: In der Offenen Kirche St. Klara, dem Sitz der katholischen Cityseelsorge in Nürnberg, gibt es seit vielen Jahren ein besonderes Angebot zum Valentinstag: Am 14. Februar[80] können sich Menschen, die zusammengehören, im Rahmen einer spirituellen Lebensfeier segnen lassen. Die Veranstaltung wird musikalisch professionell und ansprechend umrahmt von einer Bluesband und spricht von der ganzen Gestaltung her bewusst auch kirchenferne Paare an. Für mich in meinem Singledasein war der Valentinstag

Jahr für Jahr eine echte Herausforderung, um nicht zu sagen schrecklich. Als alleinlebender Mensch, der sich nichts sehnlicher wünschte als eine Partnerschaft, hätte ich mich an diesem Tag, an dem sich alles um mehr oder weniger glückliche Paare, auf jeden Fall aber um die Liebe dreht, am liebsten in einem Mauseloch verkrochen. Alternativ rotten sich oft tapfere Singlefrauen zusammen und verbringen mit innerlich fest zusammengebissenen Zähnen einen vermeintlich lustigen Abend nach dem Motto »Wozu brauchen wir Männer? Wir lassen es uns auch so gut gehen!« Für mich war das oft besser als nichts, aber wenn ich mir gegenüber ehrlich war, musste ich zugeben, dass ich mich in meinem tiefsten Inneren bei diesen erzwungen fröhlichen Protestveranstaltungen reichlich jämmerlich fühlte.

Am 14. Februar 2008 traf ich eine Entscheidung: Diesmal mache ich es anders! Ich ging zur Lebensfeier nach St. Klara und beschloss, dort darum zu beten, dass mir mein Partner endlich begegnen dürfte. Als die Paare gebeten wurden, in den Altarraum zu kommen, um sich segnen zu lassen, nahm ich all meinen Mut zusammen und reihte mich allein in eine der langen Schlangen ein, die sich langsam nach vorne bewegten. Innerlich verband ich mich fest mit meiner spirituellen Quelle und bat darum, den Gedanken ausblenden zu dürfen, was wohl all die Menschen in der rappelvollen Kirche über mich dächten, die ich mich als Einzige allein in den sich vorwärts schiebenden Tross einreihte. Scham war damals bei mir ein Riesenthema. Ich schämte mich dafür, dass ich keinen Partner hatte und allein durchs Leben lief, fast als wäre das ein persönlicher Makel oder als wäre ich nicht gut genug für eine glückliche Beziehung. Durch mein Gebet gelang es mir, all diese Gedanken auszublenden und entschlossen weiterzugehen. Als ich schließlich vor einem der segnenden Theologen stand, stutzte er kurz und fragte mich nach meinem Anliegen. Kraftvoll und ohne zu zögern antwortete ich: »Ich möchte den Segen für mich und meinen Mann erbitten.« Er darauf: »Ja, gern. Er kann wohl heute nicht dabei sein?« Daraufhin erklärte ich ihm kurzerhand, dass ich ihn noch nicht kannte, mir aber sicher war, dass es ihn irgendwo auf dieser Welt gäbe und wir eben noch nicht zueinander gefunden hatten. Bis heute bin ich diesem Mann[81] dankbar, dass er meinen Wunsch ernst nahm: »Dann bitten wir jetzt Gott um seinen Segen für dich und deinen künftigen Mann.« Wie bei allen anderen Paaren legte er auch mir eine Hand auf die Schulter, sein anderer Arm schwebte frei in der Luft auf der imaginären Schulter meines uns noch unbekannten Mannes. Dann sprach er persönliche Segensworte, mit denen er darum bat, dass mein Mann und ich beschützt und behütet sein mögen und dass wir die richtigen Schritte tun dürften, um zueinander zu finden. Das Gefühl, das ich während dieser Segnung hatte, lässt sich kaum in Worte fassen, und mir wird klar, was die Mystiker meinen, wenn sie sagen, von Gott ließe sich nicht reden, sondern nur schweigen. Es ist der Versuch einer verbalen Annäherung an meine Empfindung, wenn ich schreibe, dass ich mich fühlte, als wäre ich an eine Starkstromleitung angeschlossen gewesen. Mich durchfuhr eine Kraft, die ich nie zuvor und seither nie wieder in dieser Weise gespürt hatte. Unmittelbare Gotteserfahrungen durfte ich danach immer mal wieder erleben, und auch sie waren intensiv und oft sehr verblüffend und kreativ.[82] Gott zeigt sich mir immer wieder anders und in einer ungeheuren Intensität, doch diese »Starkstromerfahrung« bleibt bis heute für mich einzigartig und unvergesslich.

Ab diesem Zeitpunkt änderte sich in mir schlagartig etwas: Noch immer sehnte ich mich gewaltig nach einem Partner, doch nun wusste ich: Es gibt ihn, und es ist nicht irgendein Partner, sondern eben meiner, ein konkreter Mensch aus Fleisch und Blut, der irgendwo auf dieser Welt herumläuft, arbeitet, isst, trinkt, lacht oder weint. Aus dem Meer aller Möglichkeiten hatte sich ein Tropfen herausgebildet, und mit eben diesem Tropfen war ich seit dieser gemeinsamen, sehr realen Erfahrung am Altar verbunden. Ab diesem Tag betete ich nicht mehr *um* meinen Mann, sondern *für* ihn. Ich begann, täglich für ihn zu beten: um Schutz, um Segen und darum, dass er die für uns beide richtigen Schritte gehen würde. Es sollte noch geschlagene fünf Jahre dauern, bis wir zueinander fanden, und es gab mehr als einen Tag, an dem ich an meiner damaligen Wahrnehmung zweifelte und daran, ob Gott die Zusage, die er mir so eindrucksvoll gegeben hatte, einhalten würde. Wie oft haderte ich in meinen Gebeten und fragte, ob Gott meinen Mann zu Fuß vom anderen Ende der Welt aus losgeschickt hätte. Nach fünf langen Jahren stellte sich heraus, wie dringend mein Mann die Gebete damals hatte brauchen können: Im August 2008 starb seine Tochter, und mit ihrem Tod brach sein ganzes bisheriges Lebenshaus zusammen. Nicht an mir oder irgendeinem Fehler oder Makel in meiner Person hatte es also gelegen, dass ich noch immer allein war, sondern der Mann, auf den ich so sehnsüchtig wartete und den Gott mir zu schicken versprochen hatte, war in der Zeit damit beschäftigt, diesen Schicksalsschlag zu verarbeiten, um irgendwie den Lebensfaden wieder aufnehmen zu können. Meiner Empathie wiederum und meinem Bedürfnis, anderen zu helfen, ist es zu verdanken, dass wir schließlich ein Paar wurden, denn als seine zweite Tochter schwer erkrankte und seine damalige Frau sich von ihm trennte, bot ich ihm spontan Unterstützung und Hilfe an – ohne noch immer die leiseste Ahnung zu haben, dass dies der Mann sein könnte, für den ich schon so lange betete. Erst als er sich in mich verliebte und im Werben um mich nicht lockerließ, wurde mir allmählich klar: »Gott, du hast deine Zusage eingehalten: Da ist er!«

Am 18. Juli 2015 durften wir in der Klarakirche unsere Trauung feiern, und ich bin unseren beiden Pfarrern[83] zutiefst dankbar, dass wir unseren Herzenswunsch umsetzen durften[84]: Wir standen vereint als Brautpaar an genau der Stelle, an der wir sieben Jahre zuvor noch getrennt und dennoch gemeinsam schon einmal den Segen Gottes empfangen hatten, und luden die mit uns Feiernden ein, nach vorne zu kommen und sich von uns oder von den Priestern segnen zu lassen. Für mich war es einer der bewegendsten Momente meines Lebens und das nicht nur, weil ich – trotz fortgeschrittenen Alters – eine wunderschöne Braut und entsprechend schon als solche überglücklich war. Nein, dieses tiefe Glücksempfinden verwies auf etwas, was weit über unsere Trauung hinausging. Es war die unumstößliche Gewissheit: Gott *ist*, und er greift auf seine Weise und nach eigenem Zeitplan in unser Leben ein. Unsere Aufgabe besteht darin, darauf zu vertrauen, dass, auch wenn alle Ratio dagegen zu sprechen scheint, auch in unserem Leben der Tag kommen kann, an dem es heißt: »Zeit für ein Wunder!«

»*Der Fromme von morgen wird ein Mystiker sein.
Einer, der etwas erfahren hat, oder er wird nicht
mehr sein.*«
Karl Rahner

Wir in Mitteleuropa leben seit über 70 Jahren in einer reichen und sicheren Weltregion, die von größeren, sich kollektiv auswirkenden Katastrophen verschont geblieben ist. Niemand von uns muss auf der Straße verhungern oder erfrieren, und seit Ende des Zweiten Weltkrieges wurde in unserem Land auch keine Volksgruppe mehr aufgrund ihrer Religion verfolgt oder stigmatisiert. Gebe Gott, Allah oder wie auch immer wir sie oder ihn nennen wollen, dass das auch weiterhin so bleibt, und setzen wir uns dafür ein, dass es auch für die Menschen gilt, die neu zu uns kommen und hoffentlich unangefochten bei uns heimisch werden dürfen. Warum um alles in der Welt nutzen wir unsere Freiheit nicht, um auch persönliche Gotteserfahrungen zuzulassen? Wir erfinden ständig Neues, entwickeln in so vielen Bereichen eine Innovation nach der anderen, sei es in der IT-Branche, der Medizin oder in anderen Forschungsgebieten, und wer bei diesem rasanten Tempo nicht mitspielen kann oder will, gilt nur zu schnell als Fortschrittsverweigerer. Wann kommen wir endlich auf den Trichter, dass auch unsere Religion kein alter Zopf bleiben muss, den es schleunigst abzuschneiden gilt, sondern dass sich auch die Formen unserer Spiritualität weiterentwickeln und erneuern dürfen? Da haben wir in der Institution Kirche und leider mit vielen ihrer Vertreter*innen kräftige Widersacher, die sich Neuerungen und Fortschritten mit aller Macht in den Weg stellen.[85] Am intensivsten bekomme ich das zwangsläufig in »meiner« Kirche mit, bei der man bekanntlich im Hinblick auf Erneuerungsschritte in Jahrhunderten denken muss, was für einen Menschen mit einer tiefen spirituellen Sehnsucht, wie ich sie habe, ein unerträglicher Zu- und Stillstand ist. Und werfe mir niemand vor, ich hätte nicht gesucht! Seit meinem bewussten Wiedereintritt in diese Institution bin ich intensiv auf der Suche nach einer Gemeinschaft, in der wir verwurzelt im Fundament unserer Religion uns entfalten, aufblühen und zeitgemäße Gotteserfahrungen erleben und miteinander teilen dürfen. Mit »zeitgemäß« meine ich keine »Eventgottesdienste«, in denen wir im Zeitgeist von Konsum, Werbejugendsprache und TV-Talkshow einem hippen Showmaster und Animateur zuhören. Was ich meine, kommt feiner, leiser daher und berührt uns in der Seele, in unserem tiefsten inneren Kern. Es sind unmittelbare Gotteserfahrungen und –begegnungen jenseits aller Machtstrukturen. Dazu braucht es keinen auf ein Podest gestellten Menschen, der meint, Monopolist in Sachen Segnung von Brot und Wein zu sein. Ein ehemaliger Priester meinte einmal, diese Überhöhung sei wie ein Gift, das er jahrzehntelang verabreicht bekommen hätte, und er wäre in der ersten Zeit nach seiner Amtsniederlegung vorwiegend mit dem »Entgiften« beschäftigt gewesen. Ich weiß nicht, ob das heute noch immer so ist, befürchte es aber: Im Priesterseminar, also dem Ausbildungsinstitut für römisch-katholische Priesteramtskandidaten, wird den jungen Männern eingetrichtert, sie seien etwas ganz Besonderes, weil sie diesem »Ruf Gottes« folgten und sich deshalb für ein zölibatäres Leben entscheiden. Es braucht schon eine starke Persönlichkeit, wenn man da als junger Mann bescheiden und demütig bleiben und sich als »Diener« der Menschen statt als unanfechtbarer Patriarch verstehen will. Es ist unglaublich, was für verquere Ansichten offenbar während dieser Ausbildung oder auch während der späteren Dienstzeit entstehen. So unterhielt ich mich etwa einmal mit einem noch relativ jungen Priester, der damals hin und her schwankte, ob das

Klosterleben wirklich die richtige Lebensform für ihn sei.

Er vertrat ziemlich fortschrittliche Ansichten und lupfte ein wenig den Mantel des Schweigens, in den sich die Mönche nebst ihren Kutten normalerweise hüllen. An einem Punkt jedoch traute ich meinen Ohren nicht: Als Argument gegen die Frauenordination, also die Möglichkeit für Frauen, Priesterinnen zu werden, führte er die Tatsache ins Feld, dass Jesus männlichen Geschlechts war und dass es deshalb unpassend wäre, ihn in der Heiligen Messe von einer Frau vertreten zu lassen. Der junge Mann meinte das wirklich ernst. Jesus hätte uns Frauen einen großen Gefallen getan, wenn er nach der Auferstehung den Jüngerinnen und Jüngern als Frau erschienen wäre. Dummerweise passte das so gar nicht in die damalige Zeit und Kultur, sodass wir, wenn Gott sich für die weibliche Form einer Auferstandenen entschieden hätte, vermutlich nie davon erfahren hätten. Das meine ich mit Weiterentwicklung: Es ist einfach nicht mehr zeitgemäß, diese patriarchalen Strukturen aufrechtzuerhalten und uns Frauen auf irgendwelchen Nebengleisen abzustellen. Bis heute dürfen Frauen im Rahmen einer katholischen Eucharistiefeier nicht predigen, was dazu führt, dass Pastoralreferentinnen, also akademisch gebildete Theologinnen, eigentlich in der Sonntagsmesse die Predigt nicht halten können. Für Wortgottesdienste oder die Gestaltung einer Morgen- oder Abendandacht reicht es dann gerade so.[86] Wie lange wollen wir uns denn derartige Absurditäten noch gefallen lassen? Zugegeben: An der Basis sieht die Praxis oft anders aus. Da predigen Theologinnen eben doch im Gottesdienst nach dem Motto »Rom ist weit«. Das steht und fällt aber selbstredend mit der Entscheidung des Herrn Pfarrer, der sich damit angreifbar macht und schnell Opfer fundamentalistischer Strömungen und daraus entstehendem Denunziantentum werden kann. Fundamentalismus ist keinesfalls nur in anderen Religionen, namentlich im von bestimmten politischen Gruppierungen als Feindbild missbrauchten Islam, zu finden. Zwar führen fundamentalistische Christinnen und Christen im Europa des 21. Jahrhunderts ihre Kriege nicht mit klassischer Waffengewalt, aber deshalb sind ihre Feldzüge nicht weniger gewalttätig. Man kann sich nicht vorstellen, was an priesterlichem »Fehlverhalten« alles »nach oben« getragen wird. Christlicher Fundamentalismus heutzutage ist perfider, weniger offensichtlich, doch nur auf den ersten Blick weniger gewalttätig. Jemanden bei seinem Vorgesetzten schlecht zu machen mit dem Ziel, ihn seines Amtes zu entheben oder zumindest seine Versetzung zu bewirken, ist ebenfalls eine Form der Aggression, die Menschenleben zerstören kann.

Dem Kosmos begegnen im Heiligen Spiel

Es muss schlimm gewesen sein, was unsere Vorfahren vor Jahrhunderten im Namen der Kirche erleben mussten. Denn noch heute sitzen die unbewussten Ängste vor Verfolgung oder vielleicht Ausschluss aus dieser Gemeinschaft selbst bei fortschrittlichen Christinnen und Christen tief, und ich nehme mich da nicht aus. Dabei reichen die Wurzeln der Befürchtungen sicher weiter zurück als bis zur Generation unserer Eltern oder Großeltern, die uns einschärften, was »man darf« und was nicht. Diesen Ängsten kann man rational begegnen und sich als aufgeklärter Mensch sagen: »Nein, meine Oma dreht sich nicht im Grab um, wenn ich meine Gottesbeziehung in Formen pflege, die ihr früher noch nicht zugänglich waren. Ihr Bewusstsein steht nicht mehr an dem Punkt, an dem es zeitlebens verharrte, es durfte sich weiterentwickeln.« Wir selbst haben die Freiheit, uns und unser Bewusstsein zu Lebzeiten viel mehr zu entfalten, als es unseren Ahnen je möglich war, und es wäre ein Jammer, diese Möglichkeiten unausgeschöpft zu lassen. Trotzdem beschleicht einen schnell ein ungutes Gefühl, wenn man einen Schritt weitergehen und zum Beispiel die Eucharistie ohne Priester feiern will. Wir haben diese Möglichkeit einmal in einer sehr fortschrittlichen Glaubensgruppe diskutiert, und einer der Teilnehmer meinte glatt: »Und was ist, wenn uns jemand verrät?« Was für eine absurde Fragestellung, die eine tiefsitzende Angst zum Ausdruck bringt. Angst wovor eigentlich? Ich bekomme dieses untergründige seltsame Gefühl selbst noch nicht recht zu fassen. Mir scheint, dieser kirchliche Machtapparat mit aller Schuld, die er im Lauf der Jahrhunderte auf sich geladen hat, strahlt derart bedrohlich aus, dass in uns etwas zu schlottern beginnt, obwohl es überhaupt keine reale Grundlage dafür gibt. Wir werden nicht auf dem Scheiterhaufen brennen, wenn wir uns versammeln, um miteinander dieses heilige Spiel zu feiern, das so kraftvoll und magisch und zugleich so real ist. Nun könnte man ja fragen, warum es denn genau dieses Schauspiel, diese Form der Annäherung an das Geheimnis der Präsenz Gottes sein muss. Muss es nicht. Es gibt jede Menge anderer Möglichkeiten und Wege, sich an diese unergründliche Weisheit, die alles trägt und zusammenhält, anzunähern. Über einige davon werde ich später noch schreiben. Doch ich beginne bewusst bei diesem klassischen Ritual, das uns als Christ*innen vertraut ist und mit dem viele von uns groß geworden sind. Natürlich können wir das Rad immer wieder neu erfinden und uns neue Riten ausdenken, um in unsere innere Tiefe zu gelangen und dort auf den Kern aller Dinge zu stoßen. Doch damit lassen wir einen großen Schatz links liegen, dessen Kraft wir nutzen könnten: Ein Ritual, das seit 2000 Jahren in weiten Teilen der Erde in weitgehend gleicher Form zelebriert wird, ist ein gewaltiger Kraftquell, und nach meinem Empfinden in der Intensität, die davon ausstrahlen kann, nur schwer zu ersetzen. Wenn dieses Ritual freilich, wie es heute oft der Fall ist, zur reinen Hülle verkommt, hinter der nicht mehr viel steckt, oder wenn es in einer unerträglichen Weise dargeboten wird, dann ist von dieser Kraft nicht viel zu spüren. Eine befreundete Katholikin, die genau wie ich von einer tiefen Sehnsucht nach Spiritualität umgetrieben wird, erzählte mir von einem Osternachterlebnis: Nach zweistündigem schauerlich tristem Wechselgesang zwischen depressiv wirkendem

Kantor und überforderter Gemeinde verließ sie fluchtartig und frustriert den Kirchenraum und suchte stattdessen die österliche Freude in geselliger Runde mit ihren erwachsenen Kindern. Diese Form des kirchlichen Rituals brauchen wir nicht mehr und müssen wir nicht mehr aushalten!

Was aber ist die Alternative, wenn man nicht jedes Wochenende eine lange Fahrt in Kauf nehmen will, um eine der wenigen Oasen aufzusuchen, in denen die Lebendigkeit unseres Glaubens im Ritus spürbar wird? Wir können ihn selbst zelebrieren! Wie weit wir von dieser eigentlich so selbstverständlich klingenden Einsicht entfernt sind, zeigen Begebenheiten, die ich selbst miterlebte: Ein indischer Jesuitenpater[87] hielt in Nürnberg einen brillanten Vortrag über »Das eine göttliche Wort und die vielen heiligen Schriften«. In beeindruckender Weise zeigte er indische theologische Perspektiven auf die Vielfalt der Religionen auf und berichtete unter anderem vom gelebten Miteinander der Menschen christlichen und hinduistischen Glaubens im von ihm geleiteten »Centre for Indian Spirituality« in der Stadt Kalady.[88] Im Anschluss an den Vortrag gab es Gelegenheit für Fragen, und was bewegte das Auditorium sichtlich am meisten? Die Frage, ob evangelische und katholische Christ*innen miteinander das Abendmahl beziehungsweise die Kommunion empfangen dürfen! Der arme Mann wusste nicht, wie ihm geschah. Sanft, weise und klar versuchte er immer wieder, den Fokus der Diskutant*innen auf die Themen zu lenken, über die er gesprochen hatte: Über die Unterscheidung von Spiritualität und Religion, über das »Mysterium Dei« im Herzensraum, über das Göttliche als sprudelnde Quelle der Liebe und des Lichts, über die Schönheit der Vielfalt … Während dieser Diskussion beschlich mich das Gefühl des Fremdschämens. Noch immer beschäftigt uns die Frage, wer zur Heiligen Kommunion gehen darf, daran haben alle biblisch überlieferten unmittelbaren Kontakte zwischen Jesus und vermeintlichen Sünder*innen bis heute nichts geändert.

Ein zweites Beispiel zeigt, wie weit selbst aufgeklärte Kreise von Christ*innen von der Idee entfernt sind, sie könnten ohne Priester Eucharistie feiern: Ein Bekannter berichtet mir mit glänzenden Augen und einem gewissen Stolz in der Stimme, sie hätten in einer kleinen Gruppe Gottesdienst gefeiert, und der Priester hätte die Stola nicht über seine Schultern, sondern statt dessen in die Mitte der Versammlung der Gläubigen gelegt: als Zeichen des Priestertums aller.[89] Die Stola ist in der römisch-katholischen Kirche gewissermaßen das, was die Dienstmütze für den Polizisten ist: Bei bestimmten Amtshandlungen ist sie zu tragen, und sie ist dem Priester oder einem geweihten Diakon vorbehalten. Die Stola als Zeichen der Macht, als Alleinstellungsmerkmal, als ein Sichabheben von der gemeinen Masse – auf diese Überhöhung verzichtete mein erster geistlicher Begleiter schon vor über zehn Jahren und legte die Stola bei den Gottesdiensten der Katholischen Hochschulgemeinde in die Mitte auf den Altar. Ist es für Christ*innen im 21. Jahrhundert noch immer etwas Besonderes, wenn Priester ihren Dünkel aufgeben und endlich wahrhaft jesuanisch mit ihren Mitmenschen umgehen, nämlich auf jede Form von Selbstüberhöhung und Exklusivität verzichtend und jeder und jedem den gleichen unmittelbaren »Draht« zum Göttlichen einräumend? Natürlich kann jemand, der Theologie studiert hat, vermutlich die Bibel fachkundiger auslegen als ein Laie oder eine Laiin. Aber warum sollte ihm[90] die Durchführung dieses heiligen Rituals vorbehalten sein?

Ich glaube, ich nähere mich der Wandlung von Brot und Wein, diesem ergreifenden Transformationsprozess, mit größerem Respekt und in mehr innerer Bereitschaft, als manch heillos mit Aufgaben und bedeutungslosem Kram überfrachteter und vielleicht emotional verkümmerter, einsamer Pfarrer. Die sogenannten »Einsetzungsworte« kenne ich seit frühester Kindheit auswendig, davon abgesehen, dass sie in der Bibel stehen, weil es schlicht die Worte sind, die vom letzten gemeinsamen Abendessen Jesu mit seinen engsten Freundinnen und Freunden überliefert sind.[91] Wer hindert uns, im Kreis um einen Tisch zu sitzen, die Hände über Brot und Wein zu halten und in den Worten, die von jeher gesprochen werden, nicht nur an Jesus zu erinnern, sondern um diese Wandlung zu bitten, die sich im Symbol von Brot und Wein in unserem Herzensraum vollziehen darf?

An dieser Stelle lege ich ein Bekenntnis ab, das in einer Diskussion mit zwei evangelischen Christen – einer von ihnen ist heute mein Ehemann – schon einmal ums Haar die Stimmung eines ganzen Abends verdorben hätte: Ja, ich bin zutiefst überzeugt, dass sich innerhalb dieses Rituals tatsächlich substantiell etwas verändert. Wir brauchen dafür nicht in die sogenannte Transsubstantiationslehre der Theolog*innen und in spitzfindige Diskussionen darüber einsteigen, wann und wie dieser Wandlungsprozess genau einsetzt. Mir geht es nicht um verkopfte pseudowissenschaftliche Argumentationen. Vielmehr spüre ich in meiner inneren Tiefe: In diesem Ritual, das auch andersartig sein könnte wie eben in anderen Religionen, vollzieht sich ein Geheimnis, das mein Begreifen übersteigt. Während dieser ritualisierten Handlung verwandelt sich Brot oder das symbolische Stückchen Oblate, das sich dafür bei uns eingebürgert hat, in einen Informationsträger, der genau die Information in sich birgt, die ich brauche, um heil zu werden. Eine alte Dame meinte einmal: »Jedes Mal, wenn ich zur Kommunion gehe, habe ich das Gefühl, der ganze Kosmos kommt auf mich zu.« Das sind andere Worte, um das gleiche Empfinden zu beschreiben: Hier vollzieht sich etwas Unbegreifliches, von dem ich spüre, dass es mich auf eine Weise nährt, die mir mit anderen Mitteln so nicht zugänglich ist. Die Information, die dieses Brot und dieser Wein enthält beziehungsweise darstellt, ist exakt mir auf den Leib geschneidert; es ist genau und unfehlbar das, was ich in eben jenem Moment brauche, um meinem wahren Wesen, meiner eigenen Göttlichkeit näher zu kommen. Und für jede und jeden anderen gilt dieses Geheimnis in genau der gleichen Weise. Es ist, als wäre Christus selbst der Homöopath, der verlässlich und ohne dass ich daran den geringsten Zweifel haben müsste, die richtige Information für mich bereitstellt, die ich für mein Heil-, Ganz- und Präsentsein brauche. Durch diesen meinen Glauben wird eine Realität geschaffen, die wirkt und damit Wirklichkeit ist.

Diese Realitäten können wir auch auf andere Weise herbeiführen, und ich werde noch Wege dahin aufzeigen. Aber nutzen wir doch auch die Kraft dieses uralten Rituals, mit dessen Hilfe sich schon so viele Generationen vor uns mit ihrer göttlichen Quelle verbunden haben und das sich über die ganze Welt verbreitet hat und in vielen verschiedenen Sprachen und Kulturen weiter gepflegt wird! Das ist für mich *re-ligio* im besten Sinne: Verbunden in der Vertikale mit dieser alles Begreifen übersteigenden (»transzendenten« im Wortsinn) Weisheit, und verbunden in der Horizontale mit früheren, heutigen und künftig lebenden Menschen quer über den Erdkreis. Da haben wir sie wieder, die Kreuzsymbolik – und wer möchte ihr in dieser Bedeutung ihre segensreiche Kraft absprechen?

Untergrundkirche hat es immer gegeben

Vor Jahren nahm ich einmal meinen ganzen Mut zusammen und fragte einen Geistlichen, was er darüber dächte, wenn wir in einem kleinen, sehr achtsamen spirituellen Kreis miteinander ohne Priester Eucharistie feiern würden.[92] Auf alles war ich gefasst, nur nicht auf die Antwort, die ich erhielt: »Natürlich, macht das! Untergrundkirche hat es immer gegeben und wird es immer geben. Alles ist besser als nichts!« Genauso empfinde ich es: Alles ist besser als diese Wüste des Nichts, in der wir zumindest in der Stadt, in der ich lebe, spirituell vor uns hindämmern. So träume ich von einer Art Basis- oder Urgemeinde, in der Menschen zusammenkommen und versuchen, aus dem Geist Jesu zu leben, miteinander zu feiern, zu beten und zu singen. Ich träume von einer lebendigen Gemeinschaft, die sich nicht abschottet, sondern offen ist für diejenigen, die auch aus einer Quelle leben, die jenseits von Materialismus und Konsum sprudelt, die dabei den Nächsten in seinem Anderssein respektiert und seine und ihre Art des Verbundenseins gleichberechtigt neben den eigenen kultischen Formen stehen lassen kann. Vor allem aber träume ich von einem freudvollen Weggefährtentum, in dem Schönheit, Körperlichkeit, Sexualität und Sinnlichkeit ebenso ihren Platz haben wie das große Mysterium des All-Einen, dem wir uns nur bruchstückhaft anzunähern vermögen. Mehr noch: Ich träume davon, dass wir in der menschlichen Schönheit, Nähe und Liebe diesem All-Einen begegnen und dass wir endlich begreifen, dass die Trennung zwischen Gott und Welt einer der größten Irrtümer der Menschheitsgeschichte ist.

Religion und Psychotherapie: Annäherung an den goldenen Kern

Es mag sein, dass heute vermehrt Psychotherapeut*innen die frühere Rolle von Seelsorger*innen übernehmen. Doch wohin führt das, wenn sie selbst ihre menschliche Ratio als Maß aller Dinge betrachten und ihre Klient*innen aus dieser Warte heraus behandeln, beraten und begleiten? Ich hatte das bereits beschriebene Glück, an einen ärztlichen Psychotherapeuten zu geraten, dessen Haltung in höchstem Maße spirituell ist, obgleich er sich kein derartiges Etikett auf die Fahne schreibt. Pater Painadath SJ definierte in seinem oben erwähnten Vortrag Spiritualität als »Ergriffensein durch den Geist Gottes«. Genau diese Ergriffenheit durfte ich oftmals in meinen Therapiestunden spüren. Beispielhaft erzähle ich von einer besonderen Erfahrung, um zu verdeutlichen, was ich meine, wenn ich mir wünsche, dass auch psychotherapeutische Sitzungen spirituell sein dürfen und dass die begleitenden Fachkräfte diese Begegnungen mit dem Geist Gottes »aushalten«.

Dr. Bürner verfügt über einen umfangreichen therapeutischen Werkzeugkasten und zaubert aus ihm zielsicher das richtige Instrument für eine bestimmte Problemlage hervor. In jener Sitzung, von der ich erzählen möchte, war es »*Focusing*«, ein von dem Psychologen und Philosophen Eugene Gendlin (*1926) entwickeltes Verfahren, in dem man unter Anleitung in den eigenen Körper hineinlauscht und entstehenden inneren Bildern die Erlaubnis gibt, sich ungehindert auszubreiten, sich zu wandeln und statt – wie üblich – weggedrängt zu werden, ausnahmsweise einmal ungebremst zu Wort zu kommen.[93] Unser damaliger Ausgangspunkt war ein stechender Schmerz unterhalb meines linken Schulterblattes. Von diesem Körpersymptom ausgehend entfaltete sich im Focusing-Prozess vor meinem geistigen Auge eine Abfolge verschiedener Bilder, die wir jeweils einluden, sich auszubreiten. Nach einiger Zeit sah ich klar und deutlich ein Bild vor mir und dachte: »Nein, das kann ich nicht sagen!« Doch das Vertrauensverhältnis zu meinem Therapeuten half, und ich bekannte mutig: »Das ist Christus!« Nach einem Moment des überraschten Schweigens lud der Therapeut mich ein, auch dieses unerwartete Bild freundlich zu begrüßen und willkommen zu heißen. In dieser phänomenologischen Haltung entspann sich während der nächsten Minuten in meinem Inneren eine innige Christusbegegnung, wie man sie vielleicht in seinem Leben nur selten erlebt. Für diese Erfahrung bin ich sehr dankbar.

Ein anderes psychotherapeutisches Verfahren sind systemische Aufstellungen, meist eher bekannt als »*Familienaufstellungen*«. Es ist eine transpersonale Methode, das heißt, man geht von zwischenmenschlichen Verbindungen aus, die, grob gesagt, für die eigene Entwicklung heilsam oder eher hinderlich sein können.[94] Um von einem meiner Erlebnisse mit der Aufstellungsarbeit so zu berichten, dass auch diejenigen folgen können, die mit der Methode nicht vertraut sind, sind ein paar Basisinformationen notwendig: In Aufstellungen können wir regelmäßig sehen, dass unsere Verstorbenen nicht einfach tot sind, sondern dass ihre Essenz, ihr Kern, weiterlebt und jederzeit bereit ist, sich auf den Plan rufen zu lassen, um einen Beitrag zum gedeihlichen Weiterleben der Nachkommen zu leisten. Im Gegensatz zu spiritistischen Verfahren rufen wir in der Aufstellungsarbeit allerdings nicht irgendwelche Geister herbei, sondern menschliche Stellvertreter*innen übernehmen die Aufgabe, sich an die Stelle der Verstorbenen (oder auch noch lebenden) Mitglieder eines (Familien-)Systems zu stellen und ihnen gleichsam ihre Stimme zu leihen. Man kann sich das schwer vorstellen, wenn man es nicht erlebt hat, doch tatsächlich sprechen aus den Stellvertreter*innen unüberhörbar die Menschen, für die sie stehen, teilweise mit verblüffend ähnlicher Diktion, Gestik, Mimik und vor allem natürlich mit den entsprechenden Inhalten. Das Ganze dient in gewisser Weise dem »Aufräumen« innerhalb einer Familie oder eines sonstigen Systems. Man versucht, Missverständnisse aufzulösen oder sich von Lasten zu befreien, die man als Nachfahre unbewusst meint, für die Ahnen weiter durch das eigene Leben schleppen zu müssen.[95] Erfahrene Aufsteller*innen wissen, dass sich nicht nur familiäre Zusammenhänge aufdecken und Verstrickungen lösen lassen, sondern dass man auch berufliche Themen, Körpersymptome und Krankheiten, Konflikte, kurz gesagt jedes menschlich bewegende Thema mit dieser Methode beleuchten und bearbeiten kann. Nach jahrelangen Selbsterfahrungen, die mich auf meinem Heilungs- und Bewusstwerdungsweg entscheidend vorangebracht haben, habe ich die Kunst des Aufstellens selbst in einer einjährigen Qualifizierung erlernt[96]. Zusätzlich zu den Ausbildungsmodulen bildeten wir eine Peergroup, in der wir uns regelmäßig zum Üben und Erfahrungsaustausch trafen. Bei einem dieser Treffen schlug eine Kollegin eine Übung vor, die uns alle ansprach: Jede*r dürfte, so schlug sie uns vor, einmal seinem spirituellen Selbst gegenüberstehen. Das klang interessant. Doch was, so fragte ich mich, verbinde ich mit dieser Bezeichnung?

Wer oder was ist »mein spirituelles Selbst«? Was habe ich für eine Vorstellung, was für ein Bild habe ich von diesem »alter ego«? Nach kurzer Überlegung war für mich klar: Für mich heißt dieses spirituelle Selbst Christus. Er, sie oder es ist dieser göttliche Kern in mir, der jeden Sturm, jeden Missbrauch, jeden Vertrauensbruch, alle Not, Entbehrung und Gewalt unbeschadet übersteht, und ich hatte keinen größeren Wunsch, als diesem Teil von mir einmal im Außen zu begegnen. Folglich bat ich die anderen um die Erlaubnis, diese Übung entsprechend für mich abwandeln zu dürfen und bat einen unserer männlichen Kollegen (auch ich kann meine katholische Sozialisation nicht verleugnen!), als Stellvertreter für Christus zu stehen. Verständlicherweise zuckte dieser zunächst ein wenig zusammen, denn es war doch eine sehr spezielle Rolle, in die ich ihn hinein berief, aber er ließ sich darauf ein. Die Begegnung zwischen uns war fast unbeschreiblich. Wir standen uns gegenüber, und sofort empfanden wir beide eine tiefe Liebe. Liebe nicht im Sinne von Begehren und Habenwollen, sondern in einer Qualität, wie ich sie so vorher noch nie empfunden hatte. Mit bis zum Hals klopfendem Herzen näherte ich mich behutsam Schritt für Schritt meinem Gegenüber, das mich mit warmer liebevoller Geste dazu einlud. Die Annäherung mündete in einer zugleich zarten und kraftvollen Umarmung. Ich begriff: Unser spirituelles Selbst, das bei mir aufgrund meiner persönlichen Sozialisation den Namen Christus trägt, lässt sich von uns rufen und ist stets präsent. Wir müssen uns auf dieser Welt nicht allein herumplagen. Wir haben so viel Hilfe auf einer anderen Ebene, wir brauchen sie nur herbeizurufen oder zu erbitten. Die Art und Weise, wie wir das tun, scheint mir zweitrangig, zumindest aber individuell unterschiedlich zu sein. Wie sagte der oben zitierte Priester: »Alles ist besser als nichts!«

Ein letztes Beispiel psychotherapeutischer Verfahren, die zur Begegnung mit dem all-einen Gott führen können, möchte ich beschreiben. Auch dabei durfte ich Erfahrungen sammeln, die sich tiefer eingeprägt haben, als ein lieblos gestalteter Sonntagsgottesdienst es je vermöchte. Die Methode nennt sich »*Holotropes Atmen*«, wurde von Christina und Stanislav Grof Anfang der 80er Jahre entwickelt und ist ebenfalls ein transpersonaler tiefenpsychologischer Ansatz. Man bringt dabei den Klienten bewusst zum Hyperventilieren und gibt dadurch dem Körper-Geist-Seele-System die Möglichkeit, Abgespaltenes zu reintegrieren. Dadurch kommt man schnell in einen Bewusstseinszustand, den man mit dem normalen Tagesbewusstsein kaum je erreicht. Vergleichbar ist vielleicht noch das Traumbewusstsein, aber auch nachts erreiche zumindest ich oft längst nicht die Intensität an Bildern, Erfahrungen und Erkenntnissen wie bei einer knapp zweistündigen Sitzung Holotropen Atmens. Die Erlebnisse sind vielfältig, und nicht alle sind angenehm. Mir kommt vor, als würde der Körper, wenn man seine Zellen durch das forcierte Atmen in einen anderen Zustand versetzt, nochmals durch allerhand Erlebtes durchgehen und auch versprengte Bewusstseinsanteile, die man im Lauf des Lebens abgespalten hat, einsammeln und wie bei einem großen Puzzle wieder an Ort und Stelle bringen, sodass allmählich das ursprünglich vorgesehene Gesamtbild »Mensch« entstehen kann. Wenn man sich dabei auch manchmal durch schmerzhafte Prozesse »durchatmet«, so hat man doch danach regelmäßig das Gefühl, ein Stück heiler und vollständiger geworden zu sein. Am meisten beeindrucken mich die sich immer wieder einstellenden All-Einheitserfahrungen, die so vielfältig daherkommen, wie man sich menschliches Erleben nur ausmalen kann. Mein Mann zum Beispiel hat immer wieder das Gefühl zu schweben oder zu fliegen; mal ist er eine Welle inmitten des unermesslichen Ozeans, mal schwirrt er als Ansammlung von Sinuskurven durchs Universum, losgelöst von Zeit und Raum und in der Lage, überall dort hinzuschweben und anzudocken, wo er gerade vorbeischauen möchte. Ich neige mehr zu gegenständlichen inneren Bildern, die so real sind, dass sie lebendig im Langzeitgedächtnis gespeichert bleiben. Sie sind nicht so flüchtig und fragil wie unsere nächtlichen Träume, bei denen wir uns beim morgendlichen Erwachen und Hineingleiten in das Tagesbewusstsein sputen müssen, wenn wir sie einfangen wollen, um aus ihnen Erkenntnis zu gewinnen.

Eine dieser Erfahrungen aus dem Holotropen Atmen stimmt mich positiv und optimistisch im Hinblick auf meinen Tod und die Frage, was danach wohl kommen mag. In jener Sitzung sah ich mich selbst auf meinem Totenbett liegen. Mein Geist kreiste über meiner körperlichen Hülle und nahm die Menschen wahr, die dort bitterlich weinten. Das Verblüffende war die Gestalt, die mein Geist bzw. meine unsterbliche Seele (als solche empfand ich sie) angenommen hatte: Es war ein quietschgelber Plüschwurm, ein Kinderspielzeug, das an einem transparenten Nylonfaden hängt, sodass es, wenn man am Faden zieht, aussieht, als spränge der Wurm lustig hin und her. »Wurliwurm« heißen die quirligen Kerle, wie mir einer der Gruppenteilnehmer in der anschließenden Nachbesprechung verriet. Ich fühlte mich als dieser gelbe Wurm pudelwohl, sprang durch mein Sterbezimmer und versuchte, bei einem der Anwesenden anzudocken und auf mich aufmerksam zu machen. Die aber waren so mit ihrer Trauer beschäftigt, dass sie mich nicht wahrnehmen konnten. Einzig bei meinem Mann gelang es mir schließlich, ihn aufhorchen zu lassen und ihm zu sagen: »Hey, ich bin da. Sag den anderen, sie sollen aufhören zu weinen. Ihr könnt mich nur nicht sehen.« Das klingt abgefahren, ich weiß. Aber es war eine derart intensive Erfahrung, dass ich sie nicht als »Einbildung« oder Blödsinn abtun kann. Auch da kann ich nur mit Marion Küstenmacher nochmals sagen: »Man kriegt die Zahnpasta nicht in die Tube zurück.« In diesem Fall bin ich sehr froh darüber. Die Erfahrung und die daraus resultierende Erkenntnis kann mir niemand nehmen und, obwohl ich schon vorher sicher war, dass unser Leben in anderer Form weitergehen wird, wurde ich darin nochmals bestärkt. Vor allem aber wuchs in mir die Sicherheit, dass es leicht und unbelastet sein würde. Das Gefühl war wunderschön und mein einziges Bedauern bestand darin, dass die »auf der anderen Seite« mich nicht bemerkten und so gefangen in ihrem Elend erschienen. Ich hoffe, dass mir das wieder in den Sinn kommt, wenn ich das nächste Mal an einem offenen Grab stehe: Wir Zurückbleibenden trauern um den Verlust eines geliebten Menschen in der Form, in der wir ihn kannten und mit ihm zusammengelebt haben. Natürlich ist das zunächst ein Verlust, und wir tun gut daran, ihn zu betrauern und zu beweinen. Dann aber ist es gut, den Kopf zu heben und aufmerksam zu horchen – auf das, was uns die Seele dieses gewandelten Menschen mitteilen will. Vielleicht können wir dann andere Formen der Begegnung zulassen und unser Leben um eine neue Dimension erweitern.[97]

Focusing, Aufstellungsarbeit und Holotropes Atmen sind drei Beispiele aus meinem persönlichen Erfahrungsschatz, bei denen ich im Rahmen eines therapeutischen Kontextes beeindruckende und mich nachhaltig begleitende Gotteserfahrungen machen durfte. Sicher gibt es noch ganz andere Zugänge, über die das Göttliche sich einen unmittelbaren Weg in unser Herz bahnt, wenn wir es nur zulassen. Seien wir offen für den oder die »immer ganz andere« Gottesbegegnung und geben wir ihr die Chance, sich ereignen zu dürfen. Darüber hinaus wünsche ich mir, dass wir es wagen, von unseren Erfahrungen mit der Transzendenz, mit dem All-Einen zu erzählen. Brechen wir mit den Tabus und finden wir unsere Narrative, um Zeugnis abzulegen von diesem *Mehr*, das sich jenseits aller Materie offenbart und in dem alle scheinbare Dualität sich auflöst. Wenn wir selbst empfänglicher werden für unmittelbare Gotteserfahrungen und uns offener und selbstverständlicher darüber austauschen, schaffen wir die Grundlage für eine tragfähige, spirituelle Gesellschaft, die, fest verwurzelt im Bewusstsein des all-einen Göttlichen, auch neu hinzukommende Menschen aus anderen Kulturen offenen Herzens und mit weit ausgebreiteten Armen empfängt.

Sich von Gott berühren lassen in ungewohnten Bildern

»Du sollst dir kein Gottesbild machen und keine Darstellung von irgendetwas am Himmel droben, auf der Erde unten oder im Wasser unter der Erde« (Exodus 20,4), lautet eines der Zehn Gebote. Nicht nur von Gott sollen wir uns kein Bild machen, sondern auch von allem, was uns hier auf der Erde begegnet bis hin zu allem, was sich »unter der Erde« befindet. Wie soll das gehen? Wie sollen wir kein Bild haben von etwas, was wir doch vor Augen haben, das wir sehen und hören, riechen und schmecken können? Ich denke, es geht um das Festhalten an statischen Bildern. Wenn wir hängenbleiben an unseren Vorstellungen von dem, wie etwas unserer Meinung nach beschaffen ist oder wie jemand »tickt«, und wenn wir ihm seine Wandlungsfähigkeit absprechen, dann »verstoßen« wir gegen dieses Gebot, was nichts anderes meint, als dass wir uns von der Liebe entfernen.[98] Wenn wir das Bild unseres Nächsten oder auch Übernächsten in Stein meißeln und sie oder ihn festlegen auf bestimmte Rollen und Verhaltensmuster, wird in unserer Beziehung etwas statisch und der Raum zwischen uns eng und starr. So ist es auch mit unserer Vorstellung von Gott, also mit dem Bild, das wir vor die eigentliche Wahrheit stellen. Nun können wir der Realität Gott sowieso nie gerecht werden; Gott ist immer der oder die »ganz andere«. Er übersteigt jedes Begreifen und damit zwangsläufig jedes Bild. Doch wenn wir ehrlich sind, haben wir trotzdem bestimmte Bilder im Kopf, von denen wir nicht so leicht loskommen. So empfiehlt der mittelalterliche Mystiker Johannes Tauler[99]:

Der Mensch lasse die Bilder der Dinge
ganz und gar fahren
und mache und halte seinen Tempel leer.
Denn wäre der Tempel entleert,
und wären die Fantasien,
die den Tempel besetzt halten, draußen,

so könntest du ein Gotteshaus werden,
und nicht eher, was du auch tust.
Und so hättest du den Frieden deines Herzens
und Freude,
und dich störte nichts mehr von dem,
was dich jetzt ständig stört,
dich bedrückt und leiden lässt.

Den Tempel leeren, um ein Gotteshaus zu werden – was für eine malerische Formulierung und damit schon ein Bild in sich![100] Vielleicht fragst Du Dich, wie das gehen soll. Deshalb will ich ein Beispiel aus meinem eigenen Erleben erzählen, in dem Gott mich mit einem Bild von sich selbst überrascht hat, das mich bis heute schmunzeln lässt. Noch vorab: Immer wieder bin ich erstaunt, wie humorvoll dieser Urgrund des Seins ist, den ich Gott nenne. Diese Kreativität, dieser Erfindungsreichtum und verblüffende Witz stehen für mich in krassem Gegensatz zu dem, was uns im kirchlichen Umfeld meist geboten wird. Einen Gottesdienst, in dem sich mir Gott auf so humorvolle Weise präsentiert, den wünsche ich mir von Herzen!

Das Erlebnis, von dem ich erzählen möchte, widerfuhr mir im Rahmen von Exerzitien. Das sind geistliche Übungen, die genau dazu dienen: »den Tempel zu leeren, um Gotteshaus zu werden«. Der Begriff ist so aus der Mode gekommen, dass er leicht mit ähnlich klingenden Wörtern verwechselt wird. So fragte mich ein junger Mann, den wir als Unterstützung auf seiner spirituellen Suche mit zu Kurzexerzitien nahmen, besorgt, ob das etwas mit Exorzismus zu tun hätte. Um derartigen Missverständnissen vorzubeugen, füge ich zunächst eine kleine Beschreibung über die Form dieser *Retreats* ein, die ich besonders schätze.[101]

EXKURS: EXERZITIEN – GOTT DIE CHANCE GEBEN DURCHZUDRINGEN

»Verleih deinem Knecht ein hörendes Herz!«, bat König Salomo, als Gott ihn aufforderte, eine Bitte zu äußern. (1 Könige 3,9) Und Gott freute sich so sehr über diese Bitte, dass er sie ihm gewährte und darüber hinaus all das, worum der weise Mann nicht gebeten hatte: Reichtum, Ehre, langes Leben … Gott will auch uns ein hörendes Herz schenken. Ein Herz, mit dem wir die Bedürfnisse anderer spüren und auf sie eingehen, mit dem wir in liebevoller Verantwortung führen, leiten, erziehen, mit dem wir feinfühlig und weise die uns übertragenen Aufgaben erfüllen können. Doch in unserem lärmenden Alltag hat unser Herz oft keine Chance, hellhörig zu sein. Gott dringt mit seinem Geschenk nicht durch. Deshalb ist es gut, sich einmal im Jahr abzuschotten gegen die Flut der Informationen, die uns über die verschiedensten Kanäle erreicht. Eine Möglichkeit dazu sind Schweige-Exerzitien: Tage, die man unter Anleitung eines Exerzitienmeisters oder einer Exerzitienmeisterin weitgehend schweigend und nach einem festen (aber selbst gewählten) Gebetsrhythmus verbringt. Geschwiegen wird auch während der gemeinsamen Mahlzeiten, eine Erfahrung, die vielen, die erstmals Tage im Schweigen verbringen, zunächst befremdlich erscheint. Dabei ist es so erholsam, dem sonst unumgänglichen Small Talk oder dem Zwang zur gepflegten Konversation einmal zu entfliehen!

Klöster bieten Kurse in verschiedenen Formen an; es gibt Einzel- und Gruppenexerzitien, Kurse mit Gemeinschaftselementen und Angebote von unterschiedlicher Dauer. Im Unterschied zur boomenden *Retreat-Szene* ist ihnen eines gemeinsam: Es geht dabei nicht um Selbstfindungsurlaub mit Wellness-Sauce, garniert mit einem Klecks Spiritualität. Vielmehr geht es darum, Zeit mit Gott zu verbringen – und zwar ausschließlich mit ihm, um sein Wort tief ins Herz eindringen zu lassen. Deshalb liegt der Fokus auch nicht nur darauf, nicht zu sprechen, sondern alle von außen kommenden Reize und Impulse so weit wie möglich zu reduzieren. Daher gehören weder Handy noch Bücher – mit Ausnahme der Bibel – ins Gepäck, wenn man zu Exerzitien aufbricht.

Ich selbst schätze besonders die Form der von Jesuiten angeleiteten »Ignatianischen Exerzitien«, entwickelt vom Gründer des Jesuitenordens Ignatius von Loyola (1491–1556). Nach Ignatius besteht das Ziel von Exerzitien darin, Jesus besser kennen zu lernen, ihn mehr zu lieben und ihm ehrlicher nachzufolgen. Dementsprechend beschäftigt man sich in den Gebetszeiten mit Szenen aus dem Leben und Wirken Jesu. Ein typischer Exerzitientag beinhaltet über den Tag verteilt vier Stunden Meditation sowie ein persönliches Gespräch mit dem Exerzitienmeister. Die Unterredung zeigt dem Anleiter, wo der Exerzitant in seiner Beziehung zu Gott steht, und er kann ihm daraufhin Ratschläge zur Gestaltung der nächsten Gebetszeiten geben. Auch auftauchende Fragen, Ängste, Zweifel können hier besprochen werden. Denn Stille und Zurückgezogenheit rufen oft unangenehme Gefühle auf den Plan. Wenn wir Ablenkung und Zerstreuung meiden, können wir kaum mehr etwas verdrängen und müssen uns unweigerlich unseren Themen stellen. Sie haben Platz in den Gesprächen mit dem spirituellen Meister. Zusätzlich kann es täglich einen geistlichen Impuls für die ganze Gruppe geben, in dem der Anleiter biblische Texte auslegt. Zum Ausklang des Tages vereint ein gemeinsamer Gottesdienst die Gruppe der Schweigenden nochmals im Gebet.

Viele der Regeln, die Ignatius für seine Exerzitien aufstellte, sind noch heute hochaktuell und könnten als weise Ratschläge Einzug in jede moderne psychotherapeutische Praxis halten. Eine der Regeln, die ich für den Alltag sehr hilfreich finde, lautet: »Keine Änderung in der Trostlosigkeit.« Ignatius bezog das auf Zeiten der empfundenen Gottferne während der Exerzitien, die sich fast zwangsläufig einstellen, wenn wir unseren verdrängten inneren Anteilen die Chance geben, sich zu zeigen. An solch traurigen, einsamen Tagen, an denen die Gebetszeiten zäh und anstrengend erscheinen, soll man stur an seinem zu Beginn des Kurses vereinbarten Plan festhalten. Nicht die ein oder andere Meditation sausen lassen oder plötzlich Gebetsrhythmus, -stunde oder -ort wechseln. Stattdessen ist es gut, sich im Vertrauen auf Gottes Nähe durch das Dunkel hindurchzubeten. Auch im Alltag kann man diesen Rat gut beherzigen: In einer Phase, in der es einem schlecht geht, man sich von Gott und den Menschen verlassen, eben »trostlos« fühlt, sollte man besser keine Entscheidungen von großer Tragweite treffen. Erst wenn man einigermaßen die Balance wiedergefunden hat und in der Lage ist, aus der inneren Mitte heraus zu agieren, kann es ratsam sein, etwas im Außen zu verändern. So aktuell sind die Weisheiten des spätmittelalterlichen Ignatius!

Exerzitien sind wertvolle Wüstenzeit. Was für ein wunderbarer Moment, in dem ich das Haus verlasse – ohne Handy, ohne Reiseliteratur, ohne ein halbes Dutzend Paar Schuhe und das passende Outfit für sieben verschiedene Anlässe. Mit einer kleinen Tasche, in der sich neben wenigen bequemen Klamotten nur die Bibel und ein Notizbuch zum leichteren Sortieren meiner persönlichen Gedanken befinden. Ach ja, die Joggingschuhe nicht zu vergessen – sich einmal pro Tag körperlich richtig verausgaben, bringt den Kreislauf in Schwung, macht den Kopf frei und entlastet die Wirbelsäule, die mit dem ungewohnt langen Sitzen auf dem Meditationshocker oft zu kämpfen hat. Reisen mit wenig Ballast, wie wohltuend! Daneben stellt sich beim Aufbruch jedoch auch immer ein leicht mulmiges Gefühl ein. Denn ich weiß nie, was Gott für mich bereithält und mit welchen Themen er mich konfrontieren wird. Ich weiß nur, dass ich ihm die Zusage gebe: »Die kommenden acht Tage gehören uns beiden, und sie dienen der Pflege unserer Beziehung. Dabei gebe nicht ich den Ton an, sondern du.«

Die Zeit mag vielleicht nicht nur angenehm werden, sondern auch schmerzhafte Erkenntnisse, innere Widerstände, Ängste oder Aggressionen mit sich bringen. Vielleicht aber auch den ein oder anderen Moment der innig empfundenen Verbundenheit mit dem Schöpfer allen Seins. Ich lasse mich auf diese Reise ein im festen Vertrauen: Gott schafft genau die Bedingungen, die notwendig sind, damit er zu mir durchdringen und meine Bitte erfüllen kann: »Verleihe deiner Dienerin ein hörendes Herz!«

Begegnung in der eigenen inneren Tiefe

Im Rahmen eines derartigen Exerzitienkurses bestand am letzten Tag die Möglichkeit zur Beichte. Angesichts meiner unterschiedlichen Beichterfahrungen überlege ich immer gut, ob ich so ein Angebot annehme, doch da ich großes Vertrauen zu meinem Exerzitienbegleiter hatte, nahm ich die Gelegenheit wahr.[102] Im Gespräch mit ihm erforschte ich also meine Seelenlandschaft nach Gedanken, Worten und Werken, mit denen ich mich vom Schönsten und Größten, zu dem ich berufen bin, entfernt hatte. Es war ein gutes Gespräch mit dem zugewandten, gütigen und blitzgescheiten älteren Herrn. Nun ist es üblich, dass man, ehe man das Sakrament der Lossprechung von den »Sünden« empfängt (– ein komisches Wort, Du kannst es getrost durch ein anderes ersetzen –), eine Übung bekommt, um das künftig besser hinzukriegen. Man kann es auch »Buße« nennen, aber es geht nicht um ein »Abbüßen«, sondern eher um eine Hilfestellung, wie sie einem vielleicht auch ein Verhaltenstherapeut mit auf den Weg geben könnte.[103] Piet van Breemen empfahl mir, mich in meiner nächsten Meditationszeit an die Stelle des verlorenen Sohnes oder der verlorenen Tochter zu versetzen, und zwar in den Moment, in dem der Vater freudig auf ihn, in diesem Fall auf mich, zukommt und mich – frei von Vorwurf – in die Arme schließt. Das war schon alles. Ich war überrascht, denn von solch einer »Buße« hatte ich noch nie gehört. Als gelehrige und folgsame Exerzitantin nahm ich mir die Übung gleich für meine nächste Gebetszeit vor, las vorher nochmals die Bibelstelle[104] und versenkte mich in die inneren Bilder. Doch so sehr ich mich auch mühte, es war mir nicht möglich, mir Gott als diesen mir alles verzeihenden Vater vorzustellen, der mich liebevoll in die Arme schließt. Seither beschäftigt mich oft die Frage, inwieweit das eigene Vaterbild das Gottesbild beeinflusst. Kann ich an einen mächtigen und zugleich liebevoll-präsenten Gott Vater glauben, der mich beschützt und immer für mich da ist, egal was ich »ausgefressen« habe, wenn mein Vaterbild das eines emotional abwesenden, größtenteils depressiven und kranken alten Mannes ist? Es war eine schwierige Übung, und allen Bemühungen zum Trotz gelang es mir während der halben Stunde nicht, diese Bibelstelle so zu meditieren, dass es zu einer Annäherung zwischen dem Vater und mir gekommen wäre. So schwer ist es offensichtlich, ein Bild loszulassen und durch ein anderes zu ersetzen! Fast verzweifelt nahm ich in meiner nächsten Gebetszeit einen neuen Anlauf und verlegte mich diesmal von Anfang an darauf, Gott zu bitten, diese Begegnung zu ermöglichen. Ich versuchte nicht mehr, die Aufgabe zu erfüllen oder es auf irgendeine Weise »zu schaffen« oder gar zu erzwingen. Ich bat um Hilfe und ließ geschehen, was dann kam:

Mit jedem Atemzug gelangte ich mehr in meine innere Tiefe. Plötzlich spürte ich in mir eine Dimension jenseits jeder Körperlichkeit oder Räumlichkeit. Es war ein Hinabsteigen in eine Ebene, die sich unseren dreidimensionalen Raumvorstellungen entzieht. Von daher ist »hinab« ein unzutreffender Begriff, aber von allen Richtungsangaben, die uns sprachlich zugänglich sind, kommt er meinem Empfinden am nächsten. Diese Tiefe fühlte sich an wie ein Brunnen oder Schacht. Es war dunkel, und dennoch konnte ich alles klar sehen. Es war sehr angenehm an diesem Ort, der keiner war. Plötzlich sah ich Wasser, fast so, als stünde das Grundwasser hoch, und jenseits dieses Wassers saß Christus. Er blickte mich freundlich, geduldig und sehr zugewandt an, und ich fragte mehr als verblüfft: »Du, hier? Wie kommst du denn hierher?« Worauf er antwortete: »Ich bin schon die ganze Zeit hier und warte auf dich.« Mit einem Mal begriff ich: In mir, in meiner eigenen inneren Tiefe, wohnt Christus und wartet nur darauf, von mir wahrgenommen zu werden. Die Verbindung zu ihm kann ich immer aufnehmen, und noch heute – die Begegnung liegt Jahre zurück – kann ich in diesen Blickkontakt gehen und meinem »spirituellen Selbst« Auge in Auge gegenüberstehen. Bis zum Ende meiner 30-minütigen Meditation genoss ich damals diese Erfahrung. Zur nächsten Gebetszeit ließ ich mich nieder und kam sofort wieder in dieses Bild und den Kontakt. Schon allein dieses *Wieder-anknüpfen-Dürfen* empfand ich als Geschenk. Wieder der Schacht, das Wasser und jenseits des Wassers Christus mit unverändert freundlicher, ja, liebevoller Miene. Doch diesmal stand diesseits des Wassers, also im mir unmittelbar zugänglichen Raum, jede Menge Gerümpel. Ich weiß nicht, was das alles im Einzelnen war; es waren viele alte Sachen, die herumstanden, mir den Blick auf Christus erschwerten und den Weg zu ihm verbauten. Mit untrüglicher Sicherheit wusste ich: Der ganze Krempel muss hier weg, der stört unsere Beziehung und versperrt mir den Weg. Also schnappe ich mir das erste Teil und blicke nach oben, hinauf und hinaus aus diesem Schacht, der mir nun noch mehr wie ein sehr tiefer Brunnen erschien. Und was sehe ich zu meiner großen Überraschung? Ein freundlich lächelnder älterer Herr in blauer Latzhose, so wie Arbeiter sie tragen, beugt sich über den Brunnenrand zu mir herab und ermutigt mich, ihm mein Paket nach oben zu reichen. Sofort weiß ich: Das ist Gott Vater! In blauer Latzhose. Wir brauchen nicht miteinander zu reden, ich habe absolutes Vertrauen und mache mich ans Werk: Ein Teil nach dem anderen reiche ich ihm nach oben, und er nimmt jedes kommentarlos entgegen und stellt es irgendwo außerhalb ab. Gott entrümpelt mit mir! Er kommt in Arbeitsklamotten und hilft mir, den ganzen Unrat auszuräumen, der in meiner inneren Tiefe nichts verloren hat und der dem Verschmelzen mit meinem Christusbewusstsein, meinem höchsten Selbst, im Weg steht. *Diese* Art der Begegnung mit der »verlorenen Tochter« hat sich Gott für mich »ausgedacht« und mir als Geschenk für meine weitere Lebensreise mit auf den Weg gegeben. Bis heute kann ich Kontakt aufnehmen mit diesem Gott, der mich tatkräftig unterstützt, wenn ich selbst entschlossen anpacke und »ausmiste«, was mich am Leben hindert. Unwillkürlich kommt mir wieder meine kleine Melodie in den Sinn und auf die Lippen: »… Nimm von mir alles, was mich hindert zu dir …« Was für ein wunderbarer Gott, der sich auf diese Weise zeigt und mir ein Bild von sich schenkt, mit dem ich mich immer wieder verbinden kann. Auch an diesem Bild darf ich nicht festklammern, auch dessen möchte ich wieder »ledig« werden, wie die mittelalterlichen Mystiker es nennen. Nur dann kann ich offen sein für den nächsten kreativen Gedanken Gottes, mit dem er oder sie in mich »einfällt«.

Alt und Neu: Heilsame Verbindungen

An den Schluss dieses Buches möchte ich ein glühendes Plädoyer stellen für eine Verbindung von Althergebrachtem und Neuem, von Tradiertem und Überraschendem, von Bekanntem und Ungewohntem. Ein Beispiel aus der Gebetspraxis meines Mannes und mir mag verdeutlichen, wie das im Alltag konkret aussehen kann: Wir beide haben gemeinsam das Instrument der *Quantenheilung* erlernt, auch Quantentransformation genannt. Dieses Verfahren lässt sich hochkomplex aus der Quantenphysik ableiten und zumindest ansatzweise erklären.[105] Da mein geistes- und sozialwissenschaftlich geprägtes Gehirn bei naturwissenschaftlichen Erklärungen jedoch relativ schnell aussteigt, bleibt mir fast nur, mich auf die immer wieder verblüffende Wirkung zu konzentrieren. Die Grundlage des Verfahrens besteht darin, im Geist zwei Punkte miteinander zu verbinden, also zum Beispiel einen schmerzenden Punkt am Körper eines Menschen und eine heile Stelle, und zu versuchen, die elementaren Teilchen (»Quanten«) dazu zu bringen, sich so auszurichten, dass sie in Ordnung sind, sprich keine Schmerzen verursachen. Anders gesagt: Wir regen den Körper an, die Informationen des gesunden, quasi sich in guter Ordnung befindenden Körperteils auf den in Unordnung geratenen Körperteil zu übertragen. Das klingt befremdlich, ich weiß. Aber wenn wir die Tatsache anerkennen, dass unsere Welt, alle Materie, alles, was ist, ausschließlich aus Schwingung, aus Energiewellen, also aus blanker Information besteht, dann ist das gar nicht so abwegig. Information im Wortsinn bedeutet, dass etwas in einer bestimmten Weise angeordnet ist, und wenn diese Ordnung durcheinanderkommt, bekommen wir Probleme. Das gilt genauso für die körperliche wie für die geistig-seelische Ebene. Mit der Quantenheilung versuchen wir, die Elementarteilchen dazu zu bewegen, sich in der bestmöglichen Ordnung zu »formieren«. Das klappt erstaunlich gut und mein Mann und ich haben am eigenen Leib mehrfach erfahren, wie sich nach einer Quantenbehandlung unliebsame Infekte, Rückenbeschwerden oder auch psychische Blockaden urplötzlich und scheinbar wie von Geisterhand verabschiedeten. Es gibt verschiedene Wege der praktischen Behandlung. Wir haben ein bestimmtes Ritual erlernt, mit dem wir die beiden Punkte miteinander verbinden und innerlich feststehende Formeln dazu sprechen.[106] Man kann das »Quanten« auf verschiedene Weise interpretieren und in dieser Interpretation wird sich das Weltbild des Anwenders und des Empfängers zum Ausdruck bringen. Manch einer wird das für esoterisches Zeug halten. Ich selbst mag schon den Begriff »Esoterik« nicht. Was ist das für eine Aufspaltung der Welt in Eso- und Exoterik, innen und außen? Aus einem transrationalen Verständnis heraus löst sich solcherlei Schwarz-Weiß-Denken im Nu in Nichts auf. Für mich persönlich ist die Quantenheilung eine besondere Form des Gebetes, mit der viele Menschen heute mehr anfangen können, als mit klassischen, bekannten Gebeten und Ritualen.

Vielleicht ist es das Neue, das oft unsere Aufmerksamkeit erregt und dem wir mehr Glauben schenken als allem hinreichend bekannten und möglicherweise abgedroschen wirkenden. Manches Ritual lädt sich energetisch immer wieder auf und wird im Lauf der Zeit stärker und wirkungsvoller. Manches jedoch verliert an Kraft, zumal dann, wenn die Anwender*innen es nur noch lieblos und ohne Achtsamkeit durchführen. Ist uns etwas zu vertraut, ist es ungleich schwieriger, es in dem GEIST zu tun, der in der buddhistischen Tradition auch als »Anfängergeist« bezeichnet wird. Damit ist der Versuch gemeint, etwas, was wir schon viele Male getan haben, so durchzuführen, als wäre es das erste Mal. (Übrigens auch eine sehr hilfreiche Strategie für langweilige Alltagsarbeiten.) Schließlich hat ein neues Instrument den Vorteil, dass es nicht an alte Erinnerungen und mögliche Verletzungen rührt. Nicht immer verheilen und vernarben die alten Wunden so gut, dass wir sicher sein können, sie brechen nicht mehr auf. Manchem mag es gelingen, trotz oder gerade wegen schlimmer Erfahrungen »dranzubleiben« und erst recht einen spirituellen Weg einzuschlagen, der etwas anderes in die Welt bringen will, als das, was er selbst erleben musste. So etwa beschreibt Andreas Ebert, evangelischer Pfarrer und ehemaliger Leiter des Spirituellen Zentrums von St. Martin, München, seine Erfahrungen im Internat in Windsbach und im dortigen Knabenchor: »Das Singen war wunderbar, das habe ich mir bis heute bewahrt, aber leider herrschte in diesem Internat in den Sechzigerjahren ein hochautoritäres System. Wir mussten zweimal am Tag die Andacht besuchen. Hatten wir das Gesangbuch vergessen, mussten wir fünfzig Pfennige bezahlen oder bekamen eine Ohrfeige. Es war ein wirklich menschenverachtendes Regime. [...] Bereits als Dreizehnjähriger wusste ich, dass ich Theologie studieren will. Ich dachte damals: ›Ich werde Pfarrer und ändere die Kirche.‹«[107]

Mit den Veranstaltungen und den Büchern, die er, auch zusammen mit anderen großen spirituellen Lehrer*innen, in
die Welt bringt, ist ihm das auf jeden Fall gelungen. Doch
das ist der seltenere Weg, und viel häufiger treffen wir auf
Kirchengeschädigte, die schon beim Stichwort »Beten« auf
und davon laufen. Diese Erinnerungen sitzen tief und sind
offenbar nicht nur im Kopf, sondern unauslöschlich im
Körpergedächtnis verankert. Ein heute 60-Jähriger erinnert sich mit Grauen und offenbar noch immer körperlich
spürbarem Ekel an eine Erfahrung, die er als Zehnjähriger
machen musste: Seine Eltern schickten ihn für sechs Wochen »auf Erholung« zu katholischen Nonnen. Dort wurde
er gezwungen, alles zu essen, was man ihm vorsetzte. In
seinem Widerwillen vor manchen Gerichten wusste er sich
nicht anders zu helfen, als sich heimlich unter dem Bett zu
übergeben. Kann man sich die Not eines jungen Burschen
vorstellen, der für so lange Zeit getrennt von seinen Eltern
diese Erfahrungen von Lieblosigkeit und Grausamkeit machen musste? Wenn er heute, keine Diskussion zulassend,
ausruft: »Hau mir ab mit Kirche!« und unmittelbar danach
zum wiederholten Mal diese Geschichte erzählt, wird klar,
weshalb er mit einer kirchlichen Institution und allem, was
daran erinnert, nie wieder zu tun haben möchte. Man kann
es ihm wahrlich nicht verdenken.[108]

Solche Erinnerungen sind keine Einzelfälle, und da
christliche Gebetsformen neben dem Elternhaus vorwiegend über kirchliche Einrichtungen tradiert werden, ver-
wundert es nicht, dass viele Menschen mit dem klassischen
Beten nichts mehr anfangen können und wollen. Da kann es
hilfreich sein, neue Rituale zu schaffen und auf neue Formen
überzugehen, die letztlich nichts anderes sind als Gebete,
auch wenn sie in ein fremdartiges Gewand gehüllt sind. Über
meine Gebetspraxis habe ich ausführlich geschrieben. Als
ein Beispiel für die Verbindung von Alt und Neu komme
ich abschließend auf ein weiteres Gebet zu sprechen: das
Tischgebet. Lange Zeit lag es mir schwer im Magen, und

zwar so lange, bis mein Mann und ich uns dafür eine neue Form ausgedacht haben. In den abrahamitischen Religionen, also dem Islam, dem Judentum und dem Christentum, ist es gute Tradition, den Segen für Speisen und Getränke zu erbitten. Auch aus unserem modernen Blickwinkel heraus betrachtet, erschließt sich der tiefe Sinn dieses Brauches. Aus der Quantenphysik wissen wir, dass sich die Teilchen in Abhängigkeit davon, ob und wie sie betrachtet werden, unterschiedlich verhalten. Da wir inzwischen sogar bei sehr bewusstem Einkaufsverhalten (bio, regional, direkt vom Erzeuger etc.) nicht mehr wissen, was wirklich auf unseren Tellern landet, erscheint es mir umso sinnvoller, den Segen für die Nahrungsmittel und alle an der Produktions- und Lieferkette beteiligten Rädchen im Getriebe zu erbitten. Doch trotz dieser rationalen Erkenntnis stand ich lange Zeit mit dem Tischgebet auf Kriegsfuß. In unserem Elternhaus musste ich als Jüngste immer das Tischgebet sprechen:

O Gott, von dem wir alles haben,
wir preisen dich für deine Gaben.
Du speisest uns, weil du uns liebst.
Herr, segne auch, was du uns gibst.

Der Klassiker. Nur vier Zeilen lang, kurz genug, um die Suppe nicht währenddessen kalt werden zu lassen. Als Fünfjährige findet man es vielleicht noch ganz nett, für die ganze Familie laut das Gebet zu sprechen. Mit zunehmendem Alter aber sträubt es sich in einem immer mehr. Irgendwann fragte ich bei Tisch entnervt meinen Vater, wie lange das eigentlich noch meine Aufgabe wäre. Er darauf: »Bis jemand Jüngeres nachkommt.« Und das von meinem Vater, der sonst nicht zu Scherzen neigte. Hämisches Gelächter von meinen Geschwistern, denn angesichts unserer familiären Situation verstand es sich von selbst, dass ich immer die Jüngste bleiben würde. Damit war die Botschaft klar: Solange du deine Füße unter meinen Tisch streckst, betest du hier das Tischgebet. Diskussion überflüssig. Es war beschämend, und es war ein Zwang. Beides diente hervorragend dazu, mir das Beten vor dem Essen zu verleiden. Auch als ich später in meinem »zweiten spirituellen Leben« meine Gebetspraxis wieder aufnahm und gern und viel betete, tat ich das aus Trotz nie vor dem Essen. Vielmehr genoss ich das Bewusstsein, dass mich niemand mehr dazu zwingen konnte und dass ich frei bin in meiner Entscheidung, wann ich was und in welcher Form bete. Um dennoch den Segen für das, was auf unseren Tellern liegt, erbitten zu können, haben mein Mann und ich uns eine für uns passende Lösung ausgedacht. Wir nutzen dazu die Worte, mit denen wir eine Quantenbehandlung einleiten und ersetzen darin das Wort »Behandlung« durch »Speisen«:

> *Allmächtiger, ewiger Gott,*
> *der du alles durchdringst,*
> *wir bitten dich um Segen*
> *für diese Speisen,*
> *zum höchsten Wohle aller Wesen.*

Mit diesem Segensgebet, in das wir geistig all diejenigen einschließen, die an der Produktionskette unserer Nahrung beteiligt waren, fühlen wir uns einfach wohl. Jede*r kann den Text so abwandeln, wie sie oder er möchte. Manche wenden sich lieber an den allmächtigen, ewigen GEIST statt Gott – das kann jeder halten wie er will; die einzelnen Wörter sind nicht von Bedeutung. Ich glaube, wichtig ist einzig die dahinterstehende Absicht. Gebetsstile sind so unterschiedlich wie wir Menschen, warum sollten wir alles einheitlich machen? Ich erinnere mich an Exerzitien, die von zwei Priestern gemeinsam angeleitet wurden. Die beiden hatten sehr unterschiedliche Ausdrucksformen, was sich auch in den Tischgebeten äußerte, die sie täglich im Wechsel anleiteten: Während der eine darum bat, dass uns die Speisen zur »Auferbauung unseres Leibes dienen« sollten, bat der andere um »Segen für dieses Essen und für die Menschen, die für uns in der Küche

Kartoffeln geschält haben«. Jeder nach seiner Fasson. Wenn ich alleine oder wie im Fall meines Mannes und mir in einer kleinen Gruppe bete, kann man sich auf eine gemeinsame Sprachregelung einigen, oder jede und jeder bittet eben leise in individueller Form. Hauptsache, wir fühlen uns wohl mit unseren Worten und in unseren Ritualen. Und halten inne, verlassen für einen kurzen Moment unsere hektische Betriebsamkeit, um uns zu zentrieren und in Dankbarkeit auf das zu schauen, was uns geschenkt wird.

Einfach sprechen

In Gemeinschaft sieht die Sache mit dem Beten und der dabei verwendeten Sprache anders aus. Da gilt es, so zu sprechen, dass man verstanden wird und dass der oder die andere mitgehen und etwas mit meinen Worten anfangen kann. »Sprecht, wie ihr mit mir beim Bier sprechen würdet«, empfiehlt Kommunikationsberater Erik Flügge in seinem Buch über die in der Kirche verwendete Sprache. Die meisten Kirchenvertreter sprächen an der Theke oder gemeinsam am Tisch sitzend ganz normal und verständlich, stellt der Autor fest. »Und dann betreten diese Menschen einen Kirchenraum, und dann ändern sie die Tonlage, die Art zu sprechen, benutzen Wortbilder, die sie selber nicht erklären könnten, wenn sie nochmal drüber nachdenken würden.«[109] »Salbadern« nenne ich diesen Singsang, in den viele Kirchenleute am Altar unweigerlich verfallen. Von der Wortwahl ganz zu schweigen! Als ob wir über und mit Gott nicht normal reden könnten, statt in einer völlig veralteten, gestelzten Sprache. Was man da als Kind nicht schon alles nachplappert! Kein Wunder, dass für Axel Hacke, der die Verhörer à la »Weißer Neger Wumbaba« sammelt und zu köstlichen Büchern verarbeitet, das kirchliche Umfeld eine wahre Fundgrube ist. Ich selbst betete als Kind im Vaterunser »Wie auch wir vergeben unsere Schulden gern« und grübelte lange über den Sinn dieser Aussage nach. Eingeladen, sich ein Tischgebet auszusuchen, antwortete die vierjährige Tochter meines früheren Lateinlehrers: »Das mit der Schere.« Frage-zeichen in den Augen der Eltern. Bis sie schließlich des Rät-sels Lösung fanden: »Und segne, was du uns bescheret hast.« Warum sprechen wir mit unseren Kindern nicht so von Gott, dass sie den tiefen Sinn und Gehalt von Religion erfahren und begreifen können? Warum sind wir nicht in der Lage, Kindern und Jugendlichen zu vermitteln, dass sie einen riesengroßen Schatz in ihrem Inneren haben, der unverbrüchlich ist und mit dem sie auf ihre ganz eigene Weise in Kontakt kommen können? Das bedeutet nicht, dass wir in einen unangemes-senen Jugendjargon verfallen müssen; dieses Sichanbiedern über eine pseudohaft jugendliche Sprache wirkt unecht und abstoßend.

Gemeinschaft, Intellekt und Sinnlichkeit

Ein möglicher Weg zu einer adäquateren Sprache führt, wie so oft, über ein verändertes Bewusstsein. Wenn wir anerken-nen, dass es scheinbare Gegensätze und Widersprüche gibt, die unser Begreifen übersteigen, wenn wir lernen, Paradoxien auszuhalten, wird es uns leichter fallen, von diesem Gott zu sprechen, der immer in uns und um uns herum ist und zu-gleich das immer ganz andere, unbegreifliche Du bleiben wird. Nutzen wir die Freiheit unseres Zeitalters und enttabuisieren wir ein Thema, das uns alle angeht: Gläubige, Suchende und Fragende ebenso wie Gott ernsthaft Verneinende und Ab-lehnende. Bleiben wir nicht hängen an Wörtern, Begriffen, Glaubenssätzen, sondern versuchen wir, im Dialog und im gemeinsamen Erleben das zu verstehen und zu erfahren, was sich hinter den Zeichen und Bildern offenbaren will. Dabei ist es hilfreich, einen festen Rahmen zu haben und eine verläss-liche Gemeinschaft, denn über die persönlichen Erfahrungen hinaus braucht lebendiger Glaube auch diese beiden Kompo-nenten. Sehr pointiert hat dies auch Dorothee Sölle formu-liert, die über den Dreiklang von Institution, Intellektualität und Mystik als Charakteristikum der Religionen schreibt:

»Das Zusammenspiel der drei – im Christentum durch Petrus, Paulus und Johannes verkörperten – Elemente ist notwendig, aber zurzeit innerhalb der noch-christlichen Kultur der reichen Welt tief gestört. Vereinfacht gesagt herrschen in der römischen Kirche Petrus und seine Gefolgsleute, im Protestantismus Paulus und die Seinen, während das mystische Element verdrängt wird und unsichtbar bleibt. Die Mystik ist heimatlos und wird doch von vielen gebraucht und gesucht.«[110] Über die vielen Suchenden, die meinen, ohne das petrinische Element, also ohne Institution auskommen zu können, schreibt sie, diese »missverstehen die Bedeutung von Tradition und Bindung. Viele von ihnen wechseln Guru, Gruppe und Ritual nach kurzer Zeit, immer wieder. Mal Edelsteine, mal Tiefenatmung! Das Fehlen des ›petrinischen‹ Elements führt zu einer allzu starken Betonung der Erlebnisqualität einer religiösen Gruppe.«[111] Das sehe ich genauso. Aber was sollen wir denn machen, wenn die Institution Kirche sich beharrlich jeder Weiterentwicklung verschließt und uns sowohl adäquate Mitgestaltungsmöglichkeiten als auch individuelle Formen unmittelbarer Gotteserfahrung verwehrt? Müssen wir dann nicht woanders suchen, sei es in fremden, vielleicht offeneren religiösen Traditionen oder eben in einer spirituellen Szene, die jede Art von tradierter Ideallinie und erst recht jeden institutionellen Rahmen ablehnt? Ich glaube, wenn wir re-ligio, die Rückbindung, endgültig verlieren, gehen wir als Gesellschaft zugrunde. Wir gehen kaputt an unserem Egoismus, unserer Gier und unserer gnadenlosen Selbstüberschätzung, und wir werden erfrieren an unserer eigenen Herzenskälte. Daher mein sehnsüchtiges Flehen: Bewegen wir uns miteinander und leben und erleben wir Religion in einem freudvollen, wandelbaren Rahmen und in wirklicher Gemeinschaft. Auf dieser Basis ließe sich das Wort Gustav Mahlers leben: »Tradition ist die Weitergabe des Feuers und nicht die Anbetung der Asche.« Lasst uns, liebe Leserin, lieber Leser, miteinander dieses uns überlieferte Feuer neu entfachen und an die nach uns kommenden Generationen weitergeben! **239**

Vater,
wie sehr wünschte ich mir,
ich könnte sagen, du warst ein Held,
hast »Nein!« gesagt, als sie dich riefen
zu kämpfen im großen Krieg der Welt.
Du warst so jung, warst nicht
gebildet, kritisch oder klug,
wahrscheinlich nicht besonders mutig,
nicht wehrhaft gegen rechten Lug und Trug.
Sie haben dich gebrochen,
dein Lachen dir genommen.
Nichts war so wie vorher,
als aus Sibirien du zurückgekommen.
Der Vater tot,
die Heimat Schutt und Asche,
die Mutter starr vor Sorge, in Händen nur
die Luftschutzbunkertasche.
Dein Kampf ging weiter,
obwohl der Krieg zu Ende war.
Die Bilder, sie verfolgten dich
bis in dein letztes Lebensjahr.
Konntest nie reden,
nur schmerzhaft das Gesicht verziehen.
Was hab ich mich als Kind erschreckt,
wenn du nachts laut im Traum geschrien!
Dein Lachen, deine Leichtigkeit
gingen im Krieg verloren.
Ich durfte sie nie kennenlernen,
wurd in die Traurigkeit geboren.
Du hast gekämpft,
nun an ganz andren Fronten,
was deine Frau und wir als Kinder
damals nicht erkennen konnten.

Wie hart muss es gewesen sein,
im Außen so zu funktionieren
und bei den weit'ren Schicksalsschlägen
nie die Fassung zu verlieren.
Heute weiß ich, was es heißt,
den Lebenskampf nie aufzugeben
und trotz all der alten Wunden
nach Erfolg und Glück zu streben.
Es ist schwer und ungleich härter,
sich verwundet durchzuschlagen,
als wenn man gut behütet aufwuchs,
rundum von sanfter Lieb' getragen.
Doch auf diese Lebensreise,
die oft so beschwerlich ist,
hast du mir etwas mitgegeben,
das mein Herz niemals vergisst:
Selbst wenn alles scheint verloren
und die Mühsal grenzenlos,
so sind wir doch nie allein,
geborgen in der Schöpfung Schoß.
Jenseits der rauen Oberfläche
gibt es eine tief're Schicht,
in der wir ganz verbunden sind,
da ist es wohlig, warm und licht.
Dort ist unser wahrer Halt
und wir können ihn auch spüren,
wenn wir nicht in dieser Welt
unsre Ausrichtung verlieren.
In dieser Weisheit, diesem Glauben
bist du großes Vorbild mir.
Auch wenn vieles traurig war,
Vater, dafür dank' ich dir!

Claudia Mönius

LITERATUR

Aufgelistet wird verwendete und empfohlene Literatur:

Arroyo Camejo, Silvia: Skurrile Quantenwelt. Frankfurt am Main: Fischer Taschenbuch Verlag 2011.

Beier, Klaus M.: Pädophilie und christliche Ethik. In: Stimmen der Zeit 11/2013, 747–758. Freiburg im Breisgau: Herder Verlag 2013.

Bove, Luisa: GIULIA e il LUPO. Storia di un abuso sessuale nella Chiesa. Milano: Àncora S.R.L. 2016.

Dossey, Larry: Heilende Worte. Die Kraft der Gebete als Schlüssel zur Heilung. Amerang: Crotana-Verlag 2013.

Felber, Christian: Die innere Stimme. Wie Spiritualität, Freiheit und Gemeinwohl zusammenhängen. Oberursel: Publik-Forum Verlagsgesellschaft 2017.

Fishback Powers, Margaret: Spuren im Sand. Gießen: Brunnen Verlag 2001.

Hasselmann, Varda/Schmolke, Frank: Archetypen der Seele. Die seelischen Grundmuster – Eine Anleitung zur Erkundung der Matrix. München: Goldmann Verlag 2005.

Heede, Günter: Matrix Inform. Quantenheilung auf einen Blick – einfach und effektiv. München: Irisiana Verlag 2013.

Jäger, Willigis (Hrsg.): Mystische Spiritualität. Textsammlung. Karlstadt am Main: Druck und Verlag G. Kralik [ohne Jahresangabe].

Jalics, Franz: Kontemplative Exerzitien. Eine Einführung in die kontemplative Lebenshaltung und in das Jesusgebet. Würzburg: Echter Verlag 2005.

Kast, Verena: Abschied von der Opferrolle. Das eigene Leben leben. Freiburg im Breisgau: Herder Verlag 2014.

Konrad, Sandra: Das bleibt in der Familie. Von Liebe, Loyalität und uralten Lasten. München: Piper Verlag 2014.

Körner, Reinhard: Das Vaterunser. Lebenshilfe aus dem Gebet Jesu. Leipzig: Benno Verlag 2008.

Küstenmacher, Marion: Der Purpurtaucher. Vom inneren Wachsen mit Bildern der Mystik. Münsterschwarzach: Vier-Türme-Verlag 2015.

Küstenmacher, Marion/Haberer, Tilmann/Küstenmacher, Werner Tiki: Gott 9.0. Wohin unsere Gesellschaft spirituell wachsen wird. Gütersloh: Gütersloher Verlagshaus 2011.

Küstenmacher, Werner Tiki mit Seiwert, Lothar J.: simplify your life. Einfacher und glücklicher leben. Frankfurt am Main: Campus-Verlag 2001.

Langenhorst, Georg: Kinder brauchen Religion. Orientierung für Erziehung und Bildung. Freiburg im Breisgau: Herder Verlag 2014.

Levine, Peter A.: Sprache ohne Worte. Wie unser Körper Trauma verarbeitet und uns in die innere Balance zurückführt. München: Kösel Verlag 2011.

Lipton, Bruce H.: Intelligente Zellen. Wie Erfahrungen unsere Gene steuern. Burgrain: Koha-Verlag 2009.

Mahr, Albrecht: Von den Illusionen einer unbeschwerten Kindheit und dem Glück, erwachsen zu sein. München: Scorpio Verlag 2016.

Massa, Willi (Hrsg.): Buch der Kontemplation genannt Wolke des Nichtwissens und Brief persönlicher Führung. Freiburg im Breisgau: Herder Verlag 2003.

McTaggart, Lynne: Das Nullpunkt-Feld. Auf der Suche nach der kosmischen Ur-Energie. München: Arkana 2007.

Müller, Wunibald: Vom Kusse seines Mundes trunken. Sexualität als Quelle der Spiritualität. Ostfildern: Matthias-Grünewald-Verlag 2012.

Ndjimbi-Tshiende, Olivier: Und wenn Gott schwarz wäre ... Mein Glaube ist bunt! Gütersloh: Gütersloher Verlagshaus 2017.

Neue Jerusalemer Bibel. Einheitsübersetzung. Freiburg im Breisgau: Herder Verlag 1985.

Nuzzi, Gianluigi: Alles muss ans Licht. Das geheime Dossier über den Kreuzweg des Papstes. Wals bei Salzburg: Ecowin Verlag 2015.

Reddemann, Luise: Kriegskinder und Kriegsenkel in der Psychotherapie. Folgen der NS-Zeit und des Zweiten Weltkriegs erkennen und bearbeiten – Eine Annäherung. Stuttgart: Klett-Cotta Verlag 2015.

Renn, Klaus: Dein Körper sagt dir, wer du werden kannst. Focusing – Weg der inneren Achtsamkeit. Freiburg im Breisgau: Herder Verlag 2011.

Rohr, Richard: Entscheidend ist das UND. Kontemplativ leben UND engagiert handeln. München: Claudius Verlag 2012.

Rohr, Richard/Painadath, Sebastian: Gott hat viele Namen. Spirituelle Erfahrungen, die unser Herz berühren. Münsterschwarzach: Vier-Türme-Verlag 2011.

Schützenberger, Anne Ancelin: Oh, meine Ahnen! Wie das Leben unserer Vorfahren in uns wiederkehrt. Heidelberg: Carl-Auer Verlag 2012.

Siegel, Wolfgang: Tut mein Therapeut mir gut? Das Begleitbuch für die Psychotherapie. Stuttgart/Zürich: Kreuz Verlag 2007.

Sölle, Dorothee: Mystik und Widerstand. Freiburg im Breisgau: Kreuz Verlag in der Verlag Herder GmbH 2014.

Steindl-Rast, David: Credo. Ein Glaube, der alle verbindet. Freiburg im Breisgau: Herder Verlag 2010.

Ulsamer, Bertold/Hell, Martin: Wie hilft Familien-Stellen? Münsterschwarzach: Vier-Türme-Verlag 2007.

Ustorf, Anne-Ev: Wir Kinder der Kriegskinder: Die Generation im Schatten des Zweiten Weltkriegs. Freiburg im Breisgau: Herder Verlag 2013.

Wecker, Konstantin: Dann denkt mit dem Herzen. Ein Aufschrei in der Debatte um Flüchtlinge. Gütersloh: Gütersloher Verlagshaus 2016.

Weiser Cornell, Ann: Focusing – Der Stimme des Körpers folgen. Anleitungen und Übungen zur Selbsterfahrung. Reinbek bei Hamburg: Rowohlt Taschenbuch Verlag 2005.

Wilber, Ken: Integrale Spiritualität. Spirituelle Intelligenz rettet die Welt. München: Kösel Verlag 2008.

Wilber, Ken: Wege zum Selbst. Östliche und westliche Ansätze zu persönlichem Wachstum. München: Goldmann Verlag 2008.

ANMERKUNGEN

....

1 Die deutlich männliche Vorherrschaft in unserer Sprache und das Weltbild, das darin zum Ausdruck kommt, finde ich bedenkenswert. Doch Texte, die durchgehend sowohl die weibliche als auch die männliche Form verwenden, sind oft anstrengend und unangenehm zu lesen. Ich halte das Sternchen (*) für eine les- und lebbare Alternative, sodass ich oft von Leser*innen, Christ*innen etc. schreiben, aber nicht jedes Substantiv oder Pronomen bis ins Kleinste gendern werde.

2 Der Begriff »sunder warumbe« geht auf den mittelalterlichen Mystiker Meister Eckhart zurück, vgl. Sölle 2014, S. 102ff. Konstantin Wecker hat darüber ein wunderbares Lied geschrieben und es zum Titelsong einer CD »Ohne Warum« gemacht. Es ist ein eindringlicher Appell gegen den Zweckrationalismus und die Profitgier unserer Zeit und eine Anregung, wie Wecker selbst schreibt, »den Zauber des Unnützen wieder zu entdecken«.

3 Im Gegensatz zum Englischen, das zwischen *mind* und *spirit* unterscheidet, ist das deutsche Wort »Geist« mehrdeutig. In der integralen Philosophie hat sich für »Geist« im Sinne von *spirit* die Schreibung in Großbuchstaben eingebürgert. Diese meiner Meinung nach sehr sinnvolle Unterscheidung übernehme ich gern.

4 Wilber 2008, S. 166.

5 Ich zitiere aus einer Predigt von Prof. Dr. Georg Langenhorst, Augsburg, die er in St. Klara Nürnberg hielt. Nachzulesen in Langenhorst 2014, S. 119.

6 Das Wort »Exerzitien« bedeutet schlicht und einfach »Übungen« und ist der nicht mehr sonderlich geläufige Begriff für jenen Rückzug, der heute neudeutsch gern »Retreat« genannt wird. Näheres hierzu im Exkurs am Ende des Buches.

7 Vgl. hierzu die freudvolle Vision des als »Pfarrer aus Zorneding« bekannt gewordenen dunkelhäutigen Priesters: Ndjimbi-Tshiende 2017.

8 Dieser poetische Satz ziert bei uns im Stadtteil das Fenster einer Beratungsstelle für Menschen mit Autismus. Trotz intensiver Recherchebemühungen gelang es mir nicht, die Urheberschaft des Zitats zu verifizieren.

9 Namentlich bei Dr. med. Wolfgang Bürner, Nürnberg.

10 Sehr zu empfehlen als Lektüre über das Vaterunser ist Körner 2008.

11 Trotz intensiver Recherchen gelang es mir nicht, die Quelle dieses mir mündlich überlieferten Zitates zu finden. Ich hoffe, dass ich damit nichts Falsches tradiere. Den tiefen Gehalt dieser Aussage, die einen unwillkürlich schmunzeln lässt, finde ich jedenfalls sehr erwähnenswert.

12 Die Schönheit und Erhabenheit der mehrstimmigen und anspruchsvollen Mönchsgesänge muss man selbst erlebt haben. Eine gute Gelegenheit dazu bietet die Benediktinerabtei Niederaltaich in Niederbayern, wo ein Teil der Mönche den (katholischen) Gottesdienst nach byzantinischem Ritus feiert. Eine Besonderheit dabei ist, dass die Mönche sowohl die Eucharistie als auch das Stundengebet in deutscher Sprache feiern, »um so den Christen westlicher Kirchen den Reichtum der östlichen liturgischen, spirituellen und theologischen Überlieferung besser zugänglich zu machen.« Wortlaut unter www.abtei-niederaltaich.de.

13 Siehe hierzu die von Steindl-Rast zusammen mit jungen Leuten ins Leben gerufene Website www.gratefulness.org und www.dankbar-leben.org.

14 Siehe dazu bei Mahr 2016 das Kapitel »Auf Engelsflügeln – Frauen und der Rückgang von Gewalt«, S. 237ff.

15 Paul Watzlawick bringt es einprägsam auf den Punkt, wenn er sagt: »Erwachsensein bedeutet, das Richtige zu tun, selbst wenn es die Eltern empfohlen haben.«

16 Griechisch *katholikos*. David Steindl-Rast (2010) schreibt dazu in seinem Buch »Credo« (S. 189): »Richtig verstanden, ist KATHOLISCH nicht das Markenzeichen einer bestimm-

ten Gruppe von Christen – ›allumfassende Teilgruppe‹ ist ein offensichtlich widersinniger Begriff –, sondern kennzeichnet die Gemeinschaft aller, die mit dem uns Menschen angeborenen Ur-Glauben dem Leben vertrauen. Wer sollte da ausgeschlossen sein?« Wer sich schwer tut, im Glaubensbekenntnis den Satz »Ich glaube an die eine heilige katholische Kirche« mitzubeten, dem sei das Buch und vor allem das Kapitel über diesen Satz besonders ans Herz gelegt. Man begreift dann auch, dass sogar die Abwandlung »... an die eine *christliche* Kirche ...« eine Einengung ist, da »allumfassend« bei weitem mehr ist als »christlich«. Diese Erkenntnis scheint mir in einer Zeit, die überreif ist für ein Zusammenwachsen der Religionen, besonders relevant.

17 Wilber 2008, S. 252. Dieser etwas flapsig daherkommenden Aussage geht eine brillante, zugleich verstörende Darstellung voraus: Wilber legt dar, wie durch die Unterdrückung und mangelnde Weiterentwicklung von Spiritualität im Kontext von Wissenschaft und moderner akademischer Welt Fundamentalismus entstehen und wachsen kann. Mit diesen Zusammenhängen sollten wir uns beschäftigen, wenn wir fundamentalistische Strömungen und Tendenzen gleich welcher Couleur verstehen und ihnen an der Wurzel begegnen wollen.

18 Dabei nimmt die Zahl der wissenschaftlichen Studien zu, die die Wirksamkeit von Gebeten belegen. Siehe hierzu das interessante Werk von Larry Dossey, 2013.

19 Vgl. hierzu Kapitel 7. Eine interessante theoretische Einführung in die Verbindung von GEIST und Materie und die sogenannte »Neue Physik« gibt Lipton 2009.

20 Vielleicht kommt diese Veränderung in ganz anderer Form, als wir sie uns derzeit vorstellen können. Sehr eindrucksvoll, wenngleich noch ungewohnt sind hierzu die Ausführungen von Mahr 2016 (242 ff.): Im Zusammenhang mit Überlegungen zum Weltfrieden gibt er Einblicke in Theorien bedeutender Zukunftsforscher, die gerade in der sich rasant ausbreitenden künstlichen Intelligenz die große Chance für ein friedliches Zusammenleben der Menschheit sehen. Die Wissenschaftler räumen die Möglichkeit ein, dass sich unsere Gehirne zu einer Art Superorganismus zusammenschließen, für den Gewalt und Kampf den Sinn verloren hätten. Eine ermutigende Vision, der ich mich geistig gerne anschließe.

21 Über das auch hier gebotene *Sowohl-als-auch* schreibt eindrucksvoll einer meiner Lieblingsautoren, Richard Rohr, in seinem Buch »Entscheidend ist das UND. Kontemplativ leben UND engagiert handeln.« (Rohr 2012) Das von ihm in Albuquerque, New Mexico, gegründete »Center for Action and Contemplation« trägt das Programm des spirituellen Zentrums eindrucksvoll im Namen. Schon ein virtueller Besuch lohnt sich: www.cac.org.

22 Eindrucksvolle Beispiele dafür finden sich bei Dossey 2013.

23 Vgl. hierzu Jalics 2005, S. 21f. Jalics erklärt die Begriffsverwirrung, die inzwischen entstanden ist: »Vor einigen Jahrzehnten ist unter Einfluß östlicher Spiritualität das Wort Meditation in einem ganz anderen Sinn aufgetreten. Die östlichen kontemplativen Traditionen wurden mit dem Wort Meditation bezeichnet, also mit dem Wort, das in der mittelalterlichen Tradition nicht Kontemplation, sondern diskursive Betrachtung bedeutet hat.« (S. 22). Wie wir die Begriffe belegen, ist letztlich Vereinbarungssache. Mir geht es nur darum, Unterschiede beziehungsweise verschiedene »Zugangswege« zum All-Einen aufzuzeigen.

24 Sehr bewusst schreibe ich »mehrheitlich«, denn auch im Umgang mit den größten Gelehrten gilt es, sich nicht vom äußeren Schein blenden zu lassen. Meine Erkenntnis lautet: »Sei wachsam und prüfe stets kritisch, ob das, was jemand sagt, mit dem übereinstimmt, was er lebt. Wenn du dabei ein ungutes Gefühl hast, vertraue lieber diesem Gefühl als dem, was dir im Außen erzählt wird.«

25 Namentlich beim damaligen Pater Heiner Sternemann SJ und bei Pater Karl Kern SJ.

26 Als Einführung sind zum Beispiel Jalics 2005 oder Massa 2003 sehr zu empfehlen.

27 Während ich das Manuskript zu diesem Buch überarbeite, erscheinen zwei ganz unterschiedliche Titel, die sich ebenfalls mit der Bedeutung des menschlichen Herzens beschäftigen: Siehe Kapitel 6 von Mahr 2016: »Das Herz – der springende Punkt« (S. 138 ff.) und der ganz anders gelagerte Aufruf von Wecker 2016: »Dann denkt mit dem Herzen«.

Beides miteinander und meine eigenen vorherigen Überlegungen führten dazu, dass mein Mann und ich mit verschiedenen *Denkt-mit-dem-Herzen-Aktionen* begonnen haben, so zum Beispiel haben wir 2016 die Adventszeit unter dieses Motto gestellt, was sich als sehr bewusstseins- und dankbarkeitsfördernd erwies. Im Übrigen gibt es im Christentum eine lange Tradition der Herz-Jesu-Frömmigkeit, die man aus einer höheren Warte betrachtet nicht als »volksdümmlich« abwerten muss, sondern der man aus einem geweiteten Bewusstsein heraus neues und heilsames Leben einhauchen könnte.

28 Küstenmacher 2001, S. 85ff.

29 So zum Beispiel in der »Archetypen der Seele«-Lehre von Hasselmann/Schmolke 2005.

30 Pater Dr. Johannes Pausch, »Humor – die Kraft des Wandels«, Mitschnitt zweier Vorträge auf der Jahrestagung der Katholischen Bildungswerke Oberösterreichs 2004. Informationen zur spirituellen Oase, in der Pater Pausch wirkt, gibt es unter www.europakloster.com.

31 Mit Erschrecken und Bitterkeit nehme ich wahr, wie sehr der rechtsradikale Wahnsinn in Form von Pegida, AfD und Co. diesen Begriff inzwischen für sich vereinnahmt hat. Fast wollte ich den Begriff löschen, um nicht die gleichen Formulierungen zu verwenden wie diese verrohten und verirrten Gestalten. Nein, ich werde das nicht tun, denn ich lasse mir nicht von armseligen Stimmungsmachern eine an sich neutrale Formulierung nehmen, die nichts mit Abschottung oder Ausgrenzung von Menschen mit anderem kulturellen Hintergrund zu tun hat.

32 Heute würde ich dafür eine positivere Formulierung ohne Verneinung wählen, aber das tat der Sache damals absolut keinen Abbruch. Viele Menschen legen ja heute größten Wert darauf, wie sie ihre Wünsche sprachlich ausdrücken. Ich glaube, dem wird eine viel zu große Bedeutung beigemessen; für den Urgrund des Seins kommt es sicher nicht auf einzelne Wörter, sondern wohl doch eher auf den dahinterstehenden Gehalt an.

33 Auf die Kettenreaktion, die der psychische Totalausfall meines kriegstraumatisierten Vaters in Gang setzte, werde ich später noch ausführlich zu sprechen kommen.

34 Zitiert nach Mahr 2016, S. 57f., der in einer Fußnote dazu anmerkt: »Publius Vergilius Maro (70–19 v. Chr.). Nach der mündlichen Mitteilung eines Altphilologen stammt dieser Vers von Vergil, was ich bisher jedoch nicht verifizieren konnte. Das ändert nichts am Wert der Aussage.«

35 Hier zitiert nach Fishback Powers, 2001. Wichtiger war für mich die Begegnung mit diesem Text am Eingang zur Hauskapelle im Klinikum Fürth. So bekannt das Gedicht ist und wie trivial es ob seiner Vermarktung inzwischen erscheinen mag, so intensiv können sich die Zeilen mit Bedeutung füllen, wenn man selbst in einer Situation ist, die man nur im Bewusstsein des *Getragenseins* ertragen kann.

36 Der Firmenname ist bis heute Programm: Egal ob soziale Einrichtungen oder Privatpersonen, in der Regel brauchen alle zunächst die Ermutigung, die nächsten Schritte zu gehen, und dabei gut begleitet zu werden. Der Namenszusatz »Semmlinger« ist inzwischen überholt, da ich bei meiner Heirat den Namen meines Mannes angenommen habe.

37 Als mir Jahre später die große Bedeutung dieses Weihnachtserlebnisses in vollem Maße bewusst wurde, suchte ich im Nürnberger Martha-Maria-Krankenhaus nach dieser Krankenschwester, um ihr zu danken. Aufgrund von Umstrukturierungen ließ sich nicht mehr herausfinden, wer das damals war, sodass ich ihr nur im Geiste danken kann, was ich aufrichtig und noch heute immer wieder mache.

38 Prof. Dr. med. Holger Rupprecht.

39 Aus dem Rundbrief der Landvolkshochschule Niederalteich erfuhr ich inzwischen den Namen dieses beeindruckenden Menschen: Hans Wimberger verstarb am 21. März 2016, genau zu der Zeit, in der ich über diese damals nur drei Monate zurückliegende Begegnung schrieb. Ich schicke ihm ein Dankeschön dorthin, wo seine Seele nun tanzt: dafür, dass er mich durch seine pure Präsenz von einer so tiefsitzenden Angst befreit hat.

40 Barbara Stelzer, Bad Reichenhall.

41 Dr. med. Astrid Schneider, Leinburg.

42 An dieser Stelle mein Appell an alle Betroffenen von sexuellem Missbrauch, unabhängig vom Kontext, in dem sich das Geschehen ereignet hat: Macht es öffentlich, bringt es ans Licht! Nur wenn wir mutig die Ereignisse und Täter beim Namen nennen, können wir dazu beitragen, dass das eingedämmt wird, was inzwischen das »Ausmaß einer Volkskrankheit« hat, so Prof. Jens Brachmann von der Uni Rostock am 19.5.2016 in einem im Deutschlandfunk ausgestrahlten Beitrag. Auf Anregung des deutschen Missbrauchsbeauftragten und auf Beschluss des Deutschen Bundestages wurde im Januar 2016 eine »Unabhängige Kommission zur Aufarbeitung sexuellen Kindesmissbrauchs« eingesetzt, die voraussichtlich bis 2019 an dem Thema arbeiten wird. Die Kommission ruft alle Betroffenen auf, sich zu melden. Auf der Grundlage der Erfahrungsberichte wird die Kommission Ausmaß, Art und Folgen von Kindesmissbrauch untersuchen und Handlungsempfehlungen für Politik und Gesellschaft daraus ableiten, so zumindest lautet die Zielsetzung. Ich selbst habe mich bei der Kommission gemeldet und wurde nach einjähriger Wartezeit zur Anhörung eingeladen. Meine Hoffnung: Vielleicht können wir mit unserer Beteiligung einen Beitrag zur Erforschung dieses dunklen Themas leisten und somit dazu beitragen, dass künftig weniger Kinder und Jugendliche sexuellen Missbrauch erfahren müssen. Infos unter www.aufarbeitungskommission.de.

43 Das ist gerade einmal etwas mehr als 70 Jahre her. Erinnern wir uns doch bitte in der unsäglichen Debatte über den Umgang mit geflüchteten Menschen daran, wie unsere eigenen Vorfahren Schutz suchten und fanden, und handeln wir endlich ohne Diskussion genauso barmherzig!

44 Näheres hierzu in Kapitel 7.

45 Wie sehr die Erlebnisse unserer Vorfahren sich auf unser eigenes Leben auswirken (»transgenerationale Weitergabe«) und wie wir uns von hinderlichen Bindungen und Lasten befreien können, beschreiben eindrucksvoll und auch für Laien verständlich geschrieben Konrad 2014 und Schützenberger 2012.

46 Marlies Kraus, später über viele Jahre hinweg Direktorin der Schule. Ihr habe ich unter anderem zu verdanken, dass ich endlich in aller Freiheit als Linkshänderin schreiben durfte, was mir ursprünglich sowohl zuhause als auch in der Schule verwehrt worden war. Die psychischen Schäden, die diese auch Mitte der 70er Jahre teilweise noch praktizierte Unsitte des »Umerziehens« verursachen kann, finden erst in jüngerer Zeit mehr Beachtung.

47 Unter dem Titel »Es muss nicht die Mutter sein ...«, erschien in der »Zeit« vom 28.4.16 ein Bericht über eine Studie zu frühkindlichen Bindungen. Untersucht wurden die Betreuungssysteme von Kleinkindern in einem Savannendorf im afrikanischen Malawi, in dem die heutigen Verhältnisse in etwa vergleichbar mit Europa vor ein paar Hundert Jahren sind. Unter anderem zeigte sich, dass dort die Betreuung der Kleinkinder spontaner funktioniert als bei uns. Irgendjemand kümmert sich und springt ein, wenn die Mutter ausfällt. Die Mütter selbst wollen gar nicht, dass sich ihre Kinder exklusiv an sie binden, denn sie könnten vielleicht schon morgen an Malaria sterben, und dann müssen ihre Kinder schließlich auch zurechtkommen. In dieser Hinsicht wuchs ich ein wenig »auf malawisch« auf, und ich danke all den Frauen, die sich spontan meiner angenommen haben.

48 Ironie des Schicksals: Während ich das schreibe, kommen die vertuschten Gewalttaten und Missbrauchsfälle, die sich in dem weltberühmten Knabenchor ereigneten, ans Licht.

49 Beier 2013, S. 754. In dem Artikel wirft der Autor die Frage auf, wie mit Menschen mit besonderen sexuellen Präferenzen aus christlicher Sicht umzugehen ist. Zum einen plädiert er für eine nichtwertende Haltung im Hinblick auf die sexuelle Ausrichtung von Menschen, da es sich dabei um eine biologisch bedingte und offenbar tatsächlich unveränderbare Konstante handelt. Zugleich ist, so Beier weiter, bei einer sexuellen Ausrichtung, deren Ausleben anderen Menschen schadet, wie es bei Pädophilie oder Hebephilie, also sexuellen Kontakten mit Kindern oder vorpubertären Jugendlichen immer der Fall ist, vollständige Verhaltensabstinenz zwingend erforderlich. Zusammenfassend schreibt Beier: »Aufgrund seiner Fantasien darf grundsätzlich niemand stigmatisiert werden. Doch wenn es zu se-

xuellen Handlungen mit Kindern kommt, dann geht es um das Verhalten – und das ist zu verurteilen, denn dies führt zu Schäden bei den Opfern.« (S. 757).

50 Es gibt ausgezeichnete Fachliteratur zu diesem Thema. Sehr empfehlen kann ich die Titel von Ustorf (2013) und Reddemann (2015). Luise Reddemanns Berichte über hochbetagte Frauen und Männer, die erst jetzt eine Sprache finden für das, was sie als (Klein-)Kinder im Krieg erlebt haben, gehen ans Herz und erklären zugleich so manches Verhalten harter, leistungsbetonter Eltern in den 50ern und 60ern bis hinein in die 70er Jahre. Das Buch der 1974 geborenen Journalistin Anne-Ev Ustorf zeigt in ebenso erschütternder Weise auf, wie stark wir als nachfolgende Generation von den Folgen der Erlebnisse unserer kriegstraumatisierten Eltern beeinflusst wurden.

51 Infos unter www.dd-wast.de.

52 Im bereits zitierten Artikel unterscheidet Beier (2013) drei Dimensionen von Sexualität: Neben der Fortpflanzungs- und der Lustdimension spielt die Beziehungsdimension eine wesentliche Rolle (S. 747f.). Diese Sozial- oder Bindungsfunktion von Sexualität kommt meines Erachtens in der Debatte um sexuellen Missbrauch oder generell um Sexualkontakte zölibatär lebender Menschen zu kurz. Die in den Ordensgemeinschaften lebenden Frauen und Männer erfahren wenigstens noch Gemeinschaft und ein Leben in stabilen Bindungen. Ganz anders ein katholischer Gemeindepfarrer, der allein in seinem Pfarrhaus lebt. Aus meinem eigenen Erleben kann ich sagen: Die Beziehungsdimension der sexuellen Handlungen spielte für den 50-Jährigen, der sich und seine Einsamkeit gern und oft mit Alkohol und Tabletten betäubte, garantiert eine wichtige Rolle. Hätte er sich erwachsene Sexualpartner*innen gesucht, hätte ich dafür Verständnis. Dass er sich dafür ein Kind gewählt hat, könnte darauf hindeuten, dass er selbst in seiner Beziehungsfähigkeit in einem kindlichen Stadium steckengeblieben ist und daher den Eindruck hatte, in mir einem Gegenüber auf Augenhöhe zu begegnen. Seine wohl bis heute mangelnde Einsicht und Reue sprechen aus meiner Sicht für diese These.

53 Zollner, Hans; »Zeit« vom 4. Februar 2016, zitiert nach »Zeit online«, www.zeit.de/2016/06/kinderschutz-missbrauch-jesuit-wahrheit.

54 Bove 2016.

55 Ebd. (Umschlagbanderole).

56 Entwicklungspsycholog*innen unterscheiden verschiedene Entwicklungslinien: So kann zum Beispiel die intellektuelle Linie sehr weit entwickelt sein, wohingegen die emotionale Linie verkümmert sein kann. Ein einleuchtendes Beispiel dafür sind Ärzte im nationalsozialistischen Regime, die intellektuell in der Lage waren, die gigantische Todesmaschinerie einzurichten und zu betreiben, aber emotional völlig unterwickelt waren. Mögliche Zusammenhänge zwischen Pflichtzölibat und einer infantilisierten Sexualität, wie ich sie bei dem Täter erleben musste, dürfen nicht länger negiert und totgeschwiegen werden.

57 Müller 2012, S. 43.

58 Im Vorfeld der Veröffentlichung dieses Buches habe ich mich intensiv mit der Frage auseinandergesetzt, ob ich damit vom Opfer zur Täterin werde. Ich glaube, das kann dann passieren, wenn wir uns von Rachegefühlen antreiben lassen und jemandem das, was er getan hat, mit gleicher Münze heimzahlen wollen. Nach der Lektüre hilfreicher Fachbücher, siehe zum Beispiel speziell zur Überwindung der Opfer-Aggressor-Dynamik Kast 2014, sowie intensiven Gesprächen mit engen Vertrauten bin ich zu dem Schluss gekommen, dass ich mich durch das Herstellen von Öffentlichkeit nicht schuldig mache, weil ich nicht aus dem Motiv der Rache handle.

59 An dieser Stelle tut ein persönliches Wort not: Danke, Dr. Bürner! Ohne Sie hätte ich das alles nicht geschafft.

60 Siegel 2007. Mit einem Schmunzeln ziehe ich das Buch aus dem Regal, um es zu bibliografieren: Der Schutzumschlag ist noch heute eingeschlagen auf Seite 94 bei der Kapitelüberschrift »5.4.5 Sie haben sich in Ihren Therapeuten verliebt«.

61 Auch diesen Optimismus kann ich nicht mehr uneingeschränkt versprühen. Nach einigen Jahren des Pontifikats erscheint das, was Papst Franziskus bewegt hat, eher übersichtlich. An den traditionalistischen Grundfesten konnte (oder wollte?) er offenbar nicht rütteln. Und das wird der inzwischen über 80-Jährige auch vermutlich nicht mehr tun.

62 Nuzzi 2015.

63 Anschaulich und einleuchtend auf wenigen Seiten erklärt wird die Prä-Trans-Verwechslung bei Küstenmacher et al. 2011, S. 275ff.

64 Eindrucksvolle Beispiele für ein solch erwachsenes Verständnis von Normen aus dem kirchlichen Umfeld gibt Christian Felber, Initiator der Gemeinwohlökonomie und Mitbegründer von attac Österreich, in seinem Buch über den Zusammenhang von Spiritualität, Freiheit und Gemeinwohl, Felber 2017.

65 Zum Thema Erwachsensein in all seinen Facetten empfehle ich wärmstens Mahr 2016. Dieses Buch ist eine wahre Fundgrube für diejenigen, die sich entschieden haben, sich geistig-seelisch künftig nicht mehr in ihr Kinderbettchen zurückzuziehen, sondern in allen Bereichen ihres Lebens mehr und mehr als erwachsene Menschen zu empfinden, zu agieren und zu reagieren.

66 Eine intensive Gotteserfahrung mit diesem Zeichen habe ich in Kapitel 4 beschrieben.

67 Dr. Felix Leibrock, Evangelisches Bildungswerk München, E-Mail vom 21.12.2016.

68 Mit Befremden nehme ich wahr, dass inzwischen sowohl in evangelischen als auch in katholischen Gemeinden »Massentaufen« für zu uns geflohene erwachsene Menschen durchgeführt werden. Ebenso schießen christliche »Glaubenskurse« wie Pilze aus dem Boden. Argumentiert wird, man würde nicht etwa missionieren, sondern man kümmere sich jetzt um die Menschen, die in ihren Heimatländern gern Christ*innen gewesen wären, aber dort verfolgt wurden. Wenn Kirche, egal ob katholisch oder evangelisch, in diesen Zeiten, in denen die Menschen auf humanitäre Hilfe, auf Kleidung, Wohnung, Arbeit und vor allem auf zugewandte Mitmenschen angewiesen sind, auf Mitgliederfang ist, und das wage ich nach verschiedenen Gesprächen mit Menschen, die Einblick in christliche Institutionen haben, zu unterstellen, dann ist es an der Zeit, aufzustehen und laut und deutlich zu sagen: »Nein!« Gehen wir stattdessen ins Gespräch mit den neu zu uns Gekommenen und hören wir, was sie mitbringen und was wir von ihnen lernen können!

69 Von neuen Zugangswegen will ich jetzt noch gar nicht sprechen; dieser Schwerpunkt bleibt dem nächsten Kapitel vorbehalten.

70 Eine ausführliche Beschreibung findet sich zum Beispiel auf der Website des Integralen Forum: www.integralesleben.org und natürlich bei Wilber selbst, z.B. Wilber 2008, wobei seine komplexen Gedankengänge und sein anspruchsvoller Schreibstil nicht jedermanns Sache sind und die Lektüre seiner Bücher viel Zeit und Muße voraussetzt.

71 Wer jetzt denkt: »Aha, also selber schuld am Lungentumor!« (siehe Kapitel 4), irrt. Der Tumor, der sich in meiner Lunge eingenistet hatte und sich erst zu Wort meldete, als ich das Rauchen längst aufgegeben hatte, bestand, wie mir die Ärzte versicherten, nicht aus Lungengewebe; es war kein Bronchialkarzinom, wie man es unter anderem als Folge übermäßigen Rauchens bekommen kann. »Mein Tumor«, so versicherten mir die Mediziner, hatte mit meiner vorhergehenden langen Raucherkarriere nichts zu tun. Auf einer anderen Ebene sehe ich selbst allerdings durchaus einen Zusammenhang: Sucht und Suche hat für mich viel miteinander zu tun, und ich glaube, hinter dem ausgeprägten Suchtverhalten, das ich schon als Jugendliche entwickelte, stand meine Suche nach stabilen Bindungen, nach innerem Halt, letztlich nach »Rück-bindung« (*re-ligio*) im Wortsinn.

72 Die verheerenden Folgen, die diese Umkehrung der normalen Rollenverteilung, im Fachjargon Parentifizierung genannt, regelmäßig für Kinder hat, können an dieser Stelle nicht ausführlich mein Thema sein. Menschen, die ähnlich Belastendes in der Kindheit erlebt haben, tun gut daran, sich therapeutische Hilfe zu suchen. Es lohnt sich!

73 Manch »Insider« mag bei der Formulierung lächeln, denn der brillante Prediger heißt Roland Huth, inzwischen als Pfarrer in St. Augustin, Coburg, tätig.

74 Als mich in einem kleinen Kreis von Studierenden einer der Studenten fragte, wie es mir gelungen sei, mit dem Rauchen aufzuhören, antwortete ich mit genau dieser schlichten Wahrheit. Das darauf entstehende betretene Schweigen durchbrach eine Studentin grinsend mit der Bemerkung:»Klingt nach Exorzismus.« Die Szene spielte sich an einer christlichen Hochschule ab. Es ist doch erstaunlich, welche Assoziationen in unserer Gesellschaft das Thema Gebet oder biblische Bilder auslösen.

75 So zum Beispiel die Geschichte, in der Jesus Dämonen aus zwei »Besessenen« austrieb und sie in eine Schweineherde schickte. (Mt 8,28 ff.) Meine Nikotinsucht fühlte sich wie solch ein Dämon an, der von mir Besitz ergriffen hatte und dem ich machtlos ausgeliefert war.

76 Siehe Kapitel 5.

77 Inzwischen durfte ich diese Geste nochmals bei unserer Trauung erleben. Als wir unserem evangelischen Pfarrer diesen Wunsch vortrugen, dachte er laut darüber nach, wie selten ein evangelisch-lutherischer Christ in seinem Leben diese Erfahrung machen darf: Zur Taufe, zur Konfirmation und zur Beerdigung. Zwei- von dreimal bekommt er/sie dieses Berührtsein also nicht bewusst mit. In katholischen Gottesdiensten und Lebensfeiern mit den oft sinnlichen Elementen kann man ab und zu in den Genuss kommen, aber nach meinem Empfinden noch immer viel zu selten. Dabei brauchen wir dazu wirklich keinen Priester!

78 So der wissenschaftliche Fachbegriff für das heftige Verlangen nach einer bestimmten Substanz beziehungsweise einem Suchtmittel.

79 Von allen Versuchen scheint mir dies der kurioseste gewesen zu sein: Frau sitzt in einer Kneipe am Tisch und nacheinander »rückt« ein Bewerber nach dem anderen an, mit dem man sich jeweils exakt sieben Minuten lang unterhält, um abzuklopfen, ob er »derjenige welche« werden könnte. Nach sieben Minuten heißt es: »Nächster bitte!« Auf einer Liste markiert man die Namen derjenigen, die man gern einmal wieder treffen möchte. 84 Minuten Einsatz für zwölf Chancen, das erschien mir ein machbarer Zeitaufwand. Ich verließ die Kneipe ziemlich geknickt: Auf meiner Liste hatte ich kein einziges Mal »Würde ich gern wieder treffen« angekreuzt!

80 Der 14. Februar, uns bekannt als »Valentinstag«, war schon im alten Rom der »Tag der Liebenden« und zwar als Festtag für die Göttin Juno. Als Schützerin von Ehe und Familie wurden ihr an diesem Tag Mitte Februar, wenn die Paarungszeit der Vögel beginnt, Blumen geopfert. Es ist also keine moderne Marketingmaßnahme der Blumenhändler, wie häufig unterstellt wird, sondern eine alte Tradition, an der wir in zeitgemäßen Formen anknüpfen können. Auch begehen nicht nur wir hierzulande diesen Tag, sondern von Japan über Südafrika bis Brasilien wird der 14. Februar mit bestimmten Ritualen für Freundschaft und Liebe gefeiert.

81 Herzlichen Dank an Prof. Dr. Christian Bauer, damals Pastoralreferent, heute Leiter des Instituts für Praktische Theologie der Universität Innsbruck.

82 Von derartigen Erlebnissen erzähle ich an einigen anderen Stellen. Ich hoffe, damit andere Menschen zu ermutigen, ebenfalls von ihren Gotteserfahrungen zu berichten.

83 Dekanatsjugendpfarrer Thomas V. Kaffenberger, Nürnberg, und Pater Karl Kern SJ, München. Was für ein Glück, dass mein Mann evangelisch ist und wir daher, obwohl es seine zweite Ehe ist, kirchlich heiraten konnten. Ein großes Dankeschön an die evangelische Kirche, dass sie nicht so unbarmherzig mit Menschen umgeht, wie die katholische Kirche das leider noch immer tut.

84 Wir haben unseren Traugottesdienst komplett nach unseren Wünschen gestaltet und viele Elemente hineingenommen, die »normalerweise« bei einer Hochzeit nicht üblich sind. Ich kann nur alle Brautpaare ermutigen: Nehmt Euch Zeit und überlegt, was Ihr beide wollt! Dann sucht Euch Menschen, die Euch bei der Gestaltung und Umsetzung Eurer Trauung begleiten. Auch hier zeigt sich einer der großen Vorzüge, die wir im Vergleich zu früheren Generationen haben. Nutzen wir unsere Gestaltungsfreiheit, sei es bei Hochzeit, Taufe, Beerdigung oder wann immer es uns nach einem religiösen Ritual verlangt.

85 Wenn ich in diesem Zusammenhang von Kirche spreche, meine ich vorwiegend die mir

vertrauten beiden großen Konfessionen römisch-katholisch und evangelisch-lutherisch. In andere Konfessionen habe ich zu wenig Einblick, konnte aber bei verschiedenen »Andockversuchen«, zum Beispiel in einer altkatholischen Gemeinde und bei verschiedenen charismatischen Bewegungen, genauso wenig die Formen finden, nach denen ich mich sehne.

86 Unsäglich sind die Diskussionen, die durch die Presse und vor allem durchs Netz geistern, seit sich Papst Franziskus in einer Audienz für Leiterinnen von Frauenorden im Mai 2016 zum Thema Diakonat für Frauen in der katholischen Kirche geäußert hat. Was da an frauenfeindlichen Kommentaren zu lesen ist, ist kaum zu glauben. Dabei sprach der Papst lediglich davon, eine Kommission einzusetzen, die prüfen soll, wie die Situation in der Frühzeit der Kirche war, wo es wohl Diakonissen gegeben habe, von denen er aber nicht wisse, ob sie geweiht waren oder nicht. So viel zur Veränderungsbereitschaft der katholischen Kirche!

87 Der Vortrag von Pater Sebastian Painadath SJ wurde am 18. Juni 2015 gehalten und von der Akademie Caritas-Pirckheimer-Haus, Nürnberg, veranstaltet.

88 Infos unter www.sameeksha.org. Eine sehr empfehlenswerte Lektüre zu einer gemeinsamen Spiritualität in einem »geeinten Raum« ist Rohr; Painadath 2011. Das hervorragende Buch ist derzeit leider vergriffen.

89 Wer eine biblische Begründung für das allgemeine Priestertum braucht, findet sie zum Beispiel unter der Überschrift »Die neue Priesterschaft« im 1. Petrusbrief, Kapitel 2, Vers 9. Mir persönlich reicht auch die Aussendung der Jüngerinnen und Jünger, denen Jesus Vollmacht verleiht, entsprechend der eigenen Fähigkeiten all das zu tun, was auch Jesus getan hat, siehe zum Beispiel Lukasevangelium, Kapitel 9 und 10. Zur Erinnerung: Jesus war kein Schriftgelehrter. Er war Sohn eines Zimmermanns, Wanderprediger und Heiler.

90 In diesem Fall tatsächlich »ihm«, denn von »ihr« brauchen wir an dieser Stelle in der römisch-katholischen Kirche ja leider erst recht nicht sprechen.

91 Lk 22,14 ff. und 1 Kor 11,23 ff.

92 Wir treffen uns in einer kleinen Gruppe, um uns über spirituelle Themen auszutauschen. Ich gründete diesen Kreis, nachdem ich »Gott 9.0« (Küstenmacher et al. 2011) gelesen hatte. Dieses Buch war für mich sehr entlastend, weil ich damit endlich auf eine Lektüre gestoßen war, die im Sinne eines *Sowohl-als-auch* das christliche Fundament mit spiritueller Weite verbindet. In unserer *Gott-9.0-Gruppe* versammeln wir uns als christlich-spirituell Suchende zu Austausch und Praxis im Geiste von Offenheit und Weiterentwicklung.

93 Das Verfahren eignet sich hervorragend für Selbsterfahrung und eigenes Üben und wurde von Eugene Gendlin bewusst dafür entwickelt. Als hilfreiche Literatur hierzu empfinde ich Renn 2011 und Weiser Cornell 2005.

94 Mir persönlich half für den Einstieg die leicht zu lesende kleine Einführung von Ulsamer/ Heil (2007). Den hohen Wert von Systemaufstellungen stellt Mahr 2016 aus seiner eigenen jahrzehntelangen praktischen Erfahrung prägnant auf wenigen Seiten (S. 284–290) im Anhang seines Buches über das Erwachsenwerden dar.

95 Ich sehe das Stirnrunzeln kritischer Leser*innen, die mit Aufstellungsarbeit noch nicht in Berührung kommen durften. Inzwischen bin ich ein wenig müde, Menschen in der Theorie davon zu erzählen und ihre ungläubigen Nachfragen zu beantworten bzw. ihre Zweifel entkräften zu wollen. Es gibt ein probates Mittel, um sich ein fundiertes Urteil zu bilden: Man nimmt an einem Aufstellungsseminar teil und erspart damit sich und anderen weitschweifige Erklärungen, die doch nie eine eigene Erfahrung ersetzen können.

96 Vor jedem Aufstellungsseminar, das ich leite, schicke ich meinem Lehrer eine kleine innere Verbeugung voller Dankbarkeit und Respekt: Dr. med. Albrecht Mahr, Würzburg.

97 Noch während ich an diesem Kapitel schrieb, stand die Teilnahme an einer Trauerfeier an: Die Mutter einer Freundin war verstorben, und ich versuchte, die Tochter der Verstorbenen im Vorfeld der Feier zu stärken. Da es mir durch das Schreiben gerade so präsent war,

erzählte ich von meinem Erlebnis mit dem Wurliwurm und riet ihr, der Seele ihrer Mutter während der Trauerfeier eine Chance zu geben, mit ihr in Kontakt zu kommen. Als ich sie beim Hinausgehen aus der Aussegnungshalle in den Arm nahm, meinte sie:»Es war gar nicht so schlimm, ich musste nicht einmal weinen. Ich habe an den Wurliwurm gedacht und bin ›auf Sendung‹ gegangen. Die Mama war da, das habe ich ganz deutlich gespürt!« Das liegt inzwischen Monate zurück, und noch heute sagt sie mir, dass sie ihre Mutter deutlich in ihrem Herzen spüren kann, nicht nur als Erinnerung, sondern als eine Realität, die im Hier und Jetzt in ihr lebt.

98 Eine entlastende Lesart der Zehn Gebote ist es, jedes »Du sollst« oder »Du musst« durch »Du wirst frei sein, wenn du ...« zu ersetzen. Da werden abgedroschen und überholt erscheinende Gebote plötzlich zu Verheißungen eines prallen Lebens in Leichtigkeit und Liebe. Einfach mal ausprobieren!

99 Zitiert nach Jäger [ohne Jahresangabe], S. 46. Bei dem Heft handelt es sich um mein persönliches Exemplar der Textsammlung, die während der Gebets- und Meditationszeiten am Benediktushof Holzkirchen verwendet wird.

100 Wer einen Draht zu inneren Bildern hat und sich im mystischen Erleben üben will, dem empfehle ich Küstenmacher 2015. Der Untertitel des trotz seiner inhaltlichen Tiefe leichtfüßig zu lesenden Buches »Der Purpurtaucher« ist Programm: »Vom inneren Wachsen mit Bildern der Mystik.«

101 Bei der Beschreibung handelt es sich um eine Auftragsarbeit, die ich vor Jahren für ein evangelisches Magazin schrieb. Es war für eine Sommerausgabe mit dem Schwerpunkt Reisen gedacht, und das Thema war mit der Medienagentur vorbesprochen. Der Artikel wurde nicht veröffentlicht mit der Begründung, er sei »viel zu katholisch«. So viel zum Stand der Ökumene und zum allumfassenden spirituellen Bewusstsein in unseren Kirchen und den ihnen nahestehenden Medien.

102 Wieder einmal war es ein Jesuit: Pater Piet van Breemen Sj, Nijmegen, Niederlande.

103 Ich beschreibe hier den Idealfall. Es kann auch ganz anders laufen. So zum Beispiel ging ich wenig später in Rom nochmals zur Beichte, ebenfalls bei einem Jesuiten, diesmal ein blutjunger Mann, der vom Alter her deutlich noch in Ausbildung gewesen sein muss. Er entließ mich aus dem Beichtstuhl mit der Aufforderung, drei Vaterunser und ein Ave Maria zu beten. Das Etikett »Jesuit« ist also auch nicht zwingend ein Qualitätskriterium.

104 »Der Vater sah ihn schon von weitem kommen und er hatte Mitleid mit ihm. Er lief dem Sohn entgegen, fiel ihm um den Hals und küsste ihn.« (Lk 15,20.2).

105 Allen, die sich gern in die anspruchsvolle Welt der Physik begeben, sei Camejo 2011 empfohlen. Als die Autorin das Buch über die Grundlagen der modernen Quantenphysik schrieb, ging sie noch zur Schule; anschließend studierte sie Physik. Ich gebe zu, dass ich das stilistisch fabelhaft geschriebene Buch nicht zu Ende lesen konnte, weil ich die mathematischen und physikalischen Zusammenhänge schlicht nicht verstanden habe. Deutlich populärwissenschaftlicher, dafür leichter und einleuchtender zu lesen, ist McTaggart 2007.

106 Als praxisbezogene Einführung in die sogenannte 2-Punkt-Methode empfehle ich Heede 2013.

107 Rohr/Painadath 2011, S. 159.

108 Inzwischen lebt der hochbetagte Vater des Mannes in einem Caritas-Pflegeheim, und sein Sohn ist voll des Lobes über diese Einrichtung. Brauchen wir Kirche nebst all ihren Untergliederungen also vielleicht doch?

109 Flügge, Erik; Der Jargon der Betroffenheit. Wie die Kirche an ihrer Sprache verreckt. München: Kösel Verlag 2016. Ich zitiere aus einem am 25.5.2016 im Deutschlandfunk ausgestrahlten Interview mit dem Autor.

110 Sölle 2014, S. 90.

111 Ebd.

Für alle Lebensliebhaber bietet das Gütersloher Verlagshaus Durchblick, Sinn und Zuversicht. Wir verbinden die Freude am Leben mit der Vision einer neuen Welt.

UNSERE VISION EINER NEUEN WELT

Die Welt, in der wir leben, verstehen.

Wir sehen Menschlichkeit als Basis des Miteinanders: Mitgefühl, Fürsorge und Beteiligung lassen niemanden verloren gehen. Wir stehen für gelingende Gemeinschaft statt individueller Glücksmaximierung auf Kosten anderer.

....

Wir leben in einer neugierigen Welt: Sie sucht ehrgeizig und mitfühlend Lösungen für die Fragen unseres Lebens und unserer Zukunft. Wir fragen nach neuem Wissen und drücken uns nicht vor unbequemen Wahrheiten – auch wenn sie uns etwas kosten.

....

Wir leben in einer Gesellschaft der offenen Arme: Toleranz und Vielfalt bereichern unser Leben. Wir wissen, wer wir sind und wofür wir stehen. Deshalb haben wir keine Angst vor unterschiedlichen Weltanschauungen.

Das Warum und Wofür unseres Lebens finden.

Erfahren, was uns im Leben trägt und erfreut.

Wir helfen einander, uns selber besser zu verstehen:
Viele Menschen werden sich erst dann in ihrem Leben zuhause fühlen, wenn sie den eigenen Wesenskern entdecken – und Sinn in ihrem Leben finden.

....

Wir ermutigen Menschen, zu ihrer Lebensgeschichte zu stehen:
In den Stürmen des Alltags geben wir Halt und Orientierung. So können sich Menschen mit ihren Grenzen aussöhnen und zuversichtlich ihr Leben gestalten.

....

Wir haben den Mut, Vertrautes hinter uns zu lassen:
Neugierde ist die Triebfeder eines gelingenden Lebens. Wir wagen Neues, um reich an Erfahrung zu werden.

Wir glauben an die Vision des Christentums:
Die Seligpreisungen der Bergpredigt lassen uns nach einer neuen Welt streben, in der Vereinsamte Zuwendung, Vertriebene Zuflucht, Trauernde Trost finden – und Gerechtigkeit, Barmherzigkeit und Frieden herrschen.

....

Wir geben Menschen die Möglichkeit, den Glauben (neu) zu entdecken:
Persönliche Spiritualität gibt Kraft, spendet Trost und fördert die Achtung vor der Schöpfung sowie die Freude am Leben.

....

Wir stehen mit Respekt vor der Glaubenserfahrung anderer:
Wissen fördert Dialog und Verständnis, schützt vor Fundamentalismus und Hass. Wir wollen die Schätze anderer Religionen kennenlernen, verstehen und respektieren.

GÜTERSDIE
LOHERVISION
VERLAGSEINER
HAUSNEUENWELT

Bibliografische Information der Deutschen Nationalbibliothek

Die Deutsche Nationalbibliothek verzeichnet diese Publikation
in der Deutschen Nationalbibliografie; detaillierte bibliografische
Daten sind im Internet über https://portal.dnb.de abrufbar.

Druck | ID 12559-1708-1001

Verlagsgruppe Random House FSC® N001967

1. Auflage
Copyright © 2018 Gütersloher Verlagshaus, Gütersloh,
in der Verlagsgruppe Random House GmbH,
Neumarkter Str. 28, 81673 München

Sollte diese Publikation Links auf Webseiten Dritter enthalten,
so übernehmen wir für deren Inhalte keine Haftung, da wir uns
diese nicht zu eigen machen, sondern lediglich auf deren Stand
zum Zeitpunkt der Erstveröffentlichung verweisen.

Redaktion: Dr. Peter Schäfer, Gütersloh
Umschlaggestaltung: Gute Botschafter GmbH, Haltern am See
Umschlagmotiv: © dekzerphoto / shutterstock
Druck und Bindung: GGP Media GmbH, Pößneck
Printed in Germany
ISBN 978-3-579-08705-4

www.gtvh.de